Übungsbuch Wirtschaftsmathematik

Stefanie Flotho

Übungsbuch Wirtschaftsmathematik

Einfach und verständlich —
Aufgaben und Lösungen

Stefanie Flotho
Hochschule für Wirtschaft
Fachhochschule Nordwestschweiz
Basel, Schweiz

ISBN 978-3-658-34657-7   ISBN 978-3-658-34658-4 (eBook)
https://doi.org/10.1007/978-3-658-34658-4

Die Deutsche Nationalbibliothek verzeichnet diese Publikation in der Deutschen Nationalbibliografie; detaillierte bibliografische Daten sind im Internet über http://dnb.d-nb.de abrufbar.

© Der/die Herausgeber bzw. der/die Autor(en), exklusiv lizenziert durch Springer Fachmedien Wiesbaden GmbH, ein Teil von Springer Nature 2021
Das Werk einschließlich aller seiner Teile ist urheberrechtlich geschützt. Jede Verwertung, die nicht ausdrücklich vom Urheberrechtsgesetz zugelassen ist, bedarf der vorherigen Zustimmung der Verlage. Das gilt insbesondere für Vervielfältigungen, Bearbeitungen, Übersetzungen, Mikroverfilmungen und die Einspeicherung und Verarbeitung in elektronischen Systemen.
Die Wiedergabe von allgemein beschreibenden Bezeichnungen, Marken, Unternehmensnamen etc. in diesem Werk bedeutet nicht, dass diese frei durch jedermann benutzt werden dürfen. Die Berechtigung zur Benutzung unterliegt, auch ohne gesonderten Hinweis hierzu, den Regeln des Markenrechts. Die Rechte des jeweiligen Zeicheninhabers sind zu beachten.
Der Verlag, die Autoren und die Herausgeber gehen davon aus, dass die Angaben und Informationen in diesem Werk zum Zeitpunkt der Veröffentlichung vollständig und korrekt sind. Weder der Verlag noch die Autoren oder die Herausgeber übernehmen, ausdrücklich oder implizit, Gewähr für den Inhalt des Werkes, etwaige Fehler oder Äußerungen. Der Verlag bleibt im Hinblick auf geografische Zuordnungen und Gebietsbezeichnungen in veröffentlichten Karten und Institutionsadressen neutral.

Planung/Lektorat: Claudia Rosenbaum
Springer Gabler ist ein Imprint der eingetragenen Gesellschaft Springer Fachmedien Wiesbaden GmbH und ist ein Teil von Springer Nature.
Die Anschrift der Gesellschaft ist: Abraham-Lincoln-Str. 46, 65189 Wiesbaden, Germany

Vorwort

Dieses Übungsbuch ergänzt das Lehrbuch *Wirtschaftsmathematik – Einfach und verständlich*, indem es ausführliche und leicht nachvollziehbare Lösungen für alle Aufgaben des Lehrbuchs enthält. Darüber hinaus wird der Stoff in zahlreichen zusätzlichen Übungsaufgaben vertieft. Insgesamt enthält das Buch ca. 170 Aufgaben mit Lösungen.

Jedes Kapitel enthält anfangs eine Zusammenfassung des Übungsstoffs. Die Aufgaben sind nach verschiedenen Themenbereichen gegliedert und können gezielt nach Wunsch bearbeitet werden. Das Übungsbuch kann daher auch eigenständig zum Einüben von üblichen Aufgaben einer Mathematikvorlesung für Wirtschaftswissenschaftler herangezogen werden. Wichtige Formeln werden angegeben. Auf Beweise und Herleitungen von Formeln wird verzichtet. Ziel ist eine detaillierte und schrittweise Beschreibung der Lösungswege.

Das Buch und das Übungsbuch sind entstanden aus zahlreichen Vorlesungen, die ich in den letzten Jahren an dualen Hochschulen und Hochschulen für angewandte Wissenschaften gehalten habe und deckt den Stoff einer ein- bis zweisemestrigen Vorlesung ab. Viele der Aufgaben haben eine Vergangenheit als Klausuraufgaben hinter sich.

Nach einem Einführungskapitel in die Grundlagen zur Algebra und Lösen einfacher Gleichungen und Ungleichungen schließt ein Kapitel zu linearen Funktionen an. Verschiedene Lösungsmethoden von linearen Gleichungssystemen werden in Kap. 3 geübt. In Kap. 4 gibt es neben Aufgaben zur Lösung von quadratischen Gleichungen mit der Mitternachtsformel zahlreiche Aufgaben zur Polynomdivision. Wie mit Hilfe der Logarithmusfunktion Exponentialgleichungen gelöst werden, wird zusätzlich eingeübt. Kap. 5 und 6 beinhalten Aufgaben zu Ableitungsregeln von Funktionen, Kurvendiskussionen und als Anwendung Gewinnmaximierungsproblemen und Elastizitäten von Funktionen. In Kap. 7 und 8 werden partielle Ableitungen, die notwendigen und hinreichenden Bedingungen zur Bestimmung von Extrempunkten von bivariaten Funktionen und Optimierungsprobleme mit Nebenbedingungen analysiert. Zusätzlich gibt es Aufgaben zu Höhenlinien und der Grenzrate der Substitution und partiellen Elastizitäten. In Kap. 9 werden einfache Integrationsregeln zur Berechnung von Flächeninhalten (insbesondere Konsumenten- und Produzentenrente) abgefragt. Das letzte

Kapitel übt die Matrixrechnung von Addition und Multiplikation bis hin zur Berechnung von Inversen und Determinanten.

Auch dieses Übungsbuch konnte nur durch vielseitige Unterstützung entstehen. Meiner Familie danke ich für ihre Geduld, Claudia Rosenbaum vom Springer-Gabler Verlag für die erneute Betreuung des Manuskripts. Studierende meiner Kurse an der DHBW in Villingen-Schwenningen und Lörrach und der HfWU Nürtingen-Geislingen haben die Aufgaben gerechnet und durch kritische Nachfragen dafür gesorgt, Lösungswege verständlich darzustellen.

Anmerkungen kleinerer oder größerer Art wie Rechtschreib- oder Rechenfehler, unklare Darstellungen oder ähnliches bitte ich mir unter Stefanie.Flotho@fhnw.ch mitzuteilen.

Basel
im Juni 2021

Stefanie Flotho

Inhaltsverzeichnis

1	**Grundlagen**	1
1.1	Algebraische Regeln	1
1.2	Rechnen mit Potenzen	4
1.3	Bruchrechnung	5
1.4	Gleichungen	6
1.5	Ungleichungen	11
1.6	Weitere Aufgaben	14
2	**Lineare Funktionen**	21
3	**Lineare Gleichungssysteme**	29
4	**Funktionen**	37
4.1	Definitionen und Darstellung einer Funktion	37
4.2	Quadratische Funktionen	40
4.3	Polynome	42
4.4	Potenzfunktionen	45
4.5	Exponentialfunktionen	45
4.6	Logarithmusfunktion	47
4.7	Weitere Aufgaben	51
5	**Ableitungen von Funktionen**	67
5.1	Berechnung von Ableitungen: Einfache Ableitungsregeln	67
5.2	Die Produktregel	68
5.3	Die Quotientenregel	70
5.4	Die Kettenregel	73
5.5	Ableitung der Exponentialfunktion	74
5.6	Ableitung der Logarithmusfunktion	76
5.7	Zweite und dritte Ableitungen	77
5.8	Weitere Aufgaben	80

6 Anwendung der Differentialrechnung ... 83
- 6.1 Bestimmung von Extremwerten. ... 83
- 6.2 Kostenfunktionen. ... 93
- 6.3 Grenzkosten und Gewinnmaximierung ... 93
- 6.4 Elastizitäten ... 100
- 6.5 Lineare Approximation ... 104
- 6.6 Monoton wachsende und fallende Funktionen ... 109
- 6.7 Konvexität und Konkavität. ... 110
- 6.8 Weitere Aufgaben. ... 113

7 Funktionen mit mehreren Variablen. ... 131
- 7.1 Was sind Funktionen mit mehreren Variablen? ... 131
- 7.2 Darstellung der Funktionen mittels Höhenlinien. ... 132
- 7.3 Partielle Ableitungen ... 136
- 7.4 Steigung einer Höhenlinie ... 141
- 7.5 Partielle Elastizitäten ... 143
- 7.6 Lineare Approximation durch Tangentialebenen. ... 146
- 7.7 Weitere Aufgaben. ... 149

8 Optimierung ohne und mit Nebenbedingungen. ... 159
- 8.1 Berechnung von Extrempunkten ... 159
- 8.2 Optimierung unter Nebenbedingungen ... 171
- 8.3 Weitere Aufgaben. ... 183

9 Integralrechnung. ... 195
- 9.1 Einfache Integrationsregeln ... 195
- 9.2 Integralrechnung und Flächen ... 198
- 9.3 Konsumenten- und Produzentenrente ... 207
- 9.4 Weitere Aufgaben. ... 212

10 Matrizenrechnung. ... 221
- 10.1 Begriffe und Definitionen ... 221
- 10.2 Rechenregeln für Matrizen. ... 221
- 10.3 Multiplikation zweier Matrizen ... 224
- 10.4 Inverse einer quadratischen Matrix ... 228
- 10.5 Determinante einer quadratischen Matrix ... 232
- 10.6 Anwendung der Matrizenrechnung: Lösen von Gleichungssystemen ... 236
- 10.7 Weitere Aufgaben. ... 239

Abbildungsverzeichnis

Abb. 2.1	Abbildung zu Aufgabe 2.5	22
Abb. 2.2	Lösungen zu Aufgabe 2.2	24
Abb. 3.1	Lösungen zu Aufgabe 3.4	35
Abb. 4.1	Lösungen zu Aufgabe 4.9	46
Abb. 4.2	Abbildungen zu Aufgabe 4.19	54
Abb. 4.3	Abbildungen zu Aufgabe 4.20, Teilaufgaben (a) und (b)	56
Abb. 4.4	Abbildungen zu Aufgabe 4.20, Teilaufgaben (c) und (d)	57
Abb. 6.1	Hoch-, Tief und Wendepunkte der Funktionen aus Aufgabe 6.1, (a) und (b)	86
Abb. 6.2	Hoch-, Tief und Wendepunkte der Funktionen aus Aufgabe 6.1, (c) und (d)	87
Abb. 6.3	Abbildung zu Aufgabe 6.2	89
Abb. 6.4	Abbildung zu Aufgabe 6.3	91
Abb. 6.5	Abbildung zu Aufgabe 6.4	92
Abb. 6.6	Mengen-Preis-Diagramm Aufgabe 6.5	96
Abb. 6.7	Abbildung zu Aufgabe 6.9	100
Abb. 6.8	Lineare Approximation von $f(x) = x^3 - 2x^2 + 5$ jeweils um $x_0 = 0$ und $x_0 = 2$	106
Abb. 6.9	Lineare Approximation von $f(x) = \ln(x^2 + 1)$ um $x_0 = 1$	108
Abb. 6.10	Hoch-, Tief und Wendepunkte der Funktionen aus Aufgabe 6.21	117
Abb. 6.11	Hoch-, Tief und Wendepunkte der Funktionen aus Aufgabe 6.22	118
Abb. 6.12	Hoch-, Tief und Wendepunkte der Funktionen aus Aufgabe 6.23	119
Abb. 6.13	Verschiedene Kostenfunktionen aus Aufgabe 6.25	121
Abb. 6.14	Abbildung zu Aufgabe 6.27	125
Abb. 6.15	Hoch-, Tief und Wendepunkte der Funktion aus Aufgabe 6.28	126
Abb. 6.16	Lineare Approximationen der Funktion aus Aufgabe 6.30	128

Abb. 7.1	Graph und Höhenlinien der Funktion $f(x, y) = 3 - x - y$ aus Aufgabe 7.3 (a)	134
Abb. 7.2	Graph und Höhenlinien der Funktion $f(x, y) = 2xy$ aus Aufgabe 7.3 (b)	134
Abb. 7.3	Graph und Höhenlinien der Funktion $f(x, y) = \sqrt{x} \cdot \sqrt{y}$ aus Aufgabe 7.3 (c)	135
Abb. 7.4	Graph und Höhenlinien der Funktion $f(x, y) = 5x + 10y$ aus Aufgabe 7.3 (d)	136
Abb. 7.5	Die Funktion $f(x, y) = x^2 + 2xy + 2y^2$ und die Tangentialebene im Punkt $(1, 1)$.	148
Abb. 8.1	Die Funktion $f(x, y) = x^2 + y^2$ und ihr stationärer Punkt $(0, 0)$	161
Abb. 8.2	Die Funktion $f(x, y) = -x^2 - y^2$ und ihr stationärer Punkt $(0, 0)$	162
Abb. 8.3	Die Funktion $f(x, y) = x^2 - y^2$ und ihr stationärer Punkt $(0, 0)$	163
Abb. 8.4	Funktion (h) aus Aufgabe 8.1	168
Abb. 9.1	Abbildung zu Aufgabe 9.4 (a)	201
Abb. 9.2	Abbildung zu Aufgabe 9.4 (b)	201
Abb. 9.3	Abbildung zu Aufgabe 9.4 (c)	203
Abb. 9.4	Abbildungen zu Aufgabe 9.5	205
Abb. 9.5	Abbildung zu Aufgabe 9.6	207
Abb. 9.6	Marktgleichgewicht und Konsumenten- und Produzentenrente	209
Abb. 9.7	Aufgabe 9.10: Marktgleichgewicht und Konsumenten- und Produzentenrente.	212
Abb. 9.8	Abbildung zu Aufgabe 9.13	216
Abb. 9.9	Marktgleichgewicht und Konsumenten- und Produzentenrente aus Aufgabe 9.14 (a)	218

Tabellenverzeichnis

Tab. 4.1   Wertetabelle für Aufgabe 4.19 51
Tab. 4.2   Ergänzte Wertetabelle für Aufgabe 4.19 53
Tab. 6.1   Vorzeichentabelle für $G(x) = -0{,}025x(x-40)(x-1600)$ 123

Grundlagen 1

In diesem Kapitel üben wir

1. algebraische Umformungen (insbesondere Klammerregeln) von Termen,
2. das Rechnen mit Potenzen und Wurzeln,
3. Bruchrechnung,
4. das Lösen von einfachen lineare Gleichungen, Bruchgleichungen und Wurzelgleichungen durch Äquivalenzumformungen,
5. das Lösen von Ungleichungen, insbesondere den Vorzeichenwechsel bei Multiplikation mit oder Division durch eine negative Zahl,
6. mit einer Fallunterscheidung oder einer Vorzeichentabelle zu untersuchen, wann Produkte oder Quotienten ein positives oder negatives Vorzeichen haben.

1.1 Algebraische Regeln

Aufgaben

1.1 Vereinfachen Sie die folgenden Terme ohne Taschenrechner:

(a) $3 \cdot (7 - 5)$
(b) $5 + 3 \cdot (7 - 3 \cdot 2)$
(c) $2 - (3 + 9 \cdot 2 + 5)$
(d) $(4 \cdot 5 - 12) \cdot 2 + 15$

1.2 Vereinfachen Sie die folgenden Ausdrücke:

(a) $5 - (7 + 2a)$
(b) $(a - 2) \cdot 4 + 2(5 - a)$
(c) $(2a - 7) - 2 \cdot (5 + 2a) - 4 + a$
(d) $(a - b + 3) - 2(a + b) + 7$
(e) $(4ab - 3a) + 2a(b + 4)$
(f) $x^2 - 3x + 5(2 - x)$

1.3 Zerlegen Sie die Ausdrücke in Faktoren, d. h. klammern Sie gemeinsame Faktoren aus:

(a) $30 - 6x$
(b) $8ab - 4b + 3a$
(c) $4(a + b) - x(a + b)$
(d) $3uv + 2u - 3v - u$
(e) $a^2b - 2ab^2 + b^2$
(f) $20ab - 10a^2$

1.4 Wenden Sie die Binomischen Formeln an:

(a) $x^2 - 2x + 1$
(b) $9 - 6x + x^2$
(c) $(1 - a^2)(1 + a^2)$
(d) $(1 + x)^4$
(e) $(5 - \sqrt{5})^2$
(f) $(1 - b)(1 + b + b^2)$

Lösungen

1.1 Diese Aufgabe lösen wir ohne Taschenrechner durch geschicktes Rechnen. Dabei sollte vor allem die Regel „Punkt vor Strich" beachtet werden: Multiplikation wird vor Addition oder Subtraktion ausgeführt, sofern durch eine Klammer nichts anderes gefordert wird. Außerdem kommt die Regel zum Zuge, dass ein Minuszeichen vor einer Klammer beim Auflösen der selbigen das Vorzeichen innerhalb der Klammer umdreht.

a) $3 \cdot (7 - 5) = 3 \cdot 2 = 6$
b) $5 + 3 \cdot (7 - 3 \cdot 2) = 5 + 3 \cdot (7 - 6) = 5 + 3 \cdot 1 = 5 + 3 = 8$
c) $2 - (3 + 9 \cdot 2 + 5) = 2 - (3 + 18 + 5) = 2 - 26 = -24$
d) $(4 \cdot 5 - 12) \cdot 2 + 15 = (20 - 12) \cdot 2 + 15 = 8 \cdot 2 + 15 = 16 + 15 = 31$

1.2 Diese Aufgabe können wir nicht mehr mit dem Taschenrechner lösen. Zunächst lösen wir die Klammern auf. Dabei beachten wir, dass ein Minuszeichen vor der Klammer die Vorzeichen der Terme in der Klammer beim Auflösen umkehrt. Anschließend fassen wir zusammengehörende Terme zusammen. Eventuell klammern wir am Ende gemeinsame Faktoren aus.

a) $5 - (7 + 2a) = 5 - 7 - 2a = -2 - 2a = -2(1 + a)$
b) $(a - 2) \cdot 4 + 2(5 - a) = 4a - 8 + 10 - 2a = 2a + 2 = 2(a + 1)$
c) $(2a - 7) - 2 \cdot (5 + 2a) - 4 + a = 2a - 7 - 10 - 4a - 4 + a = -a - 21$
d) $(a - b + 3) - 2(a + b) + 7 = a - b + 3 - 2a - 2b + 7 = -a - 3b + 10$

1.1 Algebraische Regeln

e) $(4ab - 3a) + 2a(b + 4) = 4ab - 3a + 2ab + 8a = 6ab + 5a$
f) $x^2 - 3x + 5(2 - x) = x^2 - 3x + 10 - 5x = x^2 - 8x + 10$

1.3 Faktoren kann man ausklammern, sofern sie in allen Termen vorkommen. Dabei zerlegen wir die einzelnen Terme in Produkte (z. B. $20 = 4 \cdot 5$) und untersuchen, ob einer der beiden Faktoren 4 oder 5 in einem zweiten Term vorkommt. Zur Überprüfung, ob die richtigen Faktoren ausgeklammert sind, können wir die Gegenrechnung durchführen und die Klammer wieder ausmultiplizieren. Das Ergebnis sollte der ursprüngliche Term sein.

a) $30 - 6x = 6 \cdot 5 - 6x = 6(5 - x)$
b) $8ab - 4b + 3a = 4b(2a - 1) + 3a$
   oder $= a(8b + 3) - 4b$
c) $4(a + b) - x(a + b) = (a + b)(4 - x)$
d) $3uv + 2u - 3v - u = 3uv + u - 3v = u(3v + 1) - 3v$
   oder $= 3v(u - 1) + u$
e) $a^2 b - 2ab^2 + b^2 = b(a^2 - 2ab + b) = b(a(a - 2b) + b)$
f) $20ab - 10a^2 = 10a(2b - a)$

1.4 Die Binomischen Formeln $(a \pm b)^2 = a^2 \pm 2ab + b^2$ und $(a - b)(a + b) = a^2 - b^2$ sind Regeln für das Ausmultiplizieren zweier Terme, die eine gleiche bzw. ähnliche Form haben. Wenn die Regeln von „rechts nach links" angewandt werden, dann ist es sinnvoll vorher zu untersuchen, ob in dem mathematischen Ausdruck Quadratzahlen oder Quadrate stehen.

a) $x^2 - 2x + 1 = x \cdot x - 2 \cdot x + 1 \cdot 1 = (x - 1)^2$
b) $9 - 6x + x^2 = 3^2 - 2 \cdot 3 \cdot x + x^2 = (3 - x)^2$
c) Dies ist die dritte Binomische Formel: $(1 - a^2)(1 + a^2) = 1 - (a^2)^2 = 1 - a^4$
d) Wir wenden zweimal die erste Binomische Formel an und multiplizieren anschließend aus und fassen zusammen:

$$(1 + x)^4 = ((1 + x)^2)^2 = (1 + 2x + x^2)^2$$
$$= (1 + 2x)^2 + 2(1 + 2x)x^2 + x^4$$
$$= 1 + 4x + 4x^2 + 2x^2 + 4x^3 + x^4$$
$$= x^4 + 4x^3 + 6x^2 + 4x + 1$$

e) Wir beachten, dass $(\sqrt{5})^2 = 5$ ergibt und erhalten:
   $(5 - \sqrt{5})^2 = 25 - 10\sqrt{5} + 5 = 30 - 10\sqrt{5}$
f) Im ersten Schritt multiplizieren wir die gesamte erste Klammer mit den ersten beiden Summanden der zweiten Klammer, um die dritte Binomische Formel anzuwenden:

$$(1-b)(1+b+b^2) = (1-b)(1+b) + (1-b)b^2$$
$$= 1 - b^2 + b^2 - b^3$$
$$= 1 - b^3$$

Natürlich erhalten wir das Ergebnis auch, wenn die Klammern schrittweise ausmultipliziert und zusammengefasst werden.

1.2 Rechnen mit Potenzen

Aufgaben

1.5 Vereinfachen Sie die folgenden Terme ohne Taschenrechner:

(a) $5^2 \cdot 5^{-5}$

(b) $a^2 a^4$

(c) $(4b)^2$

(d) $(-x^2 y)^{-1}$

(e) $2^3 \cdot 3^3$

(f) $4^5 \cdot (0{,}5)^5$

(g) $\frac{x^2 y^{-1}}{y x^3}$

(h) $\frac{(2+x^2)^4 (2+x^2)^{-2}}{(2+x^2)^2 (2+x^2)^{-4}}$

Lösungen

1.5 Die üblichen Potenzregeln werden in dieser Aufgabe geübt.

a) $5^2 5^{-5} = 5^{2+(-5)} = 5^{-3} = 1/5^3 = 1/125$

b) $a^2 a^4 = a^{2+4} = a^6$

c) $(4b)^2 = 4^2 b^2 = 16 b^2$

d) $(-x^2 y)^{-1} = 1/(-x^2 y) = -1/(x^2 y)$

e) $2^3 \cdot 3^3 = (2 \cdot 3)^3 = 6^3 = 216$

f) $4^5 \cdot (0{,}5)^5 = (4 \cdot 0{,}5)^5 = 2^5 = 32$

g) $\frac{x^2 y^{-1}}{y x^3} = x^{2-3} y^{-1-1} = x^{-1} y^{-2} = \frac{1}{x y^2}$

h) $\frac{(2+x^2)^4 (2+x^2)^{-2}}{(2+x^2)^2 (2+x^2)^{-4}} = (2+x^2)^{4+(-2)-2-(-4)} = (2+x^2)^4$

1.3 Bruchrechnung

Aufgaben

1.6 Vereinfachen Sie die folgenden Terme ohne Taschenrechner:

(a) $2 + \frac{5}{8} - \frac{6}{5}$

(b) $\frac{a^2}{b} + \frac{b}{a+2}$

(c) $\frac{x-y}{2x} + \frac{3x+y}{2(y-4)}$

(d) $\frac{ab}{4+a} \cdot \frac{a-2}{b^2-b}$

(e) $\frac{3a+6ab}{2a} \div \frac{1+2b}{4a^2b}$

(f) $\frac{2a}{6b} \div \frac{a^3}{4+20b} - 7ab$

Lösungen

1.6

a) Die Brüche werden alle gleichnamig gemacht, d. h. ein gemeinsamer Nenner wird gefunden. Anschließend können die Zähler verrechnet werden. Das Ergebnis schreiben wir als gemischte Zahl:

$$2 + \frac{5}{8} - \frac{6}{5} = \frac{80}{40} + \frac{25}{40} - \frac{48}{40} = \frac{57}{40} = 1\frac{17}{40}$$

b) Auch hier bestimmen wir einen Hauptnenner, der das Produkt der einzelnen Nenner ist:

$$\frac{a^2}{b} + \frac{b}{a+2} = \frac{a^2(a+2) + b^2}{b(a+2)} = \frac{a^3 + 2a^2 + b^2}{b(a+2)}$$

c) Nachdem wir auf einen Hauptnenner erweitert haben, können wir die Klammern im Zähler ausmultiplizieren und zusammenfassen:

$$\frac{x-y}{2x} + \frac{3x+y}{2(y-4)} = \frac{(x-y)(y-4)}{2x(y-4)} + \frac{(3x+y)x}{2x(y-4)}$$

$$= \frac{xy - 4x - y^2 + 4y + 3x^2 + xy}{2x(y-4)}$$

$$= \frac{2xy - 4x + 4y - y^2 + 3x^2}{2x(y-4)}$$

d) Die zwei Brüche werden miteinander multipliziert, indem wir das Produkt der Zähler durch das Produkt der Nenner dividieren:

$$\frac{ab}{4+a} \cdot \frac{a-2}{b^2-b} = \frac{ab(a-2)}{(4+a)(b^2-b)} = \frac{ab(a-2)}{(4+a)b(b-1)} = \frac{a(a-2)}{(4+a)(b-1)}$$

Hier haben wir im Nenner noch den Faktor b ausgeklammert und gegen den Faktor b des Zählers gekürzt. Natürlich könnten wir noch die Klammern ausmultiplizieren.

e) Ein Bruch wird durch einen Bruch geteilt, indem der Bruch mit dem Kehrwert multipliziert wird:

$$\frac{3a+6ab}{2a} \div \frac{1+2b}{4a^2b} = \frac{3a+6ab}{2a} \cdot \frac{4a^2b}{1+2b}$$
$$= \frac{3a(1+2b)}{2a} \cdot \frac{4a^2b}{1+2b} = 2b$$

Im zweiten Schritt klammern wir gemeinsame Faktoren aus und stellen fest, dass wir kürzen können.

f) Auch hier gilt die Regel „Punkt- vor Strichrechnung". Zunächst führen wir die Division der Brüche durch, indem wir mit dem Kehrwert multiplizieren. Dann bringen wir beide Terme auf den Hauptnenner und vereinfachen:

$$\frac{2a}{6b} \div \frac{a^3}{4+20b} - 7ab = \frac{2a}{6b} \cdot \frac{4+20b}{a^3} - 7ab$$
$$= \frac{(4+20b)}{3ba^2} - 7ab = \frac{4+20b-7ab \cdot 3ba^2}{3ba^3}$$
$$= \frac{4+20b-21a^3b^2}{3ba^3}$$

1.4 Gleichungen

Aufgaben

1.7 Lösen Sie die folgenden linearen Gleichungen nach der Unbekannten auf:

(a) $7x - 6 = 15$
(b) $30 = 6x - 6$
(c) $20x + 25 = 34 - 7x$
(d) $3(4x + 12) = 9$
(e) $5(2x - 7) = (2 + x)4$
(f) $-3(x + 4) + 2(x - 1) = 15 - (7 - 3x)$

1.8 Welcher x-Wert löst die folgende Bruchgleichung?

(a) $\frac{2x}{4x+6} = 5$
(b) $\frac{8-2x}{4} = \frac{x}{2}$
(c) $\frac{3}{2x-4} + 5 = 4$
(d) $\frac{3}{2x-4} + 5 = 4$
(e) $12 - \frac{4}{5-x} = 8$
(f) $-\frac{1}{x} = \frac{3}{x-4}$

1.4 Gleichungen

1.9 Finden Sie eine Lösung für die unbekannte Variable der folgenden Gleichungen:

(a) $x^8 = 390625$
(b) $x^2 + 1 = 17$
(c) $\sqrt{x} = 16$
(d) $100 + \sqrt{x} = 125$
(e) $\sqrt{100 + x} = 125$
(f) $\sqrt[3]{10x + 2} = 0$

Lösungen

1.7 Durch Äquivalenzumformungen werden die Gleichungen gelöst. Dabei formen wir die Gleichungen so um, dass alle Zahlen auf der einen und alle Ausdrücke mit der Unbekannten auf der anderen Seite des Gleichheitszeichens stehen.

(a)
$$\begin{aligned} & 7x - 6 = 15 \quad |+6 \\ \iff & 7x = 21 \quad |\div 7 \\ \iff & x = 3 \end{aligned}$$

(b)
$$\begin{aligned} & 30 = 6x - 6 \quad |+6 \\ \iff & 36 = 6x \quad |\div 6 \\ \iff & 6 = x \end{aligned}$$

(c)
$$\begin{aligned} & 20x + 25 = 34 - 7x \quad |-25 \\ \iff & 20x = 9 - 7x \quad |+7x \\ \iff & 27x = 9 \quad |\div 27 \\ \iff & x = 9/27 = 1/3 \end{aligned}$$

(d)
$$3(4x + 12) = 9 \qquad | \div 3$$
$$\iff 4x + 12 = 3 \qquad | - 12$$
$$\iff 4x = -9 \qquad | \div 4$$
$$\iff x = -9/4$$

(e)
$$5(2x - 7) = (2 + x)4$$
$$\iff 10x - 35 = 8 + 4x \qquad | + 35$$
$$\iff 10x = 43 + 4x \qquad | - 4x$$
$$\iff 6x = 43 \qquad | \div 6$$
$$\iff x = 43/6$$

(f)
$$-3(x + 4) + 2(x - 1) = 15 - (7 - 3x)$$
$$\iff -3x - 12 + 2x - 2 = 15 - 7 + 3x$$
$$\iff -x - 14 = 8 + 3x \qquad | + x$$
$$\iff -14 = 8 + 4x \qquad | - 8$$
$$\iff -22 = 4x \qquad | \div 4$$
$$\iff x = -22/4 = -11/2$$

1.8 Die Hauptidee ist es, durch Multiplikation mit dem Nenner die Bruchgleichung zu vereinfachen, so dass die Unbekannte x nicht mehr im Nenner steht:

(a)
$$\frac{2x}{4x + 6} = 5 \qquad | \cdot (4x + 6)$$
$$\iff 2x = 5 \cdot (4x + 6) = 20x + 30 \qquad | - 20x$$
$$\iff -18x = 30 \qquad | \div (-18)$$
$$\iff x = -30/18 = -5/3$$

(b) Dies ist gar keine Bruchgleichung, sondern eine lineare Gleichung geschrieben als Bruch, allerdings ist x nicht im Nenner. Die Gleichung kann geschrieben werden als $2 - 0{,}5x = 0{,}5x$, was durch $+0{,}5x$ auf beiden Seiten zur Lösung $x = 2$ führt.

(c) Wir vereinfachen zunächst die Brüche, indem wir auf der linken Seite ein x und auf der rechten Seite den Faktor 2 kürzen:

$$\frac{3x}{4x^2} = \frac{12}{2(x+4)}$$
$$\iff \frac{3}{4x} = \frac{6}{(x+4)} \quad | \cdot (x+4) \cdot 4x$$
$$\iff 3(x+4) = 6 \cdot 4x$$
$$\iff 3x + 12 = 24x \quad | - 3x$$
$$\iff 12 = 21x \quad | \div 21$$
$$\iff x = 12/21 = 4/7$$

(d) Auf der linken Seite steht kein einzelner Bruch, sondern eine Summe. Deshalb ziehen wir auf beiden Seiten 5 ab und erhalten eine Bruchgleichung, mit der wir weiterarbeiten können:

$$\frac{3}{2x-4} + 5 = 4 \quad | - 5$$
$$\iff \frac{3}{2x-4} = -1 \quad | \cdot (2x-4)$$
$$\iff 3 = -1 \cdot (2x-4) = 4 - 2x \quad | - 4$$
$$\iff -1 = -2x \quad | \div (-2)$$
$$\iff x = 1/2$$

(e)

$$12 - \frac{4}{5-x} = 8 \quad | - 12$$
$$\iff -\frac{4}{5-x} = -4 \quad | \cdot (5-x)$$
$$\iff -4 = -20 + 4x \quad | + 20$$
$$\iff 16 = 4x \quad | \div 4$$
$$\iff x = 4$$

(f)
$$-\frac{1}{x} = \frac{3}{x-4} \quad |\cdot(x-4)\cdot x$$
$$\iff -1(x-4) = 3x$$
$$\iff -x+4 = 3x \quad |+x$$
$$\iff 4 = 4x \quad |\div 4$$
$$\iff x = 1$$

1.9 In dieser Aufgabe berechnen wir die Lösungen, indem wir beide Seiten der Gleichung mit einem entsprechenden Exponenten potenzieren. Eventuell müssen wir die Gleichung zunächst umformen.

(a)
$$x^8 = 390625 \quad |\sqrt[8]{\cdots}$$
$$\iff (x^8)^{1/8} = x = \sqrt[8]{390625} = 5$$

(b)
$$x^2 + 1 = 17 \quad |-1$$
$$\iff x^2 = 16 \quad |\sqrt[2]{\cdots}$$
$$\iff x = \pm 16$$

(c)
$$\sqrt{x} = 16 \quad |(\cdots)^2$$
$$\iff x = 16^2 = 256$$

(d)
$$100 + \sqrt{x} = 125 \quad |-100$$
$$\iff \sqrt{x} = 25 \quad |(\cdots)^2$$
$$\iff x = 25^2 = 625$$

(e)
$$\sqrt{100+x} = 125 \quad |(\cdots)^2$$
$$\iff 100+x = 125^2 = 15.625 \quad |-100$$
$$\iff x = 15.525$$

(f)
$$\sqrt[3]{10x+2} = 0 \quad |(\cdots)^3$$
$$\iff 10x+2 = 0 \quad |-2$$
$$\iff 10x = -2 \quad |\div 10$$
$$\iff x = -1/5$$

1.5 Ungleichungen

Aufgaben

1.10 Für welche x gelten die folgenden Ungleichungen?

(a) $4x - 7 \leq 5$
(b) $2x + 5 \geq 2 - x$
(c) $5(10 - 7x) < x + 2 - 4(3 + x)$
(d) $(4 - 3x)(x + 5) \leq 0$
(e) $12 - (x + 5)(3 - 8x) \leq 12$
(f) $\frac{3x}{x-2} > 0$
(g) $\frac{2(x-15)}{(x+5)^2} < 0$
(h) $\frac{x}{x^2 - 2x} \geq 3$

Lösungen

1.10

(a)
$$4x - 7 \leq 5 \quad |+7$$
$$\iff 4x \leq 12 \quad |\div 4$$
$$\iff x \leq 3$$

(b) Zunächst bringen wir alle Konstanten auf die eine und alle Terme mit x auf die andere Seite:
$$2x + 5 \geq 2 - x \quad |-5+x$$
$$\iff 3x \geq -3 \quad |\div 3$$
$$\iff x \geq -1$$

(c) Nachdem wir die Klammern aufgelöst und zusammengefasst haben, erhalten wir:

$$5(10 - 7x) < x + 2 - 4(3 + x)$$
$$\iff 50 - 35x < x + 2 - 12 - 4x = -3x - 10 \quad |+3x - 50$$
$$\iff -32x < -60 \quad |\div(-32)$$
$$\iff x > -60/(-32) = 60/32 = 15/8 \quad |\text{Ungleichheitszeichen dreht sich um!}$$

(d) Ein Produkt mit zwei Faktoren ist kleiner als Null, wenn einer der beiden Faktoren positiv und einer negativ ist. Somit haben wir die folgende Fallunterscheidung: Im 1. Fall gilt:

$$(4 - 3x) \leq 0 \quad \text{und} \quad (x + 5) \geq 0$$
$$\iff \frac{4}{3} \leq x \quad \text{und} \quad x \geq -5$$

Beide Bedingungen sind erfüllt für alle $x \geq 4/3$.
Im 2. Fall gilt:

$$(4 - 3x) \geq 0 \quad \text{und} \quad (x + 5) \leq 0$$
$$\iff \frac{4}{3} \geq x \quad \text{und} \quad x \leq -5$$

Diese beiden Ungleichungen sind zusammen erfüllt, falls $x \leq -5$.
Also ist die Ungleichung $(4 - 3x)(x + 5) \leq 0$ erfüllt für x-Werte, die entweder kleiner (gleich) -5 oder größer (gleich) $4/3$ sind.

(e) Zunächst formen wir die Ungleichung um:

$$12 - (x + 5)(3 - 8x) \leq 12 \quad |-12$$
$$\iff -(x + 5)(3 - 8x) \leq 0 \quad |\div(-1)$$
$$\iff (x + 5)(3 - 8x) \geq 0 \quad |\text{Ungleichheitszeichen dreht sich um!}$$

Auch in diesem Fall gibt es eine Fallunterscheidung: Ein Produkt aus zwei Faktoren ist positiv, falls beide Faktoren entweder positiv oder negativ sind.
Im 1. Fall gilt:

$$(x + 5) \geq 0 \quad \text{und} \quad (3 - 8x) \geq 0$$
$$\iff x \geq -5 \quad \text{und} \quad 3/8 \geq x$$

Diese zwei Bedingungen sind erfüllt für $-5 \leq x \leq 3/8$.

1.5 Ungleichungen

Im 2. Fall erhalten wir:

$$(x+5) \leq 0 \quad \text{und} \quad (3-8x) \leq 0$$
$$\iff \quad x \leq -5 \quad \text{und} \quad 3/8 \leq x$$

Doch diese zwei Bedingungen können nicht gleichzeitig erfüllt sein.[1] Die Fallunterscheidung ergibt dann folgende zulässigen Werte für x als Lösung: $-5 \leq x \leq 3/8$.

(f) Ein Bruch ist in zwei Fällen positiv. 1. Fall: Zähler und Nenner sind beide positiv:

$$3x > 0 \quad \text{und} \quad x - 2 > 0$$
$$\iff \quad x > 0 \quad \text{und} \quad x > 2$$

Dies ist der Fall, falls $x > 2$.
2. Fall: Zähler und Nenner sind beide negativ:

$$3x < 0 \quad \text{und} \quad x - 2 < 0$$
$$\iff \quad x < 0 \quad \text{und} \quad x < 2$$

Dieser der Fall tritt für $x < 0$ ein.
Insgesamt ist die Ungleichung also erfüllt für $x < 0$ und $x > 2$.

(g) In diesem Bruch ist der Nenner durch das Quadrat immer positiv. Wenn der Bruch insgesamt also negative Werte annehmen soll, dann muss der Zähler negativ sein: $2(x-15) < 0$. Dies ist erfüllt für alle $x < 15$.

(h) Diese Ungleichung läuft auf eine Bruchungleichung hinaus, muss allerdings erst in diese Form gebracht werden, indem wir nur einen Bruch auf der einen und eine Null auf der anderen Seite stehen haben. Deshalb subtrahieren wir 3 auf beiden Seiten und bringen die Terme auf einen Nenner:

$$\frac{x}{x^2 - 2x} - 3 = \frac{x - 3(x^2 - 2x)}{x^2 - 2x} = \frac{7x - 3x^2}{x^2 - 2x} \geq 0$$

Der Ausdruck vereinfacht sich durch Kürzen von x im Zähler und Nenner ein wenig:

$$\frac{7 - 3x}{x - 2} \geq 0$$

---

[1] Wer vor lauter Ungleichheitszeichen dies nicht sieht, der könnte die berechneten Bereiche auf einem Zahlenstrahl kennzeichnen. Eine eventuelle Schnittmenge gibt die zulässigen Werte für x an. Falls es, wie in diesem Fall, keine Schnittmenge gibt, dann gibt es für diesen Fall keine Lösung.

Nun können wir eine Fallunterscheidung durchführen. Wichtig ist zu beachten, dass der Nenner nicht Null werden darf. 1. Fall:

$$(7 - 3x) \geq 0 \quad \text{und} \quad (x - 2) > 0$$
$$\iff \quad \frac{7}{3} \geq x \quad \text{und} \quad x > 2$$

Diese beiden Bedingungen sind erfüllt, falls $2 < x \leq 7/3$.
2. Fall:

$$(7 - 3x) \leq 0 \quad \text{und} \quad (x - 2) < 0$$
$$\iff \quad \frac{7}{3} \leq x \quad \text{und} \quad x < 2$$

Da $7/3$ etwas größer als 2 ist, gibt es keine x, die gleichzeitig größer als $7/3$ und kleiner als 2 sind.
Zusammengefasst können wir folgern, dass die Ungleichung für Werte von x mit $2 < x \leq 7/3$ gilt.

1.6 Weitere Aufgaben

Aufgaben

1.11 Lösen Sie die folgenden linearen Gleichungen nach der Unbekannten auf.

(a) $10y - 3(y + 2) = (4y - 7) - 2(y - 1)$
(b) $(x + 2) \cdot (-4) - 3x = x - 8 \cdot (-2 + x)$
(c) $5(2 + x) - (5 + 4x) = 2 \cdot (1 + 4x) + (1 - 2x) \cdot 3 - x$
(d) $-(3p - 2) = 1 + p - 3 \cdot (2 - p)$

1.12 Lösen Sie die folgenden Bruchgleichungen nach der Unbekannten auf.

(a) $\frac{5}{x-2} - \frac{3}{4+x} = 0$
(b) $\frac{2x}{x+1} + \frac{4}{x} = 2$
(c) $\frac{a^2-9}{a+3} = -4(a - 5) + a$
(d) $\frac{16-8b+b^2}{4-b} = -2 - 2(b - 3)$

1.13 Lösen Sie die folgenden Gleichungen nach der Unbekannten auf.

(a) $\sqrt{5x - 125} = 5$
(b) $\sqrt{5x} - 125 = 5$
(c) $5\sqrt{x} - 125 = 5$
(d) $(3q - 10)^3 = 8$
(e) $(7 - 3p)^5 - 20 = 1004$
(f) $-130 + 625p^4 = 126$

1.6 Weitere Aufgaben

1.14 Für welche x gelten die folgenden Ungleichungen?

(a) $4(1-x) - 11 \geq 1 + 2(1-2x) - 2x$
(b) $x(4x-4) \leq 2(x-1)(2+2x)$
(c) $(5-2x)(x-3) > 0$
(d) $\frac{4-3x}{x-4} < 5$
(e) $10 + 8x(x-1) \geq 4x(x+3) - 15$
(f) $\sqrt{3-4x} > 5$

Lösungen

1.11

(a)
$$\begin{aligned} & & 10y - 3(y+2) &= (4y-7) - 2(y-1) & &|\text{Klammern auflösen} \\ &\Longleftrightarrow & 10y - 3y - 6 &= 4y - 7 - 2y + 2 & &|\text{Zusammenfassen} \\ &\Longleftrightarrow & 7y - 6 &= 2y - 5 & &|+6 - 2y \\ &\Longleftrightarrow & 5y &= 1 & &|\div 5 \\ &\Longleftrightarrow & y &= 1/5 = 0{,}2 \end{aligned}$$

(b)
$$\begin{aligned} & & (x+2) \cdot (-4) - 3x &= x - 8 \cdot (-2+x) & &|\text{Klammern auflösen} \\ &\Longleftrightarrow & -4x - 8 - 3x &= x - 8x + 16 & &|\text{Zusammenfassen} \\ &\Longleftrightarrow & -7x - 8 &= -7x + 16 & &|+7x + 8 \\ &\Longleftrightarrow & 0 &= 24 \end{aligned}$$

Die letzte Zeile ist offensichtlich falsch. Wir haben allerdings bei den Äquivalenzumformungen keinen Fehler gemacht. Die Umformungen können wir von oben nach unten, aber auch von unten nach oben lesen. Wenn die letzte Zeile eine falsche Aussage ist, dann ist auch die erste Zeile falsch. Somit folgern wir, dass es keine Werte für x gibt, die die Gleichung erfüllen. Die Gleichung hat keine Lösungen.

(c)
$$\begin{aligned} & & 5(2+x) - (5+4x) &= 2 \cdot (1+4x) + (1-2x) \cdot 3 - x & &|\text{Klammern auflösen} \\ &\Longleftrightarrow & 10 + 5x - 5 - 4x &= 2 + 8x + 3 - 6x - x & &|\text{Zusammenfassen} \\ &\Longleftrightarrow & 5 + x &= 5 + x & &|-5 - x \\ &\Longleftrightarrow & 0 &= 0 \end{aligned}$$

Diese Aussage ist offensichtlich richtig, egal welchen Wert die Unbekannte x annimmt. Da die erste Zeile, d. h. die ursprüngliche Gleichung, äquivalent zur letzten Zeile ist, ist auch die erste Zeile unabhängig vom Wert für x richtig. Die Gleichung hat unendlich viele Lösungen. Wir können dies überprüfen, indem wir einige Werte für x wählen und in die Gleichung einsetzen. Die Aussage ist immer richtig.

(d)

$$\begin{aligned}
&& -(3p - 2) &= 1 + p - 3 \cdot (2 - p) && |\text{Klammern auflösen} \\
&\Longleftrightarrow& -3p + 2 &= 1 + p - 6 + 3p && |\text{Zusammenfassen} \\
&\Longleftrightarrow& -3p + 2 &= -5 + 4p && |+3p + 5 \\
&\Longleftrightarrow& 7 &= 7p && |\div 7 \\
&\Longleftrightarrow& p &= 1
\end{aligned}$$

1.12

(a)

$$\begin{aligned}
&& \frac{5}{x-2} - \frac{3}{4+x} &= 0 && \Big|+\frac{3}{4+x} \\
&\Longleftrightarrow& \frac{5}{x-2} &= \frac{3}{4+x} && |\cdot (4+x) \cdot (x-2) \\
&\Longleftrightarrow& 5 \cdot (4+x) &= 3 \cdot (x-2) && |\text{Klammern auflösen} \\
&\Longleftrightarrow& 20 + 5x &= 3x - 6 && |-3x - 20 \\
&\Longleftrightarrow& 2x &= -26 && |\div 2 \\
&\Longleftrightarrow& x &= -13
\end{aligned}$$

(b)

$$\begin{aligned}
&& \frac{2x}{x+1} + \frac{4}{x} &= 2 && |\cdot (x+1) \cdot x \\
&\Longleftrightarrow& \frac{2x \cdot (x+1) \cdot x}{x+1} + \frac{4 \cdot (x+1) \cdot x}{x} &= 2 \cdot (x+1) \cdot x && |\text{Kürzen} \\
&\Longleftrightarrow& 2x^2 + 4 \cdot (x+1) &= 2 \cdot (x+1) \cdot x && |\text{Klammern auflösen} \\
&\Longleftrightarrow& 2x^2 + 4x + 4 &= 2x^2 + 2x && |-2x^2 - 4x \\
&\Longleftrightarrow& 4 &= -2x && |\div (-2) \\
&\Longleftrightarrow& x &= -2
\end{aligned}$$

1.6 Weitere Aufgaben

(c)

$$\frac{a^2 - 9}{a + 3} = -4(a - 5) + a \quad |\text{Binomische Formel}$$
$$\iff \frac{(a + 3)(a - 3)}{a + 3} = -4(a - 5) + a \quad |\text{Kürzen}$$
$$\iff (a - 3) = -4(a - 5) + a \quad |\text{Klammern auflösen}$$
$$\iff a - 3 = -4a + 20 + a \quad |\text{Zusammenfassen}$$
$$\iff a - 3 = -3a + 20 \quad | + 3 + 3a$$
$$\iff 4a = 23 \quad | \div 4$$
$$\iff a = 23/4$$

(d)

$$\frac{16 - 8b + b^2}{4 - b} = -2 - 2(b - 3) \quad |\text{Binomische Formel}$$
$$\iff \frac{(4 - b)^2}{4 - b} = -2 - 2(b - 3) \quad |\text{Kürzen}$$
$$\iff (4 - b) = -2 - 2(b - 3) \quad |\text{Klammern auflösen}$$
$$\iff 4 - b = -2 - 2b + 6 \quad | - 4 + 2b$$
$$\iff 3b = 0 \quad | \div 3$$
$$\iff b = 0$$

1.13

(a)

$$\sqrt{5x - 125} = 5 \quad |(\cdots)^2$$
$$\iff 5x - 125 = 25 \quad | + 125$$
$$\iff 5x = 150 \quad | \div 5$$
$$\iff x = 30$$

(b)

$$\sqrt{5x} - 125 = 5 \quad | + 125$$
$$\iff \sqrt{5x} = 130 \quad |(\cdots)^2$$
$$\iff 5x = 16900 \quad | \div 5$$
$$\iff x = 3380$$

(c)
$$5\sqrt{x} - 125 = 5 \quad |+125$$
$$\iff 5\sqrt{x} = 130 \quad |\div 5$$
$$\iff \sqrt{x} = 26 \quad |(\cdots)^2$$
$$\iff x = 676$$

(d)
$$(3q - 10)^3 = 8 \quad |\sqrt[3]{\cdots}$$
$$\iff (3q - 10) = \sqrt[3]{8} \quad |+10$$
$$\iff 3q = 2 + 10 = 12 \quad |\div 3$$
$$\iff q = 4$$

(e)
$$(7 - 3p)^5 - 20 = 1004 \quad |+20$$
$$\iff (7 - 3p)^5 = 1024 \quad |\sqrt[5]{\cdots}$$
$$\iff 7 - 3p = \sqrt[5]{1024} = 4 \quad |-7$$
$$\iff -3p = -3 \quad |\div(-3)$$
$$\iff p = 1$$

(f)
$$-130 + 625p^4 = 126 \quad |+130$$
$$\iff 625p^4 = 256 \quad |\div 625$$
$$\iff p^4 = 256/625 \quad |\sqrt[4]{\cdots}$$
$$\iff p = 4/5$$

1.14

(a)
$$4(1-x) - 11 \geq 1 + 2(1 - 2x) - 2x \quad |\text{Klammern auflösen}$$
$$\iff 4 - 4x - 11 \geq 1 + 2 - 4x - 2x \quad |\text{Zusammenfassen}$$
$$\iff -7 - 4x \geq 3 - 6x \quad |+6x + 7$$
$$\iff 2x \geq 10 \quad |\div 2$$
$$\iff x \geq 5$$

1.6 Weitere Aufgaben

(b)

$$
\begin{aligned}
& x(4x-4) \leq 2(x-1)(2+2x) && |\text{Klammern auflösen} \\
\Longleftrightarrow\ & 4x^2 - 4x \leq (2x-2)(2x+2) && |\text{Binomische Formel} \\
\Longleftrightarrow\ & 4x^2 - 4x \leq 4x^2 - 4 && |-4x^2 \\
\Longleftrightarrow\ & -4x \leq -4 && |\div(-4)\ \text{Ungleichheitszeichen dreht sich um!} \\
\Longleftrightarrow\ & x \geq 1
\end{aligned}
$$

(c) Diese Ungleichung lösen wir durch Fallunterscheidung.
1. Fall: Beide Faktoren sind positiv:

$$(5-2x) > 0 \quad \text{und} \quad (x-3) > 0$$
$$\Longleftrightarrow \quad \frac{5}{2} > x \quad \text{und} \quad x > 3$$

Dieser Fall kann allerdings nicht eintreten, da Zahlen nicht gleichzeitig größer als 3 und kleiner als 2,5 sein können.
2. Fall: Beide Faktoren sind negativ:

$$(5-2x) < 0 \quad \text{und} \quad (x-3) < 0$$
$$\Longleftrightarrow \quad \frac{5}{2} < x \quad \text{und} \quad x < 3$$

Diese Bedingungen sind erfüllt für alle x im Bereich $2,5 < x < 3$.

(d)

$$
\begin{aligned}
& \frac{4-3x}{x-4} < 5 && |-5 \\
\Longleftrightarrow\ & \frac{4-3x}{x-4} - 5 < 0 && |\text{Hauptnenner bestimmen} \\
\Longleftrightarrow\ & \frac{4-3x-5(x-4)}{x-4} < 0 && |\text{Klammern auflösen} \\
\Longleftrightarrow\ & \frac{4-3x-5x+20}{x-4} < 0 && |\text{Zusammenfassen} \\
\Longleftrightarrow\ & \frac{24-8x}{x-4} < 0
\end{aligned}
$$

Diese Ungleichung lösen wir durch Fallunterscheidung.

1. Fall: Der Zähler ist positiv und der Nenner ist negativ:

$$(24 - 8x) > 0 \quad \text{und} \quad (x - 4) < 0$$
$$\iff \quad 3 > x \quad \text{und} \quad x < 4$$

Diese zwei Bedingungen sind für alle $x < 3$ erfüllt.
2. Fall: Der Zähler ist negativ und der Nenner ist positiv:

$$(24 - 8x) < 0 \quad \text{und} \quad (x - 4) > 0$$
$$\iff \quad 3 < x \quad \text{und} \quad x > 4$$

Diese zwei Bedingungen sind für alle $x > 4$ erfüllt.
Insgesamt können wir folgern, dass die Ungleichung für alle $x < 3$ und $x > 4$ erfüllt ist. Durch eine Probe lässt sich dies leicht feststellen. Dazu setzen wir einen Wert kleiner als 3, und einen Wert größer als 4 in die linke Seite der Ungleichung für x ein. In beiden Beispielen erhalten wir eine Zahl, die kleiner als die rechte Seite der Ungleichung (5) ist. Für einen Wert zwischen 3 und 4 erhalten wir eine Zahl, die größer als 5 ist.

(e)

$$10 + 8x(x - 1) \geq 4x(x + 3) - 15 \quad |\text{Klammern auflösen}$$
$$\iff \quad 10 + 8x^2 - 8x \geq 4x^2 + 12x - 15 \quad |-4x^2 - 12x + 15$$
$$\iff \quad 4x^2 - 20x + 25 \geq 0 \quad |\text{Binomische Formel}$$
$$\iff \quad (2x - 5)^2 \geq 0$$

Auf der linken Seite der Ungleichung steht ein Term $(2x - 5)$, der quadriert werden soll. Egal, welche Zahl wir quadrieren, dass Ergebnis ist immer positiv. Wir können für x beliebige Werte einsetzen, durch das Quadrat erhalten wir eine positive Zahl. Wenn wir $x = 2{,}5$ einsetzen, erhalten wir Null. Mit anderen Worten ist die Ungleichung für alle Werte von x erfüllt.[2]

(f)

$$\sqrt{3 - 4x} > 5 \quad |\text{Beide Seiten quadrieren.}$$
$$\iff \quad 3 - 4x > 25 \quad |+3$$
$$\iff \quad -4x > 28 \quad |\div(-4) \text{ Ungleichheitszeichen dreht sich um!}$$
$$\iff \quad x < -7$$

---

[2] Man könnte auf die Idee kommen, die Wurzel zu ziehen, doch dadurch verliert man einen Fall aus den Augen. Denn eigentlich ist diese Ungleichung nicht anders zu behandeln als die Ungleichung aus Aufgabenteil (c). Der Unterschied besteht darin, dass beide Faktoren gleich sind. Wenn man die Fallunterscheidung durchführt, erhält man für den Fall, dass beide Faktoren positiv sind die Werte $x \geq 2{,}5$ und für den Fall von negativen Faktoren die Werte $x \leq 2{,}5$, d. h., dass die Ungleichung für alle x gilt.

Lineare Funktionen

In diesem Kapitel üben wir

1. eine lineare Funktion zu erkennen und die Parameter der Steigung und dem Achsenabschnitt zuzuordnen,
2. die Funktionsformel für einen linearen Zusammenhang mit Hilfe von zwei Punkten aufzustellen,
3. eine Gerade mit Hilfe von zwei Punkten oder eines Steigungsdreiecks zu zeichnen,
4. lineare Funktionen am Beispiel von Angebot und Nachfrage aus der Mikroökonomie aufzustellen.

Aufgaben

2.1 Zwischen den folgenden Punkten gibt es einen linearen Zusammenhang. Stellen Sie die Funktion auf:

(a) $(1, -3)$ und $(2, 1)$

(b) $(2, 1)$ und $(0, 2)$

(c) $(2, 6)$ und $(-1/3, -1)$

(d) $(2, -2)$ und $(8, -2)$

2.2 Zeichnen Sie die linearen Funktionen aus Aufgabe 2.1.

2.3 Die Nachfrage nach einem Produkt hängt linear vom Preis des Produkts P ab. Wenn $P = 10\,\text{EUR}$, dann werden 60 Einheiten nachgefragt. Wenn sich der Preis verdoppelt, sinkt die Nachfrage auf 40 Einheiten.

Abb. 2.1 Abbildung zu Aufgabe 2.5

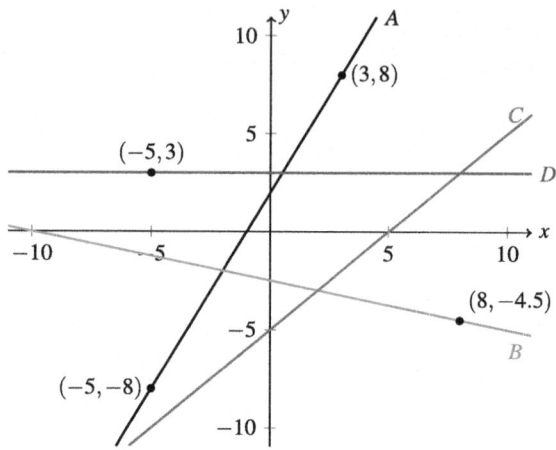

a) Welche lineare Funktion beschreibt dieses Zusammenhang?
b) Welche Menge wird bei einem Preis von 15 EUR nachgefragt?
c) Vom Produkt werden 70 Einheiten verkauft. Welchen Preis sind die Konsumenten zu zahlen bereit?

2.4 Die Nachfrage eines Haushalts nach einem Produkt hängt linear vom Einkommen M ab. Falls der Haushalt kein Einkommen hat, dann wird das Produkt nicht konsumiert. Bei einem Einkommen von 150 werden 60 Einheiten des Produkts konsumiert.

a) Wie lautet die Nachfragefunktion?
b) Wenn sich das Einkommen verdoppelt, verdoppelt sich dann auch die nachgefragte Menge?

2.5 In Abb. 2.1 sind Geraden abgebildet. Stellen Sie die zugehörigen linearen Funktionen auf.[1]

2.6 In der Makroökonomie wird in der Theorie nach Keynes davon ausgegangen, dass der gesamtwirtschaftliche Konsum C einer Volkswirtschaft linear vom verfügbaren Einkommen Y der Volkswirtschaft abhängt. Bei einem Einkommen von 100 (Mio. EUR) beträgt der Konsum insgesamt 95 (Mio. EUR). Wenn das Einkommen sich verdoppelt, erhöht sich der Konsum um 85 (Mio. EUR).

---

[1] Diese und alle weiteren Abbildungen wurden mit dem Programm PGFPLOTS von Chr. Feuersänger erstellt.

a) Berechnen Sie die Steigung der Konsumfunktion. Um wie viele Mio. Euro steigt der Konsum, wenn das verfügbare Einkommen um eine Mio. Euro steigt?
b) Wie hoch ist der Konsum bei einem Einkommen von Null? Dieser Parameter wird auch der autonome Konsum genannt.

2.7 Ein Unternehmen verkauft 125 Kartons eines Produktes zu einem Gesamtpreis von 625 EUR und 200 Kartons zu einem Preis von 925 EUR. Nehmen Sie an, dass die Angebotsfunktion linear ist.

a) Stellen Sie die Angebotsfunktion auf.
b) Wie viel kosten 150 Kartons?
c) Wie viele Kartons erhält man für 525 EUR?

2.8 Ein Unternehmen produziert von einem Produkt die Menge x. Dabei entstehen Kosten $K(x)$, die durch eine lineare Funktion abgebildet werden können. Wenn das Unternehmen 10 Mengeneinheiten produziert, dann betragen die Kosten insgesamt 750 EUR, bei der doppelten Menge 1250 EUR. Stellen Sie die Kostenfunktion auf.

Lösungen

2.1 Der lineare Zusammenhang wird beschrieben durch $y = ax + b$. Zunächst berechnen wir die Steigung a mit der Formel $a = \frac{y_1 - y_2}{x_1 - x_2}$ und anschließend bestimmen wir den y-Achsenabschnitt.

a) Für die Steigung folgt

$$a = \frac{y_1 - y_2}{x_1 - x_2} = \frac{-3 - 1}{1 - 2} = \frac{-4}{-1} = 4$$

Die Gerade hat somit die Form $y = 4x + b$. Durch Einsetzen eines der Punkte erhalten wir

$$1 = 4 \cdot 2 + b \implies b = -7$$

Die Geradengleichung ist gegeben durch $y = 4x - 7$.

b) Die Steigung berechnen wir durch

$$a = \frac{y_1 - y_2}{x_1 - x_2} = \frac{1 - 2}{2 - 0} = \frac{-1}{2}$$

Den y-Achsenabschnitt können wir am zweiten Punkt $(0, 2)$ ablesen: $b = 2$. Die Geradengleichung ist somit gegeben durch $y = -\frac{1}{2}x + 2$.

c) Für die Steigung folgt

$$a = \frac{y_1 - y_2}{x_1 - x_2} = \frac{6 - (-1)}{2 - (-1/3)} = \frac{7}{7/3} = \frac{7 \cdot 3}{7} = 3$$

Die Gerade hat somit die Form $y = 3x + b$. Durch Einsetzen des ersten Punktes erhalten wir

$$6 = 3 \cdot 2 + b = 6 + b \implies b = 0$$

Die Geradengleichung ist gegeben durch $y = 3x$.

d) Wenn wir uns die zwei Punkte anschauen, stellen wir fest, dass der y-Wert jeweils gleich ist. Es handelt sich hier um eine horizontale Gerade $y = -2$.

2.2 Wir zeichnen die Geraden, indem wir jeweils die zwei Punkte in ein (x, y)-Koordinatensystem eintragen und mit dem Lineal verbinden. Abb. 2.2 zeigt das Ergebnis.

2.3 a) Der lineare Zusammenhang wird durch die Formel $Q = aP + b$ beschrieben. Wir bestimmen die Steigung a mit Hilfe der zwei Punkte $(Q_1, P_1) = (60, 10)$ und $(Q_2, P_2) = (40, 20)$:

$$a = \frac{Q_1 - Q_2}{P_1 - P_2} = \frac{60 - 40}{10 - 20} = \frac{20}{-10} = -2$$

Den y-Achsenabschnitt b bestimmen wir durch Einsetzen eines Punktes in die allgemeine Geradengleichung:

$$60 = -2 \cdot 10 + b = -20 + b \implies b = 80$$

Abb. 2.2 Lösungen zu Aufgabe 2.2

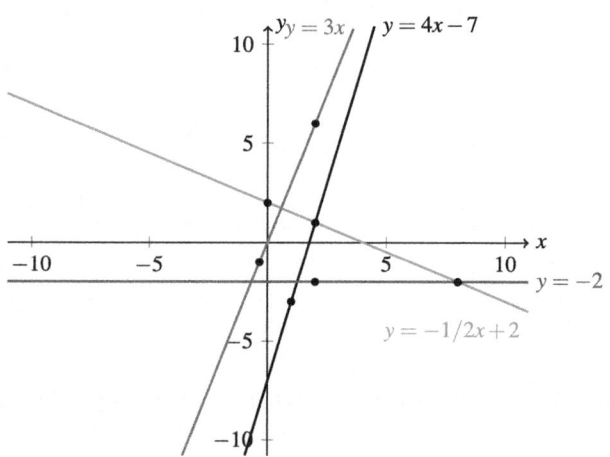

2 Lineare Funktionen

Die Funktion ist somit
$$Q = -2P + 80$$

b) Bei einem Preis von $P = 15\,\text{EUR}$ wird die Menge $Q = -2 \cdot 15 + 80 = 50$ nachgefragt.
c) Wenn $Q = 70$ Einheiten verkauft werden, dann liegt die Zahlungsbereitschaft der Konsumenten bei einem Preis, der durch die folgende Gleichung bestimmt wird:
$$70 = -2P + 80 \quad\Longleftrightarrow\quad -10 = -2P \quad\Longleftrightarrow\quad P = 5$$

2.4

a) Wenn die Nachfrage eines Haushalts nach einem Produkt linear vom Einkommen M abhängt, dann wird dieser Zusammenhang durch die Funktion $Q = aM + b$ beschrieben. Falls $M = 0$, dann ist $Q = 0$. Somit folgt $b = 0$. Die Funktion hat die Form $Q = aM$. Mit den zwei Punkten $(Q_1, M_1) = (0, 0)$ und $(Q_2, M_2) = (60, 150)$ berechnen wir die Steigung
$$a = \frac{60 - 0}{150 - 0} = \frac{60}{150} = \frac{2}{5}$$

Die Funktion ist
$$Q = \frac{2}{5}M = 0{,}4M$$

b) Bei einem Einkommen von M_0 werden $Q_0 = 0{,}4M_0$ nachgefragt. Wenn sich das Einkommen verdoppelt, dann beträgt die Nachfrage $0{,}4 \cdot 2M_0 = 2 \cdot 0{,}4M_0 = 2Q_0$, d.h. die nachgefragte Menge verdoppelt sich ebenso. Durch Einsetzen von einigen Zahlenbeispielen sieht man dieses Ergebnis auch.

2.5

A. Wir lesen zwei Punkte der Gerade ab und berechnen die Steigung
$$\frac{y_2 - y_1}{x_2 - x_1} = \frac{8 - (-8)}{3 - (-5)} = \frac{16}{8} = 2$$

Anschließend setzen wir einen Punkt in die Gleichung $y = 2x + b$ ein, um den y-Achsenabschnitt zu berechnen:
$$8 = 2 \cdot 3 + b \quad\Longrightarrow\quad b = 2$$

Die Geradengleichung ist gegeben durch $y = 2x + 2$.

B. Den y-Achsenabschnitt kann man ablesen: $b = -2{,}5$. Der Punkt $(8, -4{,}5)$ ist gegeben. Diesen setzen wir in die Gleichung $y = ax - 2{,}5$ ein, um die Steigung a zu berechnen:

$$-4{,}5 = a \cdot 8 - 2{,}5 \implies -2 = 8a \implies a = \frac{-1}{4} = -0{,}25$$

Die Geradengleichung ist gegeben durch $y = -0{,}25x - 2{,}5$.[2]

C. Auch hier lesen wir den y-Achsenabschnitt $b = -5$ ab. Da die Gerade die x-Achse bei $(5, 0)$ schneidet, ist die Steigung leicht zu bestimmen. Diese beträgt $a = 1$, da man vom y-Achsenabschnitt die gleiche Anzahl von Schritten nach rechts wie nach oben gehen muss, um den Schnittpunkt mit der x-Achse zu erreichen. Die Geradengleichung ist gegeben durch $y = x - 5$.

D. Diese Gerade ist horizontal und hat für alle x-Werte den gleichen y-Wert $y = 3$, wie man der Abbildung entnehmen kann.

2.6 Wenn die Konsumfunktion linear ist, dann hat sie folgende Form:

$$C = aY + b$$

a) Gesucht ist der Parameter a. Die Steigung kann mit den beiden Punkten $(Y_1, C_1) = (100, 95)$ und $(Y_2, C_2) = (200, 180)$ berechnet werden:

$$a = \frac{180 - 95}{200 - 100} = \frac{85}{100} = 0{,}85$$

Wenn das verfügbare Einkommen in der Volkswirtschaft um eine Mio. Euro steigt, dann erhöht sich der Konsum um $0{,}85$ Mio. EUR. Die Steigung wird auch marginale Konsumneigung genannt.

b) Die Konsumfunktion hat die Form $C = 0{,}85Y + b$. Wir berechnen b, indem wir einen Punkt einsetzen:

$$95 = 0{,}85 \cdot 100 + b \implies b = 95 - 85 = 10$$

Dieser Parameter gibt auch die Höhe des gesamtwirtschaftlichen Konsums bei einem verfügbaren Einkommen von Null an und wird autonomer Konsum genannt. Die Konsumfunktion lautet $C = 0{,}85Y + 10$.

2.7

a) Die Angebotsfunktion ist linear $Q = aP + b$. Mit Hilfe der zwei Punkte $(P_1, Q_1) = (625, 125)$ und $(P_2, Q_2) = (925, 200)$ berechnen wir die Steigung

$$a = \frac{200 - 125}{925 - 625} = \frac{75}{300} = \frac{1}{4} = 0{,}25$$

---

[2] Wenn man sich mit dem y-Achsenabschnitt unsicher ist, dann kann man alternativ auch einen zweiten Punkt $(-10, 0)$ der Geraden ablesen und wie gewohnt die Steigung bestimmen.

Den Achsenabschnitt erhalten wir, indem wir einen Punkt in $Q = 0{,}25 \cdot P + b$ einsetzen

$$200 = 0{,}25 \cdot 925 + b \implies b = -31{,}25$$

Die Angebotsfunktion ist demnach $Q = 0{,}25 \cdot P - 31{,}25$.

b) Die Angebotsfunktion können wir nach $P = 4Q + 125$ auflösen. Daraus folgt, dass 150 Kartons $P = 4 \cdot 150 + 125 = 725\,\text{EUR}$ kosten.

c) Für 525 EUR erhalten wir $Q = 0{,}25 \cdot 525 - 31{,}25 = 100$ Kartons.

2.8 Die Kostenfunktion ist linear und somit gegeben durch $K(x) = ax + b$. Mit Hilfe der zwei Punkte $(x_1, K(x_1)) = (10, 750)$ und $(x_2, K(x_2)) = (20, 1250)$ berechnen wir die Steigung

$$a = \frac{1250 - 750}{20 - 10} = \frac{500}{10} = 50$$

Anschließend setzen wir in $K(x) = 50x + b$ einen der zwei Punkte ein, um den Achsenabschnitt zu bestimmen:

$$750 = 50 \cdot 10 + b \implies b = 250$$

Die Kostenfunktion ist gegeben durch $K(x) = 50x + 250$.

Lineare Gleichungssysteme 3

In diesem Kapitel üben wir

1. das Gleichsetzungsverfahren, indem wir beide Gleichungen nach jeweils einer Variablen auflösen und das System durch Gleichsetzen lösen,
2. das Einsetzungsverfahren, indem wir eine Gleichung nach einer Variablen auflösen und diese in die andere Gleichung einsetzen,
3. das Additionsverfahren, indem wir durch geeignete Umformung der Gleichungen diese miteinander addieren und anschließend das System lösen,
4. den Gauß-Algorithmus, indem wir elementare Umformungen auf ein lineares Gleichungssystem anwenden,
5. die graphische Darstellung eines Gleichungssystems,
6. die Anzahl der Lösungen zu bestimmen,
7. als Beispiel ein Marktgleichgewicht aus der Mikroökonomie zu bestimmen.

Aufgaben

3.1 Lösen Sie die folgenden Gleichungssysteme:

(a) $x + y = 6$
$x - y = -12$

(b) $-2x + 4y = 6$
$x - y = -12$

(c) $-2x + 4y = 6$
$2x - y = -2$

(d) $-3x + 2y = 0$
$5x - 5y = 1$

(e) $17x - 3y = 0$
$-3x + 17y = 0$

(f) $2x - 4y = 3$
$-4x + 8y = -6$

(g) $2x + y = -3$
$2x + y = 3$

(h) $-x + 2y = 3$
$x - y = -4$

(i) $-x + 5y = 6$
$2x + 2 = 10y$

3.2 Ein Gleichungssystem hat entweder genau eine Lösung, unendlich viele oder gar keine Lösungen. Kann in den folgenden Gleichungssystemen der Parameter a so gewählt werden, dass eine oder mehrere dieser Möglichkeiten eintreten?

(a) $-3x + y = 1$
$ax + y = 1$

(b) $x - y = 0$
$x - y = a$

(c) $-6x + ay = 18$
$4x - y = -4$

3.3 Der Markt für ein Produkt kann mit Hilfe der folgenden Angebots- und Nachfragefunktionen beschrieben werden. Dabei bezeichnet Q die Menge und P den Preis des Produkts. Berechnen Sie jeweils das Marktgleichgewicht.

(a) Nachfrage: $P = 200 - 0{,}2Q$
Angebot: $P = 0{,}1Q + 20$

(b) Nachfrage: $P = 50 - 0{,}1Q$
Angebot: $P = 0{,}2Q + 20$

3.4 Zeichnen Sie die folgenden Gleichungen jeweils in ein (x, y)-Koordinatensystem und bestimmen Sie somit die Lösung.

(a) $5x - y = -2$
$10x = 2y + 2$

(b) $0{,}5x - y = -1{,}25$
$4y - 2x = 5$

(c) $15 - 5x = 5y$
$8x + 5y = 12$

3.5 Lösen Sie die folgenden Gleichungssysteme:

(a) $x + 2y - z = -1$
$y - z = 2$
$2x + 2y + z = 0$

(b) $-x + 2y = 2$
$x + y + z = -1$
$x + z = 3$

(c) $x + 3y + 3z = 0$
$x + 3y + 4z = 1$
$x + 4y + 3z = -2$

Lösungen

3.1 Wir lösen die Gleichungssysteme mit jeweils einer Methode. Natürlich bieten sich auch die anderen Lösungsverfahren an.

a) Zur Lösung wählen wir das Additionsverfahren, da das Vorzeichen von y einmal positiv und einmal negativ ist. Deshalb folgt aus der Addition der beiden Gleichungen:

$$x + y + x - y = 6 - 12$$
$$\implies 2x = -6$$
$$\implies x = -3$$
$$\implies y = 6 - x = 6 - (-3) = 9$$

3 Lineare Gleichungssysteme

b) Dieses Gleichungssystem lösen wir mit dem Einsetzungsverfahren, da sich die zweite Gleichung gut nach x auflösen lässt. Das Ergebnis setzen wir in die erste Gleichung ein:

$$
\begin{aligned}
x - y = -12 &\implies x = -12 + y \\
&\implies -2(-12 + y) + 4y = 6 \\
&\implies 24 - 2y + 4y = 6 \\
&\implies 24 + 2y = 6 \\
&\implies y = -9 \\
&\implies x = -12 - y = -12 - 9 = -21
\end{aligned}
$$

c) Hier wählen wir den Gauß-Algorithmus als Lösungsmethode. Im ersten Schritt addieren wir beide Zeilen und ersetzen mit dem Ergebnis die zweite Zeile.

$$
\begin{bmatrix} -2x + 4y = 6 \\ 3y = 4 \quad | \div 3 \end{bmatrix} \implies \begin{bmatrix} -2x + 4y = 6 \\ y = \frac{4}{3} \quad | \cdot (-4) \end{bmatrix}
$$
$$
\implies \begin{bmatrix} -2x + 4y = 6 \\ -4y = \frac{-16}{3} \quad | \div (-4) \end{bmatrix}
$$

Anschließend addieren wir die zwei Zeilen und ersetzen mit dem Ergebnis die erste Zeile.

$$
\begin{bmatrix} -2x + 4y - 4y = 6 - \frac{-16}{3} = \frac{2}{3} \quad | \div (-2) \\ y = \frac{4}{3} \end{bmatrix} \implies \begin{bmatrix} x = \frac{-1}{3} \\ y = \frac{4}{3} \end{bmatrix}
$$

d) Hier wählen wir das Gleichsetzungsverfahren. Wir lösen beide Gleichungen nach y auf und setzen diese Gleichungen gleich:

$$
\begin{aligned}
-3x + 2y = 0 &\implies y = \frac{3}{2}x \\
5x - 5y = 1 &\implies y = x - \frac{1}{5}
\end{aligned}
$$
$$
\implies y = \frac{3}{2}x = x - \frac{1}{5} \implies \frac{1}{2}x = -\frac{1}{5}
$$
$$
\implies x = -\frac{2}{5} \implies y = -\frac{3}{5}
$$

e) Wir wählen hier das Additionsverfahren. Dazu multiplizieren wir die erste Gleichung mit 3 und die zweite Gleichung mit 17:

$$
\begin{aligned}
17x - 3y = 0 \quad &| \cdot 3 \implies 51x - 9y = 0 \\
-3x + 17y = 0 \quad &| \cdot 17 \implies -51x + 289y = 0 \\
&\implies 51x - 51x - 9y + 289y = 0 \\
&\implies 280y = 0 \\
&\implies y = 0 \\
&\implies x = 0
\end{aligned}
$$

f) Auch hier wählen wir das Additionsverfahren:

$$
\begin{aligned}
2x - 4y &= 3 \quad |\cdot 2 &\implies 4x - 8y &= 6 \\
-4x + 8y &= -6 \quad |\cdot 17 &\implies -4x + 8y &= -6 \\
& &\implies 4x - 4x - 8y + 8y &= 6 - 6 \\
& &\implies 0 &= 0
\end{aligned}
$$

Dies ist eine wahre Aussage. Deshalb hat dieses Gleichungssystem unendlich viele Lösungen.

g) Dieses Gleichungssystem lösen wir mit dem Gleichsetzungsverfahren, indem wir beide Gleichungen nach y auflösen:

$$
\begin{aligned}
2x + y &= -3 \quad |-2x &\implies y &= -3 - 2x \\
2x + y &= 3 \quad |-2x &\implies y &= 3 - 2x \\
& &\implies -3 - 2x &= 3 - 2x \quad |+2x \\
& &\implies -3 &= 3
\end{aligned}
$$

Diese Aussage ist falsch. Deshalb hat das Gleichungssystem keine Lösung.

h) Da der Faktor von x unterschiedliche Vorzeichen hat, bietet sich hier das Additionsverfahren an:

$$
\begin{aligned}
-x + 2y &= 3 \\
x - y &= -4 \\
\implies y &= -1 \\
\implies x &= -4 + y = -5
\end{aligned}
$$

i) Mit dem Einsetzungsverfahren lösen wir dieses System, indem wir die erste Gleichung nach x auflösen und in die zweite einsetzen:

$$
\begin{aligned}
-x + 5y &= 6 \quad |+x - 6 &\implies x &= 5y - 6 \\
2x + 2 &= 10y &\implies 2\cdot(5y - 6) + 2 &= 10y \\
& &\implies 10y - 12 + 2 &= 10y \quad |-10y \\
& &\implies -10 &= 0
\end{aligned}
$$

Diese Aussage ist falsch. Das Gleichungssystem hat keine Lösungen.

3.2

a) Zunächst berechnen wir eine Lösung mit dem Additionsverfahren:

$$\begin{aligned} -3x + y &= 1 & \Longrightarrow \quad -3x + y &= 1 \\ ax + y &= 1 \quad | \cdot (-1) & \Longrightarrow \quad -ax - y &= -1 \\ & & \Longrightarrow \quad -3x - ax &= 0 \\ & & \Longrightarrow \quad (-3 - a)x &= 0 \end{aligned}$$

Falls $a = -3$, dann steht auf der linken Seite $0 \cdot x$. Dies ist gleich 0, eine Aussage, die korrekt ist. Somit gibt es unendlich viele Lösungen.

Falls $a \neq -3$, dann ist $-3 - a \neq 0$. Dann können wir die Gleichung $(-3 - a)x = 0$ lösen, indem wir durch $(-3 - a)$ teilen und erhalten $x = 0$. Dann folgt aus der ersten Gleichung, dass $y = 1$. Es gibt also genau eine Lösung, falls $a \neq -3$.

b) Falls $a = 0$, dann sind beide Gleichungen des Systems identisch. Somit gibt es unendlich viele Lösungen.

Falls $a \neq 0$, dann erhält man mit dem Additionsverfahren, dass $0 = a$, aber wir betrachten ja gerade den Fall, dass $a \neq 0$. Diese Aussage ist also widersprüchlich. Demnach gibt es keine Lösungen.

c) Wir lösen die zweite Gleichung nach $y = 4x + 4$ auf und setzen dies in die erste Gleichung ein:

$$-6x + a(4x + 4) = 18 \implies -6x + 4ax + 4a = 18$$
$$\implies (-6 + 4a)x = 18 - 4a \implies x = \frac{18 - 4a}{-6 + 4a}$$

Den letzten Schritt dürfen wir allerdings nur durchführen, falls $-6 + 4a \neq 0$, d.h. $a \neq 3/2$. Falls $a \neq 3/2$, dann gibt es genau eine Lösung mit $x = \frac{18-4a}{-6+4a}$ und $y = 4 \cdot \frac{18-4a}{-6+4a} + 4$.
Falls $a = 3/2$, dann ist das Gleichungssystem

$$\begin{bmatrix} -6x + \frac{3}{2}y = 18 & | \cdot \frac{2}{3} \\ 4x - y = -4 \end{bmatrix} \implies \begin{bmatrix} -4x + y = 12 \\ 4x - y = -4 \end{bmatrix}$$

Addieren wir beide Gleichungen, erhalten wir $0 = 8$. Da die Aussage falsch ist, gibt es in diesem Fall keine Lösungen.

3.3

a) Im Marktgleichgewicht gilt, dass Angebot und Nachfrage übereinstimmen:

$$\begin{aligned} 200 - 0{,}2Q &= 0{,}1Q + 20 & &| -20 + 0{,}2Q \\ \Longleftrightarrow \quad 180 &= 0{,}3Q & &| \div 0{,}3 \\ \Longleftrightarrow \quad Q &= 600 & & \\ \Longleftrightarrow \quad P &= 80 & & \end{aligned}$$

Der Gleichgewichtspreis ist 80 und die Gleichgewichtsmenge beträgt 600.
(b) Im Marktgleichgewicht gilt, dass Angebot und Nachfrage übereinstimmen:

$$
\begin{aligned}
& 50 - 0{,}1Q = 0{,}2Q + 20 && |-20 + 0{,}1Q \\
\Longleftrightarrow \quad & 30 = 0{,}3Q && |\div 0{,}3 \\
\Longleftrightarrow \quad & Q = 100 \\
\Longleftrightarrow \quad & P = 40
\end{aligned}
$$

Der Gleichgewichtspreis ist 40 und die Gleichgewichtsmenge beträgt 100.

3.4 Zunächst lösen wir die Gleichungen jeweils nach y, damit wir die Geraden mit Hilfe der Steigung und des Achsenabschnitts in das (x, y)-Koordinatensystem einzeichnen können.

a)

$$
\begin{aligned}
5x - y &= -2 && \Longrightarrow && y = 5x + 2 \\
10x &= 2y + 2 && \Longrightarrow && y = 5x - 1
\end{aligned}
$$

Wir sehen bereits, dass die beiden Geraden die gleiche Steigung, aber unterschiedliche y-Achsenabschnitte haben. Dies bedeutet, dass die beiden Geraden parallel zueinander verlaufen und sich nicht schneiden wie Abb. 3.1 zeigt. Somit hat dieses Gleichungssystem keine Lösung.

b) Wenn wir diese Gleichungen jeweils nach y auflösen, sehen wir, dass die Gleichungen identisch sind:

$$
\begin{aligned}
0{,}5x - y &= -1{,}25 && \Longrightarrow && y = 0{,}5x + 1{,}25 \\
4y - 2x &= 5 && \Longrightarrow && y = \frac{2}{4}x + \frac{5}{4} = 0{,}5x + 1{,}25
\end{aligned}
$$

Es gibt also unendlich viele Lösungen: Alle Punkte, die auf der Geraden liegen, erfüllen das Gleichungssystem.

c) Lösen wir diese Gleichungen jeweils nach y auf, erhalten wir folgende Geraden:

$$
\begin{aligned}
15 - 5x &= 5y && \Longrightarrow && y = -x + 3 \\
8x + 5y &= 12 && \Longrightarrow && y = -\frac{8}{5}x + \frac{12}{5} = -1{,}6x + 2{,}4
\end{aligned}
$$

Diese haben unterschiedliche Steigungen und Achsenabschnitte. Es gibt einen Schnittpunkt $(x, y) = (-1, 4)$. Dieser Punkt ist die Lösung des Gleichungssystems.

3 Lineare Gleichungssysteme

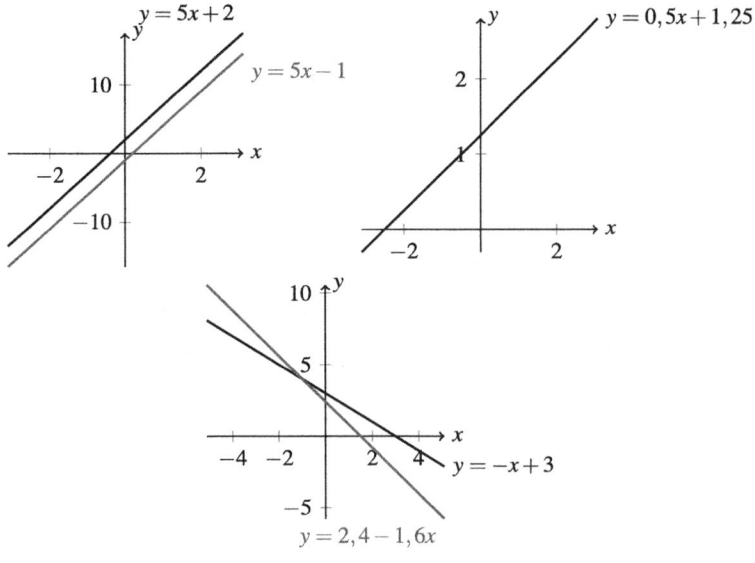

Abb. 3.1 Lösungen zu Aufgabe 3.4

3.5 Diese Gleichungssysteme bestehen aus drei Gleichungen mit drei Unbekannten. Die bisher geübten Methoden können auch auf solche Gleichungssysteme angewandt werden.

a) Wir lösen das Gleichungssystem mit dem Einsetzungsverfahren. Dazu lösen wir die zweite Gleichung nach $y = 2 + z$ auf und ersetzen damit y in der ersten und dritten Gleichung:

$$x + 2 \cdot (2+z) - z = -1 \implies x + 4 + 2z - z = -1 \implies x + z = -5$$
$$2x + 2 \cdot (2+z) + z = 0 \implies 2x + 4 + 2z + z = 0 \implies 2x + 3z = -4$$

Das Ergebnis ist ein Gleichungssystem mit zwei Gleichungen und zwei Unbekannten. Dieses lösen wir mit Hilfe des Additionsverfahrens:

$$
\begin{aligned}
x + z &= -5 \quad | \cdot (-2) \implies & -2x - 2z &= 10 \\
2x + 3z &= -4 \implies & 2x + 3z &= -4 \\
&\implies & z &= 6 \\
&\implies & x &= -z - 5 = -11 \\
&\implies & y &= 2 + z = 8
\end{aligned}
$$

b) Auch dieses System lösen wir mit dem Einsetzungsverfahren. Das Ziel ist es, die Gleichungen so ineinander einzusetzen, dass wir eine Gleichung mit einer Unbekannten erhalten. Dazu lösen wir die erste Gleichung nach $y = 1 + 0{,}5x$ und die dritte Gleichung nach $z = 3 - x$ auf. Diese Zwischenergebnisse setzen wir in die zweite Gleichung ein:

$$x + y + z = x + 1 + 0{,}5x + 3 - x = 0{,}5x + 4 = -1$$
$$\implies 0{,}5x = -5$$
$$\implies x = -10$$
$$\implies y = 1 + 0{,}5x = 1 - 5 = -4$$
$$\implies z = 3 - x = 3 - (-10) = 13$$

c) Dieses Gleichungssystem sieht zunächst kompliziert aus, aber wir sehen, dass die ersten zwei Summanden der ersten zwei Gleichungen übereinstimmen. Wenn wir nun hier das Additionsverfahren anwenden, indem wir die erste Gleichung von der zweiten subtrahieren, erhalten wir sofort die Lösung $z = 1$. Diesen Wert setzen wir in das Gleichungssystem ein:

$$x + 3y + 3 = 0 \implies x + 3y = -3$$
$$x + 3y + 4 = 1 \implies x + 3y = -3$$
$$x + 4y + 3 = -2 \implies x + 4y = -5$$

Wir sehen, dass die ersten zwei Gleichungen identisch sind. Doch wir haben noch die dritte Gleichung. Eine Lösung für dieses System erhalten wir mit dem Gleichsetzungsverfahren:

$$x + 3y = -3 \implies x = -3 - 3y$$
$$x + 4y = -5 \implies x = -5 - 4y$$
$$\implies -3 - 3y = -5 - 4y \quad |+4y + 3$$
$$\implies y = -2$$
$$\implies x = -3 - 3y = -3 - 3 \cdot (-2) = 3$$

4 Funktionen

In diesem Kapitel üben wir

1. den Unterschied zwischen Definitionsbereich und Wertebereich einer Funktion,
2. die Bestimmung des Definitionsbereichs für Funktionen,
3. die Anwendung der Mitternachtsformel zur Berechnung von Nullstellen quadratischer Funktionen,
4. die Berechnung des Scheitelpunktes einer quadratischen Funktion,
5. die Polynomdivision zur Berechnung der Nullstellen von Polynomen vom Grad größer als Zwei,
6. die Darstellung von Potenzfunktionen,
7. das Rechnen mit Exponentialfunktionen,
8. die Definition des Logarithmus einer Zahl und den Zusammenhang zwischen der Logarithmus- und der Exponentialfunktion,
9. die Anwendung des Logarithmus auf Gleichungen, in denen die Unbekannten im Exponenten steht.

4.1 Definitionen und Darstellung einer Funktion

Aufgaben

4.1 Betrachten Sie die Funktion f, die durch die folgende Formel definiert ist:

$$f(x) = \frac{x-2}{x+2}$$

(a) Bestimmen Sie den Definitionsbereich von f.
(b) Zeigen Sie, dass -1 im Wertebereich von f liegt.

4.2 Betrachten Sie die Funktion f, die durch die folgende Formel definiert ist:
$$f(x) = \ln(x^2 + 1)$$
Ist die Funktion f auch für negative Werte von x definiert? Kurze Begründung.

4.3 Betrachten Sie die Funktion f, die durch die folgende Formel definiert ist:
$$f(x) = e^{(\frac{1}{2}x^2 - 3x + 4)}$$
(a) Für welche Werte x ist die Funktion f definiert?
(b) Zeigen Sie, dass die Zahl 1 im Wertebereich von f liegt.

4.4 Betrachten Sie die Funktion f, die durch die folgende Formel definiert ist:
$$f(x) = \sqrt{x^2 + 6x}$$
(a) Für welche Werte x ist die Funktion f definiert?
(b) Zeigen Sie, dass die Zahl 4 im Wertebereich von f liegt.

Lösungen

4.1
(a) Die Funktion ist definiert, so lange der Nenner nicht Null ist, d.h. die Funktion ist für alle $x + 2 \neq 0$, d.h. für alle $x \neq -2$ definiert. Definitionsbereich ist $\mathbb{R}\backslash\{-2\}$.
(b) Um zu zeigen, dass -1 im Wertebereich liegt, lösen wir die Gleichung $-1 = f(x)$ nach x auf:
$$\frac{x-2}{x+2} = -1 \iff x - 2 = -x - 2 \iff x = 0$$
Wenn wir $x = 0$ in die Funktion einsetzen, erhalten wir $f(0) = -1$, d.h. -1 liegt im Wertebereich der Funktion.

4.2 Allgemein ist eine Logarithmusfunktion $f(x) = \ln u(x)$ nur definiert, falls $u(x) > 0$. Falls in diesem Fall $x < 0$, dann ist allerdings $u(x) = (x^2 + 1) > 0$, also ist $\ln(x^2 + 1)$ definiert. Also ist die Funktion f auch für negative x definiert.
Außerdem ist die Funktion auch definiert, falls $x = 0$, da $f(0) = \ln 1 = 0$.
Die Funktion ist für alle x definiert.

4.1 Definitionen und Darstellung einer Funktion

4.3

(a) Die Exponentialfunktion e^y ist für alle Werte y definiert. Somit auch für Werte $y = \frac{1}{2}x^2 - 3x + 4$ falls die rechte Seite für x definiert ist. Aber da gibt es in diesem Fall keine Einschränkungen. Somit ist die gegebene Funktion für alle x definiert.

(b) Wir setzen $f(x) = 1$. Wenn die Gleichung nach x gelöst werden kann, dann liegt 1 im Wertebereich.

$$f(x) = 1 \;\Leftrightarrow\; f(x) = 1 = e^0 \;\Leftrightarrow\; \frac{1}{2}x^2 - 3x + 4 = 0$$

Diese quadratische Gleichung können wir mit der Mitternachtsformel oder pq-Formel oder der quadratischen Ergänzung lösen:

$$x_{1,2} = \frac{-b \pm \sqrt{b^2 - 4ac}}{2a} \qquad (4.1)$$

$$= \frac{-(-3) \pm \sqrt{(-3)^2 - 4 \cdot \frac{1}{2} \cdot 4}}{2 \cdot \frac{1}{2}}$$

$$= \frac{3 \pm \sqrt{1}}{1} \qquad (4.2)$$

Dies ergibt die Lösungen $x_1 = 3 + 1 = 4$ und $x_2 = 3 - 1 = 2$. Somit gibt es (sogar) zwei x-Werte, für die $f(x) = 1$ gilt.

4.4

(a) Die Funktion f ist definiert, falls die Diskriminante der Wurzel nicht negativ ist, d. h. $x^2 + 6x \geq 0 \Leftrightarrow x(x+6) \geq 0$. Diese Ungleichung ist in den folgenden zwei Fällen erfüllt:
  1. Fall: Beide Faktoren sind positiv: Also $x \geq 0$ und $x + 6 \geq 0$ oder im letzten Fall $x \geq -6$. Beide Bedingungen sind nur erfüllt, falls $x \geq 0$.
  2. Fall: Beide Faktoren sind negativ: Also $x \leq 0$ und $x + 6 \leq 0$ oder im letzten Fall $x \leq -6$. Beide Bedingungen sind nur erfüllt, falls $x \leq -6$.

  Beide Fälle zusammen ergeben dann für den Definitionsbereich: $D_f = (-\infty, -6] \cup [0, \infty)$.

(b) Die Zahl 4 liegt im Wertebereich der Funktion f, falls es ein (oder mehrere) x gibt, so dass $f(x) = 4$. Also

$$\sqrt{x^2 + 6x} = 4 \qquad |(\cdots)^2$$
$$\Longleftrightarrow \quad x^2 + 6x = 16 \qquad |-16$$
$$\Longleftrightarrow \quad x^2 + 6x - 16 = 0 \qquad |\text{Mitternachtsformel (4.1)}$$
$$\Longleftrightarrow \quad x_{1,2} = \frac{-6 \pm \sqrt{6^2 - 4 \cdot 1 \cdot (-16)}}{2}$$
$$\Longleftrightarrow \quad x_1 = -8$$
$$\Longleftrightarrow \quad x_2 = 2$$

Für diese zwei x-Werte nimmt die Funktion den Wert 4 an. Beide x-Werte liegen im Definitionsbereich. Somit liegt die Zahl im Wertebereich der Funktion.

4.2 Quadratische Funktionen

Aufgaben

4.5 Bestimmen Sie die Lösungen der folgenden quadratischen Gleichungen:

(a) $2x^2 - 2x - 40 = 0$
(b) $10x - x^2 = 0$
(c) $-2x - 3 + x^2 = 0$
(d) $3x^2 + 4 - 2x = 0$

4.6 Berechnen Sie die Nullstellen der folgenden Funktionen und zerlegen Sie $f(x)$ in Faktoren:

(a) $f(x) = x^2 - 5x + 6$
(b) $f(x) = -4x^2 + 8x + 12$
(c) $f(x) = 9x^2 - 36x + 36$
(d) $f(x) = x^2 + 5$

4.7 Berechnen Sie jeweils den Scheitelpunkt der Funktionen aus Aufgabe 4.6.

Lösungen

4.5 Zur Lösung dieser Gleichungen nehmen wir die Mitternachtsformel (4.1):

$$x_{1,2} = \frac{-b \pm \sqrt{b^2 - 4ac}}{2a}$$

(a) Mit $a = 2$, $b = -2$ und $c = -40$ folgt

4.2 Quadratische Funktionen

$$x_{1,2} = \frac{-b \pm \sqrt{b^2 - 4ac}}{2a} = \frac{2 \pm \sqrt{4 + 320}}{4} = \frac{2 \pm 18}{4}$$

Somit sind $x_1 = 5$ und $x_2 = -4$ die gesuchten Lösungen.

(b) Die Nullstellen können hier mit dem Satz vom Nullprodukt bestimmt werden, da

$$10x - x^2 = x(10 - x) = 0$$

Der Satz vom Nullprodukt besagt, dass ein Produkt Null ist, wenn einer der beiden Faktoren Null ist. In diesem Fall folgt, dass

$$x_1 = 0 \quad \text{oder} \quad 10 - x = 0 \iff x_2 = 10$$

(c) Mit $a = 1$, $b = -2$ und $c = -3$ folgt aus der Mitternachtsformel

$$x_{1,2} = \frac{2 \pm \sqrt{4 + 12}}{2} = \frac{2 \pm 4}{2}$$

mit den Lösungen $x_1 = 3$ und $x_2 = -1$.

(d) Da $a = 3$, $b = -2$ und $c = 4$ stellen wir fest, dass $b^2 - 4ac = -44 < 0$, und dass $\sqrt{-44}$ nicht definiert ist. Wir folgern, dass es keine (reellen) Lösungen für die Gleichung gibt.

4.6 Unter der Faktorzerlegung einer quadratischen Funktion verstehen wir folgenden Ausdruck

$$f(x) = ax^2 + bx + c = a(x - x_1)(x - x_2) \tag{4.3}$$

wobei x_1 und x_2 Nullstellen der Funktion sind.

(a) Zunächst berechnen wir mit der Mitternachtsformel (4.1) und $a = 1$, $b = -5$ und $c = 6$ die Nullstellen $x_1 = 2$ und $x_2 = 3$. Danach schreiben wir die Funktion nach (4.3) als

$$f(x) = (x - 2)(x - 3).$$

Dies ist die gesuchte Faktorzerlegung.

(b) Die Mitternachtsformel mit $a = -4$, $b = 8$ und $c = 12$ ergibt die Nullstellen $x_1 = -1$ und $x_2 = 3$. Nach (4.3) ist dann die Faktorzerlegung gegeben durch

$$f(x) = -4(x + 1)(x - 3).$$

(c) Die Mitternachtsformel mit $a = 9$, $b = -36$ und $c = 36$ ergibt die Nullstellen $x_1 = 2$ und $x_2 = 2$. Nach (4.3) ist dann die Faktorzerlegung gegeben durch

$$f(x) = 9(x - 2)^2.$$

(d) Die Mitternachtsformel mit $a = 1$, $b = 0$ und $c = 5$ ergibt keine Nullstellen. Die Funktion kann nicht in Faktoren zerlegt werden.

4.7 Der Scheitelpunkt wird mit Formel

$$S = \left(-\frac{b}{2a}, \frac{4ac - b^2}{4a}\right) = \left(-\frac{b}{2a}, c - \frac{b^2}{4a}\right) \quad (4.4)$$

berechnet.

(a) Wir setzen $a = 1$, $b = -5$ und $c = 6$ in die Formel (4.4) ein und erhalten:

$$S = \left(-\frac{b}{2a}, \frac{4ac - b^2}{4a}\right) = \left(-\frac{-5}{2}, \frac{4 \cdot 6 - (-5)^2}{4}\right) = \left(\frac{5}{2}, -\frac{1}{4}\right)$$

(b) Wir setzen $a = -4$, $b = 8$ und $c = 12$ in die Formel (4.4) ein und erhalten:

$$S = \left(-\frac{b}{2a}, \frac{4ac - b^2}{4a}\right) = \left(-\frac{8}{2 \cdot (-4)}, \frac{4 \cdot (-4) \cdot 12 - 8^2}{4 \cdot (-4)}\right) = (1, 16)$$

(c) Wir setzen $a = 9$, $b = -36$ und $c = 36$ in die Formel (4.4) ein und erhalten:

$$S = \left(-\frac{b}{2a}, \frac{4ac - b^2}{4a}\right) = \left(-\frac{-36}{2 \cdot 9}, \frac{4 \cdot 9 \cdot 36 - (-36)^2}{4 \cdot 9}\right) = (2, 0)$$

(d) Wir setzen $a = 1$, $b = 0$ und $c = 5$ in die Formel (4.4) ein und erhalten:

$$S = \left(-\frac{b}{2a}, \frac{4ac - b^2}{4a}\right) = \left(-\frac{0}{2}, \frac{4 \cdot 5 - 0^2}{4}\right) = (0, 5)$$

4.3 Polynome

Aufgaben

4.8 Berechnen Sie die Nullstellen der folgenden Polynome und zerlegen Sie $f(x)$ in Faktoren:

(a) $f(x) = x^3 + 14x^2 + 28x - 120$
(b) $f(x) = 4x^3 - 6x^2 - 6x + 4$
(c) $f(x) = -2x^4 - 4x^3 + 48x^2 + 100x + 50$
(d) $f(x) = x^4 - 13x^2 + 36$

4.3 Polynome

Lösungen

4.8 Diese Aufgabe lösen wir, indem wir eine Nullstelle durch Einsetzen finden und dann eine Polynomdivision durchführen. Die Faktorzerlegung eines Polynoms ist gegeben durch

$$f(x) = a_n x^n + a_{n-1} x^{n-1} + \cdots a_1 x + a_0 = a_n (x - x_1)(x - x_2) \cdots (x - x_n) \quad (4.5)$$

wobei $x_1, \ldots, x_n$ die Nullstellen des Polynoms sind.

(a) Durch Probieren finden wir die Nullstelle $x_1 = 2$, da $f(1) = -77$, aber $f(2) = 0$. Anschließend führen wir die Polynomdivision durch:

$$
\begin{array}{l}
\left(x^3 + 14x^2 + 28x - 120\right) : \left(x - 2\right) = x^2 + 16x + 60 \\
\underline{-\,x^3 + 2x^2} \\
 16x^2 + 28x \\
\underline{-\,16x^2 + 32x} \\
 60x - 120 \\
\underline{-\,60x + 120} \\
 0
\end{array}
$$

Für das Ergebnis der Polynomdivision $x^2 + 16x + 60$ berechnen wir die Nullstellen mit der Mitternachtsformel (4.1) und erhalten $x_2 = -6$ und $x_3 = -10$. Die Faktorzerlegung ist nach Formel (4.5) gegeben durch

$$f(x) = (x - 2)(x + 6)(x + 10)$$

(b) Durch Probieren finden wir die Nullstelle $x_1 = 2$. Anschließend führen wir die Polynomdivision durch:

$$
\begin{array}{l}
\left(4x^3 - 6x^2 - 6x + 4\right) : \left(x - 2\right) = 4x^2 + 2x - 2 \\
\underline{-\,4x^3 + 8x^2} \\
 2x^2 - 6x \\
\underline{-\,2x^2 + 4x} \\
 -2x + 4 \\
\underline{2x - 4} \\
 0
\end{array}
$$

Für das Ergebnis der Polynomdivision $4x^2 + 2x - 2$ berechnen wir die Nullstellen mit der Mitternachtsformel (4.1): $x_2 = -1$ und $x_3 = 1/2$. Die Faktorzerlegung ist nach Formel (4.5) gegeben durch

$$f(x) = 4(x - 2)(x + 1)(x - 1/2)$$

(c) Durch Probieren finden wir die Nullstelle $x_1 = -1$. Anschließend führen wir die Polynomdivision durch:

$$\begin{array}{l}\left(-2x^4 - 4x^3 + 48x^2 + 100x + 50\right) : \left(x + 1\right) = -2x^3 - 2x^2 + 50x + 50 \\ \underline{2x^4 + 2x^3} \\ -2x^3 + 48x^2 \\ \underline{2x^3 + 2x^2} \\ 50x^2 + 100x \\ \underline{-50x^2 - 50x} \\ 50x + 50 \\ \underline{-50x - 50} \\ 0 \end{array}$$

Das Ergebnis ist ein Polynom dritten Grades. Für das wiederum durch Probieren eine Nullstelle gefunden wird: $x_2 = -1$. Eine weitere Polynomdivision ergibt:

$$\begin{array}{l}\left(-2x^3 - 2x^2 + 50x + 50\right) : \left(x + 1\right) = -2x^2 + 50 \\ \underline{2x^3 + 2x^2} \\ 50x + 50 \\ \underline{-50x - 50} \\ 0 \end{array}$$

Die Nullstellen des quadratischen Polynoms können wir auch ohne Formel bestimmen: $-2x^2 + 50 = 0$ ist nach Umformung äquivalent zu $x^2 = 25$. Wenn wir auf beiden Seiten die Wurzel ziehen, erhalten wir $x_{3,4} = \pm\sqrt{25}$, also $x_3 = 5$ und $x_4 = -5$. Die Faktorzerlegung ist nach Formel (4.5)

$$f(x) = -2(x+1)^2(x-5)(x+5)$$

(d) Die Nullstellen dieses Polynoms berechnen wir nicht mit Hilfe der Polynomdivision. Das könnte man zwar machen, doch wir stellen fest, dass $f(x) = x^4 - 13x^2 + 36$ nur gerade Potenzen in x enthält, also x^2 und x^4. In dem Fall gibt es einen einfachen Trick: Wir ersetzen x^2 durch u und erhalten dann ein Polynom in u:

$$x^4 - 13x^2 + 36 = u^2 - 13u + 36$$

Wir bestimmen nun die Nullstellen dieses Polynoms: $u^2 - 13u + 36 = 0$. Der Vorteil des Tricks ist der, dass wir nun eine quadratische Gleichung haben. Die Lösungen berechnen wir mit der Mitternachtsformel (4.1) und erhalten: $u_1 = 4$ und $u_2 = 9$. Wie erhalten wir die gesuchten Werte für x? Wir haben $u = x^2$, also gilt für die erste Nullstelle $u = 4 = x^2$, was wir durch Wurzelziehen nach x auflösen: $x_{1,2} = \pm\sqrt{4} = \pm 2$. Ebenso erhalten wir für die zweite Nullstelle $u = 9 = x^2$ oder $x_{3,4} = \pm\sqrt{9} = \pm 3$. Für die Faktorzerlegung folgt dann:

$$f(x) = (x-2)(x+2)(x-3)(x+3)$$

4.4 Potenzfunktionen

Aufgaben zu diesem Themenbereich finden Sie im Abschn. 4.7 wie beispielsweise die Aufgabe 4.19.

4.5 Exponentialfunktionen

Aufgaben

4.9 Skizzieren Sie die folgenden Funktionen $f(x)$:
(a) $f(x) = 2^x$
(b) $f(x) = e^{-x}$

4.10 Über eine Exponentialfunktion haben Sie die folgenden Angaben. Wenn sich x um Eins erhöht, dann verfünffacht sich der Funktionswert. Bei $x = 0$ nimmt die Funktion den Wert 2 an. Wie lautet die Funktionsformel?

4.11 Ein Guthaben von 200 EUR verzinst sich mit einem Zinssatz von 3 % pro Jahr. Auf welchen Geldbetrag ist das Guthaben nach einem Jahr, nach zwei Jahren und nach fünf Jahren angewachsen? Stellen Sie eine Exponentialfunktion auf.

4.12 Ein Auto kostet 25.000 EUR und verliert jedes Jahr 5 % an Wert. Stellen Sie eine Exponentialfunktion auf, die den Werteverlust über die Jahre t beschreibt. Wie viel ist das Auto nach sieben Jahren noch wert?

4.13 Zu welchem Zins müssen Sie einen Betrag von 1000 EUR anlegen, damit Sie in zehn Jahren 2000 EUR abheben können?

Lösungen

4.9 Abb. 4.1 zeigt die Funktionen.

4.10 Wir setzen die Angaben in die allgemeine Form für die Exponentialfunktion ein

$$y = f(x) = Aa^x \qquad (4.6)$$

wobei A und a positive Konstanten sind:

$$f(x) = Aa^x \implies f(0) = Aa^0 = A = 2 \implies A = 2$$
$$f(x+1) = 5f(x) \implies a = 5$$
$$\implies f(x) = 2 \cdot 5^x$$

4.11 Zum Startzeitpunkt $t = 0$ beträgt das Guthaben 200 EUR. Nach einem Jahr sind auf dem Konto das Guthaben plus Zinszahlungen auf den Betrag, also $200 + 0,03 \cdot 200 = 200 \cdot 1,03$. Nach zwei Jahren befinden sich auf dem Konto die $200 \cdot 1,03$ plus Zinszahlungen auf diesen Betrag, also $200 \cdot 1,03 + 200 \cdot 1,03 \cdot 0,03$. Dies können wir schreiben als $200 \cdot 1,03^2$. Nach der gleichen Logik erhalten wir, dass nach drei Jahren ein Betrag von $200 \cdot 1,03^3$ auf dem Konto ist. Allgemein beträgt das Kapital zum Zeitpunkt t

$$K_t = K_0(1+i)^t$$

wobei K_0 der Anfangsbetrag, t die Anzahl der Jahre und i den jährlichen Zinssatz angibt. Nach 5 Jahren ergibt sich somit ein Guthaben von $K_5 = 200 \cdot 1,03^5 = 231,85$ EUR.

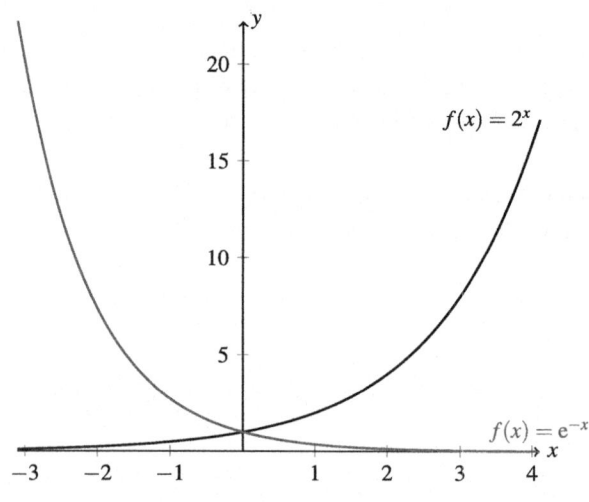

Abb. 4.1 Lösungen zu Aufgabe 4.9

4.12 Ähnlich wie in Aufgabe 4.11 stellen wir eine Exponentialfunktion auf, indem wir den Wert W_t des Autos nach t Jahren ausrechnen. Diesen Wert können wir mit

$$W_t = (1-a)^t \cdot W_0 = (1-0{,}05)^t \cdot 25.000 = 0{,}95^t \cdot 25.000$$

bestimmen. Dabei ist a die Abschreibungsrate. Nach sieben Jahren ist das Auto also noch $W_7 = 0{,}95^7 \cdot 25.000 = 17.458{,}43\,\text{EUR}$ wert.

4.13 Wir rechnen mit einer ähnlichen Formel zu der aus Aufgabe 4.11:

$$\begin{aligned}
& 1000(1+i)^{10} = 2000 & & | \div 1000 \\
\iff & (1+i)^{10} = 2 & & | \sqrt[10]{\ldots} \\
\iff & 1+i = \sqrt[10]{2} & & | -1 \\
\iff & i = \sqrt[10]{2} - 1 = 0{,}072 = 7{,}2\%
\end{aligned}$$

4.6 Logarithmusfunktion

Aufgaben

4.14 Bestimmen Sie nur mit Hilfe der Definition des Logarithmus und ohne Taschenrechner:

(a) $\ln 1$
(b) $\ln e$
(c) $\ln(1/e)$
(d) $\ln 0$

4.15 Schreiben Sie die folgenden Zahlen so um, dass ein Ausdruck in $\ln 3$ auf der rechten Seite steht:

(a) $\ln 9$
(b) $\ln(9/81)$
(c) $\ln \sqrt[4]{27}$
(d) $\ln(1/243)$

4.16 Lösen Sie die folgenden Gleichungen nach x auf. Dabei keine numerischen Werte für den Logarithmus oder die e-Funktion angeben (d.h. ohne Taschenrechner ausrechnen, sondern z. B. $\ln 2$ stehenlassen).

(a) $4^{2x} = 4096$
(b) $e^{12x-36} = 1$
(c) $4^{x^2} 4^{-2x} 4^2 = 16$
(d) $\ln(x^2 - 4x + 5) = 0$

4.17 Auf einem Sparbuch besteht ein Guthaben von 1000 EUR, das jedes Jahr mit 2 % verzinst wird.

(a) Wie lange dauert es, bis sich das Guthaben verdoppelt?
(b) Wie lange dauert es, bis es sich verdreifacht?
(c) Wie lange dauert es, bis Sie 5000 EUR abheben können?

4.18 Betrachten Sie die Funktion f, die durch die folgende Formel definiert ist:

$$f(x) = \ln(x^2 + 1)$$

Berechnen Sie die Nullstellen der Funktion.

Lösungen

4.14 Die Definition des natürlichen Logarithmus besagt, dass der Logarithmus von b die Zahl ist, mit der man e potenzieren muss, damit b das Ergebnis ist:

$$e^{\ln b} = b$$

(a) Wir suchen also, die Zahl, mit der wir e potenzieren müssen, damit man als Ergebnis 1 erhält. Dies ist die Zahl 0, da $e^0 = 1$, also ist $\ln 1 = 0$.
(b) Man muss e mit 1 potenzieren, damit man die Zahl e erhält, also $\ln e = 1$.
(c) Man kann $(1/e)$ schreiben als e^{-1}. Mit welcher Zahl muss man e potenzieren, damit genau das Ergebnis dort steht? Die Antwort lautet natürlich $-1 = \ln(1/e)$.
(d) Da die e-Funktion die x-Achse nicht schneidet, gibt es keine Zahl, so dass e mit dieser Zahl gleich Null ergibt. $\ln 0$ ist demnach nicht definiert.

4.15 Wir wenden die praktischen Regeln für den Logarithmus an:

$$\ln(xy) = \ln x + \ln y \tag{4.7}$$

$$\ln \frac{x}{y} = \ln x - \ln y \tag{4.8}$$

$$\ln x^p = p \ln x \tag{4.9}$$

4.6 Logarithmusfunktion

(a) $\ln 9 = \ln 3^2 = 2 \ln 3$ mit Regel (4.9).

(b) Zunächst wenden wir Regel (4.8) an und anschließend Regel (4.9):

$$\ln(9/81) = \ln 9 - \ln 81 = \ln 9 - \ln 9^2 = \ln 9 - 2\ln 9 = -\ln 9 = -2\ln 3$$

(c) Zunächst schreiben wir die Wurzel als Potenz und wenden dann die dritte Regel an:

$$\ln \sqrt[4]{27} = \ln 27^{\frac{1}{4}} = \frac{1}{4} \ln 27 = \frac{1}{4} \ln 3^3 = \frac{3}{4} \ln 3$$

(d) Auch hier werden die erste und dritte Regel angewandt:

$$\ln(1/243) = \ln 1 - \ln 243 = 0 - \ln 3^5 = -5 \ln 3$$

4.16 Eine Gleichung, in der die unbekannte Variable im Exponenten steht, kann häufig entweder durch Exponentenvergleich oder mit Hilfe des Logarithmus gelöst werden.

(a) Die Variable ist im Exponenten. Deshalb wenden wir auf beiden Seiten den Logarithmus an:

$$\begin{aligned} & 4^{2x} = 4096 && |\text{Logarithmieren} \\ \iff & \ln 4^{2x} = \ln 4096 && |\text{Regel (4.9)} \\ \iff & (2x) \cdot \ln 4 = \ln 4^6 = 6 \ln 4 && | \div 2\ln 4 \\ \iff & x = 3 \end{aligned}$$

(b) Auch hier ist die Variable im Exponenten. Wir wenden den Logarithmus auf beiden Seiten an:

$$\begin{aligned} & e^{12x-36} = 1 && |\text{Logarithmieren} \\ \iff & \ln e^{12x-36} = \ln 1 = 0 && |\text{Regel (4.9)} \\ \iff & (12x - 36) \cdot \ln e = 0 && | + 36 \div 12 \\ \iff & x = 3 \end{aligned}$$

(c) Bevor wir bei dieser Gleichung den Logarithmus auf beiden Seiten anwenden, vereinfachen wir den Ausdruck auf der linken Seite, indem wir das Produkt der Potenzen als eine Potenz schreiben:

$$4^{x^2} 4^{-2x} 4^2 = 16$$
$$\iff 4^{x^2-2x+2} = 16 \qquad |\text{Logarithmieren}$$
$$\iff \ln 4^{x^2-2x+2} = \ln 16 = \ln 4^2 \qquad |\text{Regel (4.9)}$$
$$\iff (x^2 - 2x + 2) \cdot \ln 4 = 2\ln 4 \qquad |\div \ln 4$$
$$\iff (x^2 - 2x + 2) = 2 \qquad |-2$$
$$\iff x^2 - 2x = 0 \qquad |\text{Ausklammern}$$
$$\iff x(x - 2) = 0 \qquad |\text{Satz vom Nullprodukt}$$
$$\iff x_1 = 0 \qquad \text{und } x_2 = 2$$

(d) Hier ist das Problem, dass die Unbekannte innerhalb der Logarithmusfunktion steckt. Da sich e und ln aber gegenseitig aufheben, können wir auf beiden Seiten die e-Funktion anwenden:

$$\ln(x^2 - 4x + 5) = 0 \qquad |e^{(\ldots)}$$
$$\iff e^{\ln(x^2-4x+5)} = e^0 = 1 \qquad |e^{\ln} \text{ hebt sich auf}$$
$$\iff x^2 - 4x + 5 = 1 \qquad |-1$$
$$\iff x^2 - 4x + 4 = 0 \qquad |\text{Binomische Formel}$$
$$\iff (x - 2)^2 = 0 \qquad |\sqrt{\ldots}$$
$$\iff x - 2 = 0 \qquad |+2$$
$$\iff x = 2$$

Natürlich können wir alle Ergebnisse überprüfen, indem wir als Probe die Ergebnisse in die Ausgangsgleichung einsetzen.

4.17 Mit der Zinseszinsformel aus Aufgabe 4.11 und dem Logarithmus können die Teilaufgaben gelöst werden.

(a) Die unbekannte Variable steht im Exponenten. Deshalb wenden wir den Logarithmus auf beiden Seiten an:

$$2000 = 1000 \cdot 1{,}02^t \qquad |\div 1000$$
$$\iff 2 = 1{,}02^t \qquad |\text{Logarithmieren}$$
$$\iff \ln 2 = \ln 1{,}02^t \qquad |\text{Regel (4.9)}$$
$$\iff \ln 2 = t \cdot \ln 1{,}02 \qquad |\div \ln 1{,}02$$
$$\iff t = \frac{\ln 2}{\ln 1{,}02} = 35$$

(b) Auch in dieser Aufgabe werden die Schritte wie in (a) durchgeführt mit dem Ergebnis, dass

$$3000 = 1000 \cdot 1,02^t$$
$$\iff t = \frac{\ln 3}{\ln 1,02} = 55,5$$

(c)

$$5000 = 1000 \cdot 1,02^t$$
$$\iff t = \frac{\ln 5}{\ln 1,02} = 81,3$$

4.18 Die Nullstellen berechnen sich durch

$$\ln(x^2 + 1) = 0$$
$$\iff e^{\ln(x^2+1)} = e^0 = 1$$
$$\iff x^2 + 1 = 1$$
$$\iff x = 0$$

4.7 Weitere Aufgaben

Aufgaben

4.19 Ergänzen Sie für die folgenden Funktionen jeweils die Wertetabelle und skizzieren Sie die Funktionen (Tab. 4.1).

4.20 Untersuchen Sie, ob die Zahl 5 im Wertebereich der folgenden Funktionen liegt. Geben Sie alle möglichen Werte für x an.

Tab. 4.1 Wertetabelle für Aufgabe 4.19

x	-4	-3	-2	-1	$-\frac{1}{2}$	0	$\frac{1}{2}$	1	2	3	4
$y = x^5$											
$y = \frac{1}{x^5}$											
$y = \sqrt[5]{x}$											

(a) $f(x) = x^2 - 10x + 30$ (c) $f(x) = x^3 - 4x - \frac{3}{2}x^2 + 11$
(b) $f(x) = -x^2 + 5x - 20$ (d) $f(x) = -11x^2 - 60x + x^4 + 6x^3 + 105$

4.21 Für welche Werte von x sind die folgenden Funktionen jeweils definiert?

(a) $f(x) = -\frac{9}{4}x^2 + 4x$ (d) $f(x) = e^{-\frac{9}{4}x^2 + 4x}$
(b) $f(x) = \sqrt{-\frac{9}{4}x^2 + 4x}$ (e) $f(x) = \ln(-\frac{9}{4}x^2 + 4x)$
(c) $f(x) = \frac{2}{-\frac{9}{4}x^2 + 4x}$

4.22 Überprüfen Sie für die Funktionen aus Aufgabe 4.21, ob die Zahl -1 jeweils im Wertebereich der Funktionen liegt.

4.23 Berechnen Sie für die Funktionen aus Aufgabe 4.21 die Nullstellen.

4.24 Bestimmen Sie jeweils für die folgenden Exponentialfunktionen, ob es sich um eine exponentiell wachsende oder fallende Funktion handelt, sowie den Anfangswert, die Basis und die Wachstumsrate.

(a) $f(t) = 4 \cdot 1,2^t$ (c) $f(t) = 5 \cdot 1,03^t$
(b) $f(t) = 0,25 \cdot 0,98^t$ (d) $f(t) = 0,8^t$

4.25 Berechnen Sie für die Exponentialfunktionen aus Aufgabe 4.24 den Funktionswert zum Zeitpunkt $t = 10$ und die Verdoppelungs- bzw. Halbwertzeit.

4.26 Das Preisniveau einer Volkswirtschaft wächst jedes Jahr mit einer Inflationsrate von 3%. Ausgehend von einem Niveau von 100 im Jahr 2010 kann das Preisniveau im Jahr $2010 + t$ durch eine Exponentialfunktion beschrieben werden.

(a) Wie sieht diese Exponentialfunktion aus?
(b) Wie hoch ist das Preisniveau im Jahr 2020?
(a) Wie hoch ist das Preisniveau im Jahr 2005?

4.27 Die zwei folgenden Punkte liegen jeweils auf einer Exponentialfunktion. Bestimmen Sie diese Funktion.

(a) (0,2) und (−2,8)
(b) (1,5) und (2,20)

4.7 Weitere Aufgaben

4.28 Schreiben Sie die folgenden Zahlen als Kombinationen von ln 2, ln 3 und ln 5.

(a) ln 45
(b) ln 36
(c) ln(45 + 36)
(d) ln 1000
(e) ln 125
(f) ln(1000 + 125)

4.29 Welche Werte für x lösen jeweils die folgenden Gleichungen?

(a) $e^{100-20x} = 1$
(b) $7^{-2x} = 2401$
(c) $3e^{-2x^2+200} - 5 = -2$
(d) $5^{2x-12} = 625$
(e) $e^{-4x^2+2x+12} = 1$
(f) $\frac{1}{36} \cdot 6^{3x} - 500 = 796$

Lösungen

4.19 Tab. 4.2 zeigt die Funktionswerte für die drei Funktionen. Der Ausdruck „n.d." bedeutet nicht definiert.
Die Funktionen werden durch die Graphen in Abb. 4.2 abgebildet.

4.20 Die Zahl 5 liegt im Wertebereich, falls es (mindestens) einen Wert für x gibt, so dass $f(x) = 5$. Diese Gleichung müssen wir in den einzelnen Teilaufgaben jeweils lösen.

(a) Die zu lösende Gleichung ist eine quadratische Gleichung:

$$\begin{aligned} f(x) = x^2 - 10x + 30 &= 5 \quad |-5 \\ \Longleftrightarrow \quad x^2 - 10x + 25 &= 0 \quad |\text{Binomische Formel} \\ \Longleftrightarrow \quad (x-5)^2 &= 0 \quad |\sqrt{\cdots} \\ \Longleftrightarrow \quad x - 5 &= 0 \\ \Longleftrightarrow \quad x &= 5 \end{aligned}$$

Tab. 4.2 Ergänzte Wertetabelle für Aufgabe 4.19

x	-4	-3	-2	-1	$-\frac{1}{2}$	0	$\frac{1}{2}$	1	2	3	4
$y = x^5$	-1024	-243	-32	-1	$-\frac{1}{32}$	0	$\frac{1}{32}$	1	32	243	1024
$y = \frac{1}{x^5}$	$-\frac{1}{1024}$	$-\frac{1}{243}$	$-\frac{1}{32}$	-1	-32	n.d.	32	1	$\frac{1}{32}$	$\frac{1}{243}$	$\frac{1}{1024}$
$\approx$	$-0{,}001$	$-0{,}004$	$-0{,}031$	-1	-32	n.d.	32	1	$0{,}031$	$0{,}004$	$0{,}001$
$y = \sqrt[5]{x}$	n.d.	n.d.	n.d.	n.d.	n.d.	$\sqrt[5]{0}$	$\sqrt[5]{0{,}5}$	$\sqrt[5]{1}$	$\sqrt[5]{2}$	$\sqrt[5]{3}$	$\sqrt[5]{4}$
$\approx$	n.d.	n.d.	n.d.	n.d.	n.d.	0	$0{,}871$	1	$1{,}15$	$1{,}246$	$1{,}32$

Abb. 4.2 Abbildungen zu Aufgabe 4.19

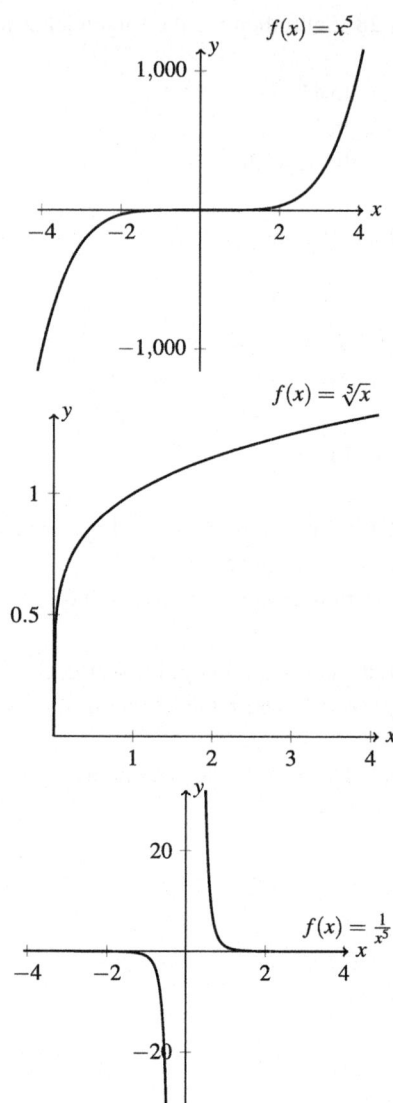

(b) Auch hier erhalten wir nach dem ersten Schritt eine quadratische Gleichung:

$$-x^2 + 5x - 20 = 5 \quad |-5$$
$$\iff -x^2 + 5x - 25 = 0$$

Die Lösungen dieser Gleichung bestimmen wir mit der Mitternachtsformel (4.1). Da $b^2 - 4ac = 5^2 - 4 \cdot (-1) \cdot (-25) = 25 - 100 = -75$ und somit negativ ist, gibt

4.7 Weitere Aufgaben

es keine (reellen) Lösungen für diese Gleichung. Demnach liegt die Zahl 5 nicht im Wertebereich.

(c) Nach dem ersten Schritt erhalten wir ein Polynom dritten Grades, von dem wir die Nullstellen bestimmen müssen:

$$x^3 - 4x - \frac{3}{2}x^2 + 11 = 5 \quad | -5$$
$$\iff x^3 - \frac{3}{2}x^2 - 4x + 6 = 0$$

Dazu suchen wir eine Nullstelle durch Einsetzen: $f(1) = 1,5 \neq 0$, aber $f(2) = 0$. Somit können wir mit $x_1 = 2$ die Polynomdivision durchführen:[1]

$$\begin{array}{l}
\left(x^3 - \frac{3}{2}x^2 - 4x + 6\right) : (x - 2) = x^2 + \frac{1}{2}x - 3 \\
\underline{-x^3 + 2x^2} \\
\qquad \frac{1}{2}x^2 - 4x \\
\qquad \underline{-\frac{1}{2}x^2 + x} \\
\qquad\qquad -3x + 6 \\
\qquad\qquad \underline{3x - 6} \\
\qquad\qquad\qquad 0
\end{array}$$

Die Nullstellen des Ergebnisses $x^2 + \frac{1}{2}x - 3 = 0$ bestimmen wir mit der Mitternachtsformel (4.1) und erhalten $x_1 = -2$ und $x_3 = \frac{3}{2}$. Wir folgern, dass $f(x_1) = f(x_2) = f(x_3) = 5$.

(d) Das Problem, dass wir letztendlich lösen müssen, ist das Auffinden von Nullstellen eines Polynoms vierten Grades:

$$-11x^2 - 60x + x^4 + 6x^3 + 105 = 5 \quad | -5$$
$$\iff x^4 + 6x^3 - 11x^2 - 60x + 100 = 0$$

Auch hier finden wir die erste Nullstelle $x_1 = 2$ durch Probieren: $f(2) = 0$.

---

[1] Um die Frage zu beantworten, können wir jetzt bereits aufhören, da wir ja einen Wert für x gefunden haben, so dass $f(x) = 5$. Allerdings nutzen wir die Gelegenheit, um die Polynomdivision und die Mitternachtsformel zu üben, und bestimmen alle Werte für x, die $f(x) = 5$ erfüllen.

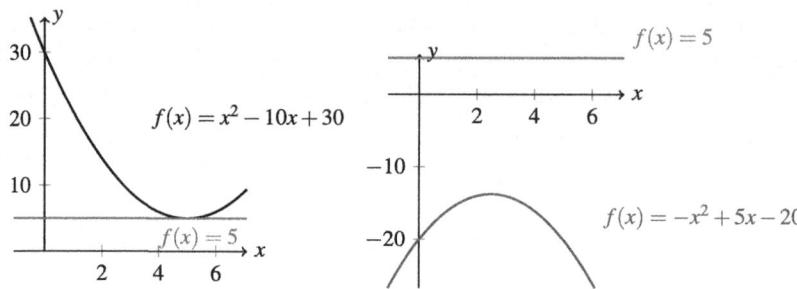

Abb. 4.3 Abbildungen zu Aufgabe 4.20, Teilaufgaben (a) und (b)

Durch die Polynomdivision erhalten wir ein Polynom dritten Grades:

$$\left(x^4 + 6x^3 - 11x^2 - 60x + 100\right) : \left(x - 2\right) = x^3 + 8x^2 + 5x - 50 \quad \text{Eine Lösung}$$
$$\underline{-x^4 + 2x^3}$$
$$8x^3 - 11x^2$$
$$\underline{-8x^3 + 16x^2}$$
$$5x^2 - 60x$$
$$\underline{-5x^2 + 10x}$$
$$-50x + 100$$
$$\underline{50x - 100}$$
$$0$$

von $x^3 + 8x^2 + 5x - 50 = 0$ ist $x_2 = 2$, was wir auch durch Einsetzen „erraten" haben. Somit führen wir eine weitere Polynomdivision durch:

$$\left(x^3 + 8x^2 + 5x - 50\right) : \left(x - 2\right) = x^2 + 10x + 25$$
$$\underline{-x^3 + 2x^2}$$
$$10x^2 + 5x$$
$$\underline{-10x^2 + 20x}$$
$$25x - 50$$
$$\underline{-25x + 50}$$
$$0$$

Um die Nullstellen des Polynom zweiten Grades zu bestimmen, erkennen wir, dass dies die erste binomische Formel ist:[2]

$$0 = x^2 + 10x + 25 = (x + 5)^2 \quad \Longrightarrow \quad x_{3,4} = -5$$

Die Abb. 4.3 und 4.4 zeigen die Funktionen.

---

[2] Natürlich kann man auch die Lösungen mit der Mitternachtsformel bestimmen.

4.7 Weitere Aufgaben

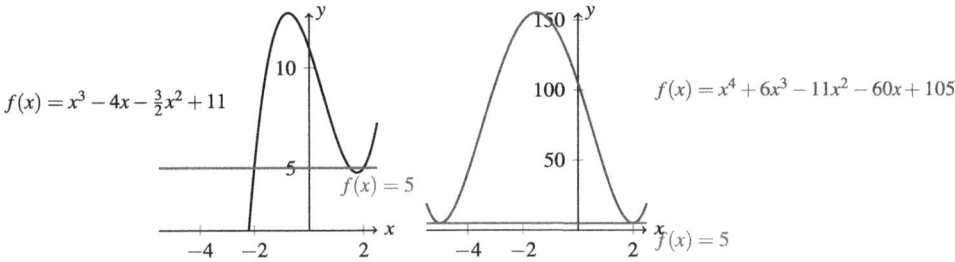

Abb. 4.4 Abbildungen zu Aufgabe 4.20, Teilaufgaben (c) und (d)

4.21

(a) Der Definitionsbereich der ersten Funktion ist nicht problematisch. Für x können alle Werte eingesetzt werden. Der Definitionsbereich sind alle (reellen) Zahlen.

(b) Eine Wurzel ist nur dann definiert, wenn die Diskriminante der Wurzel größer oder gleich Null ist. Demnach ist die Funktion nur definiert, falls

$$-\frac{9}{4}x^2 + 4x \geq 0$$
$$\implies x\left(-\frac{9}{4}x + 4\right) \geq 0$$

Diese Ungleichung lösen wir durch Fallunterscheidung.

1. Fall: Beide Faktoren sind positiv:[3]

$$x \geq 0 \quad \text{und} \quad \left(-\frac{9}{4}x + 4\right) \geq 0$$
$$\iff x \geq 0 \quad \text{und} \quad x \leq \frac{16}{9}$$

Diese Bedingungen sind erfüllt für alle x im Bereich $0 \leq x \leq \frac{16}{9}$.

2. Fall: Beide Faktoren sind negativ:

$$x \leq 0 \quad \text{und} \quad \left(-\frac{9}{4}x + 4\right) \leq 0$$
$$\iff x \leq 0 \quad \text{und} \quad x \geq \frac{16}{9}$$

---

[3] Wir beachten, dass wir bei der Lösung der zweiten Bedingung durch eine negative Zahl teilen und sich somit das Ungleichheitszeichen umdreht.

Dieser Fall kann allerdings nicht eintreten, da Zahlen nicht gleichzeitig kleiner als 0 und größer als 16/9 sein können.
Ergebnis: Die Funktion ist definiert für alle $0 \leq x \leq \frac{16}{9}$.

(c) Eine gebrochenrationale Funktion ist nur definiert, falls der Nenner nicht Null ist. Also muss gelten, dass

$$-\frac{9}{4}x^2 + 4x \neq 0$$
$$\iff x\left(-\frac{9}{4}x + 4\right) \neq 0$$
$$\iff x \neq 0 \quad \text{und} \quad x \neq \frac{16}{9}$$

(d) Die Funktion $g(y) = e^y$ ist für alle Werte y definiert. Hier ist $y = -\frac{9}{4}x^2 + 4x$. Dies ist für alle x definiert, wie wir in (a) festgestellt haben. Demnach ist auch die Funktion $f(x)$ für alle x definiert.

(e) Die Funktion $f(y) = \ln y$ ist nur definiert, falls $y > 0$. Hier muss also gelten, dass

$$-\frac{9}{4}x^2 + 4x > 0$$

Wie in (b) können wir eine Fallunterscheidung durchführen und erhalten als Ergebnis den Bereich $0 < x < \frac{16}{9}$, wir müssen die Grenzen aus (b) herausnehmen.

4.22 Wir untersuchen jeweils, ob die Gleichung $f(x) = -1$ (mindestens) eine Lösung hat.

(a) Die zu lösende Gleichung ist eine quadratische Gleichung:

$$f(x) = -\frac{9}{4}x^2 + 4x = -1 \quad |+1$$
$$\iff -\frac{9}{4}x^2 + 4x + 1 = 0 \quad |\text{Mitternachtsformel (4.1)}$$
$$\iff x_1 = -\frac{2}{9}$$
$$\iff x_2 = 2$$

Wir können folgern, dass -1 im Wertebereich der Funktion liegt.

(b) Die zu lösende Gleichung ist eine Wurzelgleichung:

4.7 Weitere Aufgaben

$$f(x) = \sqrt{-\frac{9}{4}x^2 + 4x} = -1 \qquad |(\cdots)^2$$
$$\iff -\frac{9}{4}x^2 + 4x + 1 = 1 \qquad |-1$$
$$\iff -\frac{9}{4}x^2 + 4x - 1 = 0 \qquad |\text{Mitternachtsformel (4.1)}$$
$$\iff x_{1,2} = \frac{8 \pm \sqrt{7}}{9}$$

Wir können folgern, dass -1 im Wertebereich der Funktion liegt.

(c) Die zu lösende Gleichung ist eine Bruchgleichung:

$$f(x) = \frac{2}{-\frac{9}{4}x^2 + 4x} = -1 \qquad |\cdot \text{Nenner}$$
$$\iff 2 = \frac{9}{4}x^2 - 4x \qquad |-2$$
$$\iff 0 = \frac{9}{4}x^2 - 4x - 2 \qquad |\text{Mitternachtsformel (4.1)}$$
$$\iff x_{1,2} = \frac{8 \pm 2\sqrt{34}}{9}$$

Wir können folgern, dass -1 im Wertebereich der Funktion liegt.

(d) Die zu lösende Gleichung ist eine Exponentialgleichung:

$$f(x) = e^{-\frac{9}{4}x^2 + 4x} = -1 \qquad |\text{Logarithmieren}$$
$$\iff \ln e^{-\frac{9}{4}x^2 + 4x} = \ln(-1)$$

Die rechte Seite dieser Gleichung ist nicht definiert. Wir können somit folgern, dass -1 nicht im Wertebereich der Funktion liegt.

(e) Die zu lösende Gleichung ist eine Logarithmusgleichung:

$$f(x) = \ln\left(-\frac{9}{4}x^2 + 4x\right) = -1 \qquad |e^{\cdots}$$
$$\iff e^{\ln\left(-\frac{9}{4}x^2 + 4x\right)} = e^{-1}$$
$$\iff \left(-\frac{9}{4}x^2 + 4x\right) = e^{-1} \qquad |-e^{-1}$$
$$\iff -\frac{9}{4}x^2 + 4x - e^{-1} = 0 \qquad |\text{Mitternachtsformel (4.1)}$$
$$\iff x_{1,2} = \frac{8 \pm 2\sqrt{16 - 9e^{-1}}}{9}$$

Wir können folgern, dass -1 im Wertebereich der Funktion liegt.

4.23 Wir untersuchen jeweils, ob die Gleichung $f(x) = 0$ (mindestens) eine Lösung hat.

(a) Die zu lösende Gleichung ist eine quadratische Gleichung, die wir mit der Mitternachtsformel (4.1) oder dem Satz vom Nullprodukt lösen können:

$$f(x) = -\frac{9}{4}x^2 + 4x = 0$$

$$\iff x_1 = 0 \quad \text{und} \quad x_2 = \frac{16}{9}$$

(b) Die zu lösende Gleichung ist eine Wurzelgleichung:

$$f(x) = \sqrt{-\frac{9}{4}x^2 + 4x} = 0 \quad |(\cdots)^2$$

$$\iff -\frac{9}{4}x^2 + 4x = 0$$

Diese Gleichung hat die gleichen Lösungen wie die Gleichung in Teilaufgabe (a).

(c) Die zu lösende Gleichung ist eine Bruchgleichung:

$$f(x) = \frac{2}{-\frac{9}{4}x^2 + 4x} = 0 \quad | \cdot \text{Nenner}$$

$$\iff 2 = 0$$

Da die letzte Aussage nicht stimmt, können wir folgern, dass $f(x)$ keine Nullstelle hat.

(d) Die zu lösende Gleichung ist eine Exponentialgleichung:

$$f(x) = e^{-\frac{9}{4}x^2 + 4x} = 0 \quad |\text{Logarithmieren}$$

$$\iff \ln e^{-\frac{9}{4}x^2 + 4x} = \ln(0)$$

Die rechte Seite dieser Gleichung ist nicht definiert. Wir können somit folgern, dass die Funktion keine Nullstellen hat.

(e) Die zu lösende Gleichung ist eine Logarithmusgleichung:

$$f(x) = \ln\left(-\frac{9}{4}x^2 + 4x\right) = 0 \quad |e^{\cdots}$$

$$\iff e^{\ln\left(-\frac{9}{4}x^2 + 4x\right)} = e^0$$

$$\iff \left(-\frac{9}{4}x^2 + 4x\right) = 1 \quad |-1$$

$$\iff -\frac{9}{4}x^2 + 4x - 1 = 0 \quad |\text{Mitternachtsformel (4.1)}$$

$$\iff x_{1,2} = \frac{8 \pm 2\sqrt{7}}{9}$$

4.7 Weitere Aufgaben

4.24 Eine Exponentialfunktion

$$f(t) = c \cdot a^t \qquad (4.10)$$

hat den Anfangswert $f(0) = c \cdot a^0 = c$ und die Basis a. Falls $a < 1$, dann ist die Funktion exponentiell fallend. Falls $a > 1$, dann ist die Funktion exponentiell wachsend. Die Funktion wächst bzw. fällt mit der Rate $a - 1$.

(a) Der Anfangswert ist $f(0) = 4$. Da die Basis $a = 1,2 > 0$, ist die Funktion exponentiell wachsend. Die Wachstumsrate beträgt $a - 1 = 1,2 - 1 = 0,2 = 20\%$.

(b) Der Anfangswert ist $f(0) = 0,25$. Da die Basis $a = 0,98 < 0$, ist die Funktion exponentiell fallend. Die Wachstumsrate beträgt $a - 1 = 0,98 - 1 = -0,02 = -2\%$, d. h. die Funktion fällt mit 2 %.

(c) Der Anfangswert ist $f(0) = 5$. Da die Basis $a = 1,03 > 0$, ist die Funktion exponentiell wachsend. Die Wachstumsrate beträgt $a - 1 = 1,03 - 1 = 0,03 = 3\%$.

(d) Der Anfangswert ist $f(0) = 1$. Da die Basis $a = 0,8 < 0$, ist die Funktion exponentiell fallend. Die Wachstumsrate beträgt $a - 1 = 0,8 - 1 = -0,2 = -20\%$, d. h. die Funktion fällt mit 20%.

4.25 Unter der Verdopplungszeit versteht man die Zeit, in der sich bei einer steigenden Funktion der Anfangsbestand verdoppelt hat, d. h. wir suchen für eine allgemeine Exponentialfunktion (4.10) den Wert t, für den gilt, dass

$$\begin{aligned} & c \cdot a^t = 2 \cdot c & &|\div c \\ \iff & a^t = 2 & &|\text{Logarithmieren} \\ \iff & \ln a^t = \ln 2 & &|\text{Logarithmusregel (4.9)} \\ \iff & t \cdot \ln a = \ln 2 & &|\div \ln a \\ \iff & t = \frac{\ln 2}{\ln a} & & \\ \iff & t = \log_a(2) & & \end{aligned}$$

Das letzte Ergebnis ist hilfreich, wenn man einen Taschenrechner zur Hand hat, der Logarithmen von beliebigen Basiszahlen ausrechnen kann.

Analog versteht man unter der Halbwertzeit die Zeit, in der sich bei einer fallenden Funktion der Anfangsbestand halbiert hat.

$$\begin{aligned} & c \cdot a^t = \frac{1}{2} \cdot c & &|\div c \\ \iff & a^t = \frac{1}{2} & &|\text{Logarithmieren} \\ \iff & \ln a^t = \ln\left(\frac{1}{2}\right) & &|\text{Logarithmusregel (4.9)} \end{aligned}$$

$$\iff t \cdot \ln a = \ln\left(\frac{1}{2}\right) \quad | \div \ln a$$

$$\iff t = \frac{\ln\left(\frac{1}{2}\right)}{\ln a}$$

$$\iff t = \log_a\left(\frac{1}{2}\right)$$

(a) Hier berechnen wir die Verdopplungszeit:

$$t = \frac{\ln 2}{\ln 1,2} = \log_{1,2}(2) = 3,802$$

Nach 3,8 Jahren hat sich der Anfangswert verdoppelt. Nach 10 Jahren beträgt der Funktionswert $f(10) = 24,77$.

(b) Hier berechnen wir die Halbwertzeit:

$$t = \frac{\ln 0,5}{\ln 0,98} = \log_{0,98}(0,5) = 34,31$$

Nach 34,31 Jahren hat sich der Anfangswert halbiert. Nach 10 Jahren beträgt der Funktionswert $f(10) = 0,204$.

(c) Hier berechnen wir die Verdopplungszeit:

$$t = \frac{\ln 2}{\ln 1,03} = \log_{1,03}(2) = 23,5$$

Nach 23,5 Jahren hat sich der Anfangswert verdoppelt. Nach 10 Jahren beträgt der Funktionswert $f(10) = 6,72$.

(d) Hier berechnen wir die Halbwertzeit:

$$t = \frac{\ln 0,5}{\ln 0,8} = \log_{0,8}(0,5) = 3,11$$

Nach 3,11 Jahren hat sich der Anfangswert halbiert. Nach 10 Jahren beträgt der Funktionswert $f(10) = 0,11$.

4.26

(a) Der Anfangswert beträgt $c = 100$. Das das Preisniveau mit 3 % wächst, ist die Basis $a = 1 + 0,03 = 1,03$. Somit lautet die Funktion

$$f(t) = 100 \cdot 1,03^t$$

(b) Das Preisniveau im Jahr $2020 = 2010 + 10$ ist gegeben durch

$$f(10) = 100 \cdot 1,03^{10} = 134,39$$

(c) Das Preisniveau im Jahr $2005 = 2010 - 5$ ist gegeben durch
$$f(-5) = 100 \cdot 1,03^{-5} = 86,26$$

4.27 Wir gehen davon aus, dass die Exponentialfunktion jeweils von der Form (4.10) ist. Dann setzen wir jeweils die zwei Punkte ein und berechnen a und c:

(a) Einsetzen der Punkte ergibt:
$$4 = f(0) = c \cdot a^0 = c = 4$$
$$8 = f(-2) = c \cdot a^{-2}$$
$$\implies 8 = 4 \cdot a^{-2}$$
$$\implies a^2 = \frac{4}{8} = \frac{1}{2}$$
$$\implies a = \sqrt{\frac{1}{2}} \approx 0,71$$
$$\implies f(t) = 4 \cdot 0,71^t$$

(b) Einsetzen der Punkte ergibt:
$$5 = f(1) = c \cdot a^1 = c \cdot a = 5$$
$$20 = f(2) = c \cdot a^2 = c \cdot a \cdot a$$
$$\implies 20 = 5 \cdot a$$
$$\implies a = 4$$
$$\implies 5 = c \cdot a = c \cdot 4$$
$$\implies c = \frac{5}{4}$$
$$\implies f(t) = \frac{5}{4} \cdot 4^t$$

4.28 Wir schreiben die Zahlen als Produkt der Zahlen 2, 3 und 5 und wenden wiederholt die Regeln für den Logarithmus (4.7) und (4.9) an.

(a)
$$\ln 45 = \ln(5 \cdot 9) = \ln 5 + \ln 9 = \ln 5 + \ln 3^2 = \ln 5 + 2\ln 3$$

(b)
$$\ln 36 = \ln(4 \cdot 9) = \ln 2^2 + \ln 3^2 = 2\ln 2 + 2\ln 3$$

(c) Hier können wir keine Regel anwenden, um die Summe auseinanderzuziehen. Stattdessen rechnen wir das Ergebnis der Summe aus und rechnen wie oben weiter:

$$\ln(45 + 36) = \ln 81 = \ln(9 \cdot 9) = 2\ln 9 = 2\ln 3^2 = 4\ln 3$$

(d)
$$\ln 1000 = \ln 10^3 = 3\ln 10 = 3 \cdot \ln(2 \cdot 5) = 3\ln 2 + 3\ln 5$$

(e)
$$\ln 125 = \ln 5^3 = 3 \cdot \ln 5$$

(f) Hier rechnen wir wie in (c):

$$\begin{aligned}\ln(1000 + 125) &= \ln 1125 = \ln(5 \cdot 225) \\ &= \ln 5 + \ln 225 = \ln 5 + \ln(5 \cdot 45) \\ &= 2\ln 5 + \ln(5 \cdot 9) = 3\ln 5 + 2\ln 3\end{aligned}$$

4.29

(a) Durch Exponentenvergleich erhalten wir, dass der Exponent auf der linken Seite gleich Null sein muss, denn $e^0 = 1$.

$$100 - 20x = 0 \implies x = 5$$

(b)
$$\begin{aligned}&& 7^{-2x} &= 2401 & &|\text{Logarithmieren} \\ &\iff& \ln 7^{-2x} &= \ln 2401 & &|\text{Logarithmusregel (4.9)} \\ &\iff& -2x\ln 7 &= \ln 2401 & &|\div (-2\ln 7) \\ &\iff& x &= \frac{\ln 2401}{-2\ln 7} = -2 &&\end{aligned}$$

Wir können die Probe machen, indem wir $x = -2$ in die Ausgangsgleichung einsetzen.

(c) Zunächst müssen wir die Gleichung umformen:

$$\begin{aligned}&& 3e^{-2x^2 + 200} - 5 &= -2 & &|+5 \\ &\iff& 3e^{-2x^2 + 200} &= 3 & &|\div 3 \\ &\iff& e^{-2x^2 + 200} &= 1 & &|\text{Logarithmieren} \\ &\iff& \ln e^{-2x^2 + 200} &= \ln 1 & & \\ &\iff& -2x^2 + 200 &= 0 & &|-200\end{aligned}$$

4.7 Weitere Aufgaben

$$\begin{aligned}&\Longleftrightarrow & -2x^2 &= -200 & &|\div(-2)\\ &\Longleftrightarrow & x^2 &= 100 & &|\sqrt{\cdots}\\ &\Longleftrightarrow & x_{1,2} &= \pm 10\end{aligned}$$

(d) Hier können wir sofort beide Seiten logarithmieren:

$$\begin{aligned}& & 5^{2x-12} &= 625 & &|\text{Logarithmieren}\\ &\Longleftrightarrow & \ln 5^{2x-12} &= \ln 625 & &|\text{Logarithmusregel (4.9)}\\ &\Longleftrightarrow & (2x-12)\ln 5 &= \ln 625 & &|\div \ln 5\\ &\Longleftrightarrow & 2x - 12 &= \frac{\ln 625}{\ln 5} & &|+12\\ &\Longleftrightarrow & 2x &= \frac{\ln 625}{\ln 5} + 12 & &|\div 2\\ &\Longleftrightarrow & x &= \left(\frac{\ln 625}{\ln 5} + 12\right)\cdot \frac{1}{2} = 8\end{aligned}$$

(e) Entweder logarithmieren wir beide Seiten oder wir stellen wieder fest, dass die e-Funktion nur dann 1 wird, wenn der Exponent gleich Null ist. Die quadratische Gleichung lösen wir mit der Mitternachtsformel:

$$-4x^2 + 2x + 12 = 0 \implies x_1 = -\frac{3}{2} \quad \text{und} \quad x_2 = 2$$

(f) Zunächst formen wir diese Gleichung um, bevor wir beide Seiten logarithmieren:

$$\begin{aligned}& & \frac{1}{36}\cdot 6^{3x} - 500 &= 796 & &|+500\\ &\Longleftrightarrow & \frac{1}{36}\cdot 6^{3x} &= 1296 & &|\cdot 36\\ &\Longleftrightarrow & 6^{3x} &= 46656 & &|\text{Logarithmieren}\\ &\Longleftrightarrow & \ln 6^{3x} &= \ln 46656 & &|\text{Logarithmusregel (4.9)}\\ &\Longleftrightarrow & 3x\cdot \ln 6 &= \ln 46656 & &|\div 3\ln 6\\ &\Longleftrightarrow & x &= \frac{\ln 46656}{3\ln 6} = 2\end{aligned}$$

Ableitungen von Funktionen 5

In diesem Kapitel üben wir

1. Ableitungen von Funktionen (vor allem von Potenzfunktionen),
2. die Produktregel, die Quotientenregel und die Kettenregel,
3. die Ableitung von (verketteten) Exponentialfunktionen,
4. die Ableitung von (verketteten) Logarithmusfunktionen,
5. zweite, dritte und höhere Ableitungen von Funktionen.

5.1 Berechnung von Ableitungen: Einfache Ableitungsregeln

Aufgaben

5.1 Berechnen Sie jeweils die Ableitung von

(a) $y = x^2$
(b) $y = \frac{1}{x^2}$
(c) $y = 10\sqrt{x}$
(d) $y = 3x^5 - 4x^3 + 27x - 5$
(e) $y = \sqrt[3]{x} - x^2$

Lösungen

5.1 Diese Funktionen werden mit der Ableitungsregel für Potenzfunktionen differenziert:

$$f(x) = x^k \implies f'(x) = kx^{k-1} \tag{5.1}$$

Dabei ist k eine beliebige Konstante.

(a) $f'(x) = 2x^{2-1} = 2x^1 = 2x$

(b) Auch diese Funktion kann mit Regel (5.1) differenziert werden. Wir schreiben die Funktion als

$$f(x) = x^{-2} \implies f'(x) = -2x^{-2-1} = -2x^{-3} = \frac{-2}{x^3}$$

(c) Bei der Wurzelfunktion ist der Parameter $k = 1/2$:

$$f(x) = 10\sqrt{x} = 10 \cdot x^{\frac{1}{2}} \implies f'(x) = 10 \cdot \frac{1}{2} \cdot x^{\frac{1}{2}-1} = 5 \cdot x^{-\frac{1}{2}} = \frac{5}{\sqrt{x}}$$

(d) $f'(x) = 15x^4 - 12x^2 + 27$

(e) $f'(x) = \frac{1}{3}x^{-2/3} - 2x = \frac{1}{3x^{2/3}} - 2x$

5.2 Die Produktregel

Aufgaben

5.2 Berechnen Sie mit der Produktregel jeweils die Ableitung von

(a) $f(x) = (x^2 + 3x - 7) \cdot (-3x + x^{-2})$
(b) $f(x) = \sqrt[3]{x} \cdot (-4x^4 + x)$
(c) $f(x) = \frac{1}{x^5} \cdot (x^3 + x)$
(d) $f(x) = (2x^2 - 6x + 5)(-x^2 + 1)(2x + 1)$

Lösungen

5.2 Die Funktionen sind Produkte mit mindestens zwei Faktoren, die wiederum Funktionen sind. Deshalb werden die Funktionen mit der Produktregel differenziert:

$$f(x) = u(x) \cdot v(x) \implies f'(x) = u'(x) \cdot v(x) + u(x) \cdot v'(x) \tag{5.2}$$

(a) Hier sind die zwei Faktoren und deren Ableitungen

$$u(x) = (x^2 + 3x - 7) \implies u'(x) = (2x + 3)$$
$$v(x) = (-3x + x^{-2}) \implies v'(x) = (-3 - 2x^{-3})$$

5.2 Die Produktregel

Dann folgt mit der Produktregel (5.2)

$$\begin{aligned}
f'(x) &= u'(x) \cdot v(x) + u(x) \cdot v'(x) \\
&= (2x+3) \cdot (-3x + x^{-2}) + (x^2 + 3x - 7) \cdot (-3 - 2x^{-3}) \\
&= -6x^2 - 9x + 2x^{-1} + 3x^{-2}3x^2 - 9x + 21 - 2x^{-1} - 6x^{-2} + 14x^{-3} \\
&= -9x^2 - 18x - 3x^{-2} + 14x^{-3} + 21
\end{aligned}$$

(b) Zunächst leiten wir die zwei Faktoren ab:

$$u(x) = \sqrt[3]{x} \quad \Longrightarrow \quad u'(x) = \frac{1}{3}x^{-2/3}$$

$$v(x) = (-4x^4 + x) \quad \Longrightarrow \quad v'(x) = (-16x^3 + 1)$$

Anschließend setzen wir dies in die Produktregel ein, multiplizieren die Klammern aus und fassen zusammen:

$$\begin{aligned}
f'(x) &= u'(x) \cdot v(x) + u(x) \cdot v'(x) \\
&= \frac{1}{3}x^{-2/3} \cdot (-4x^4 + x) + \sqrt[3]{x} \cdot (-16x^3 + 1) \\
&= -\frac{4}{3}x^{\frac{-2}{3}+4} + \frac{1}{3}x^{\frac{-2}{3}+1} - 16x^{\frac{1}{3}+3} + x^{\frac{1}{3}} \\
&= -\frac{4}{3}x^{\frac{10}{3}} + \frac{1}{3}x^{\frac{10}{3}} - 16x^{\frac{10}{3}} + x^{\frac{1}{3}} \\
&= -\frac{52}{3}x^{\frac{10}{3}} + \frac{4}{3}x^{\frac{1}{3}} \\
&= -\frac{52}{3}\sqrt[3]{x^{10}} + \frac{4}{3}\sqrt[3]{x}
\end{aligned}$$

(c) Zunächst leiten wir die zwei Faktoren ab:

$$u(x) = \frac{1}{x^5} = x^{-5} \quad \Longrightarrow \quad u'(x) = -5x^{-6}$$

$$v(x) = (x^3 + x) \quad \Longrightarrow \quad v'(x) = (3x^2 + 1)$$

Anschließend folgt mit der Produktregel (5.2), Ausmultiplizieren der Klammern und Zusammenfassen:

$$\begin{aligned}
f'(x) &= u'(x) \cdot v(x) + u(x) \cdot v'(x) \\
&= -5x^{-6} \cdot (x^3 + x) + x^{-5} \cdot (3x^2 + 1) \\
&= -5x^{-6+3} - 5x^{-6+1} + 3x^{-5+2} + x^{-5} \\
&= -5x^{-3} - 5x^{-5} + 3x^{-3} + x^{-5} \\
&= -2x^{-3} - 4x^{-5} \\
&= \frac{-2}{x^3} - \frac{4}{x^5}
\end{aligned}$$

(d) Da die Funktion aus drei Faktoren besteht, wird die Produktregel (5.2) entsprechend erweitert. Zunächst leiten wir alle Faktoren ab:

$$\begin{aligned}
u(x) &= (2x^2 - 6x + 5) &\implies u'(x) &= (4x - 6) \\
v(x) &= (-x^2 + 1) &\implies v'(x) &= (-2x) \\
w(x) &= (2x + 1) &\implies w'(x) &= 2
\end{aligned}$$

Nun folgt mit der Produktregel für die Ableitung:

$$\begin{aligned}
f'(x) &\\
&= u'(x) \cdot v(x) \cdot w(x) + u(x) \cdot v'(x) \cdot w(x) + u(x) \cdot v(x) \cdot w'(x) \\
&= (4x - 6) \cdot (-x^2 + 1) \cdot (2x + 1) + (2x^2 - 6x + 5) \cdot (-2x) \cdot (2x + 1) + (2x^2 - 6x + 5) \cdot (-x^2 + 1) \cdot 2 \\
&= \left[(4x - 6)(-x^2 + 1) + (2x^2 - 6x + 5)(-2x)\right](2x + 1) + (2x^2 - 6x + 5)(-x^2 + 1) \cdot 2 \\
&= \left[-4x^3 + 6x^2 + 4x - 6 - 4x^3 + 12x^2 - 10x\right](2x + 1) + (2x^2 - 6x + 5)(-2x^2 + 2) \\
&= \left[-8x^3 + 18x^2 - 6x - 6\right](2x + 1) + (-4x^4 + 12x^3 - 10x^2 + 4x^2 - 12x + 10) \\
&= -16x^4 + 36x^3 - 12x^2 - 12x - 8x^3 + 18x^2 - 6x - 6 + (-4x^4 + 12x^3 - 6x^2 - 12x + 10) \\
&= -20x^4 + 40x^3 - 30x + 4
\end{aligned}$$

5.3 Die Quotientenregel

Aufgaben

5.3 Berechnen Sie mit der Quotientenregel jeweils die Ableitung von

(a) $f(x) = \frac{1}{10x+3} + 1000$

(b) $f(x) = \frac{3x-5}{2x+8}$

(c) $f(x) = \frac{-x^2+2x+2}{\sqrt{x}}$

(d) $f(x) = \frac{3x^3+x+10}{x^2+x}$

Lösungen

5.3 Die Funktionen bestehen aus einem Quotienten von Funktionen. Deshalb werden die Funktionen mit der Quotientenregel differenziert. Diese Regel lautet:

5.3 Die Quotientenregel

$$f(x) = \frac{u(x)}{v(x)} \implies f'(x) = \frac{u'(x) \cdot v(x) - u(x) \cdot v'(x)}{[v(x)]^2} \qquad (5.3)$$

(a) Zunächst differenzieren wir Zähler und Nenner:

$$u(x) = 1 \implies u'(x) = 0$$
$$v(x) = 10x + 3 \implies v'(x) = 10$$

Anschließend setzen wir die Ableitungen nach der Quotientenregel (5.3) zusammen:

$$\begin{aligned} f'(x) &= \frac{u'(x) \cdot v(x) - u(x) \cdot v'(x)}{[v(x)]^2} \\ &= \frac{0 \cdot (10x + 3) - 1 \cdot 10)}{[10x + 3]^2} \\ &= \frac{(-10)}{(10x + 3)^2} \end{aligned}$$

(b) Zunächst differenzieren wir Zähler und Nenner:

$$u(x) = 3x - 5 \implies u'(x) = 3$$
$$v(x) = 2x + 8 \implies v'(x) = 2$$

Anschließend setzen wir die Ableitungen nach der Quotientenregel (5.3) zusammen:

$$\begin{aligned} f'(x) &= \frac{u'(x) \cdot v(x) - u(x) \cdot v'(x)}{[v(x)]^2} \\ &= \frac{3 \cdot (2x + 8) - (3x - 5) \cdot 2}{[2x + 8]^2} \\ &= \frac{6x + 24 - 6x + 10}{(2x + 8)^2} \\ &= \frac{34}{(2x + 8)^2} \end{aligned}$$

(c) Zunächst differenzieren wir Zähler und Nenner:

$$u(x) = -x^2 + 2x + 2 \implies u'(x) = -2x + 2$$
$$v(x) = \sqrt{x} \implies v'(x) = \frac{1}{2\sqrt{x}}$$

Anschließend setzen wir die Ableitungen nach der Quotientenregel (5.3) zusammen:

$$f'(x) = \frac{u'(x) \cdot v(x) - u(x) \cdot v'(x)}{[v(x)]^2}$$

$$= \frac{(-2x+2) \cdot \sqrt{x} - (-x^2+2x+2) \cdot \frac{1}{2\sqrt{x}}}{[\sqrt{x}]^2}$$

$$= \frac{(-2x+2) \cdot \sqrt{x} - (-x^2+2x+2) \cdot \frac{1}{2\sqrt{x}}}{x}$$

$$= \frac{\frac{(-2x+2) \cdot \sqrt{x} \cdot 2\sqrt{x} - (-x^2+2x+2)}{2\sqrt{x}}}{x}$$

$$= \frac{(-2x+2) \cdot 2 \cdot x + x^2 - 2x - 2}{2\sqrt{x}} \cdot \frac{1}{x}$$

$$= \frac{-4x^2 + 4x + x^2 - 2x - 2}{2\sqrt{x}} \cdot \frac{1}{x}$$

$$= \frac{-3x^2 + 2x - 2}{2x\sqrt{x}}$$

(d) Zunächst differenzieren wir Zähler und Nenner:

$$u(x) = 3x^3 + x + 10 \implies u'(x) = 9x^2 + 1$$
$$v(x) = x^2 + x \quad\quad\;\; \implies v'(x) = 2x + 1$$

Anschließend setzen wir die Ableitungen nach der Quotientenregel (5.3) zusammen:

$$f'(x) = \frac{u'(x) \cdot v(x) - u(x) \cdot v'(x)}{[v(x)]^2}$$

$$= \frac{(9x^2+1) \cdot (x^2+x) - (3x^3+x+10) \cdot (2x+1)}{[x^2+x]^2}$$

$$= \frac{9x^4 + 9x^3 - (6x^4 + 3x^3 + 2x^2 + x + 20x + 10)}{(x^2+x)^2}$$

$$= \frac{3x^4 + 6x^3 - 2x^2 - 21x - 10}{(x^2+x)^2}$$

5.4 Die Kettenregel

Aufgaben

5.4 Berechnen Sie mit der Kettenregel jeweils die Ableitung von

(a) $f(x) = \sqrt[3]{x - x^2}$
(b) $f(x) = \sqrt{x + 5}$
(c) $f(x) = (2x - 5)^7$
(d) $f(x) = \frac{1}{(8x - 2x^3)}$

Lösungen

5.4 Diese Funktionen sind verkettete Funktionen von zwei Funktionen. Solche „verschachtelten" Funktionen differenzieren wir mit der Kettenregel:

$$f(x) = u(v(x)) \implies f'(x) = u'(v(x)) \cdot v'(x) \quad (5.4)$$

Man nennt in dieser Funktion die Funktion $u(x)$ die äußere Funktion und $v(x)$ die innere Funktion. Die Ableitung ist also das Produkt der Ableitung der äußeren Funktion mit der Ableitung der inneren Funktion.

(a) Wir bestimmen zunächst die innere und äußere Funktion. Die innere Funktion „erkennen" wir daran, dass wir für einen konkreten Wert für x diesen Term sofort berechnen. In diesem Fall ist dies $v(x) = x - x^2$, da wir dies zunächst berechnen müssen, bevor wir die Wurzel ziehen können. Die Wurzelfunktion $u(\cdot) = \sqrt[3]{\cdot}$ ist demnach die äußere Funktion. Anschließend berechnen wir die Ableitungen von diesen Funktionen:

$$u(\cdot) = \sqrt[3]{\cdot} = (\cdot)^{1/3} \implies u'(\cdot) = \frac{1}{3}(\cdot)^{-2/3}$$
$$v(x) = x - x^2 \implies v'(x) = 1 - 2x$$

Wir setzen bewusst in die Funktion u kein x ein, da die Kettenregel (5.4) besagt, dass wir dort die innere Funktion einsetzen sollen:

$$f'(x) = u'(v(x)) \cdot v'(x)$$
$$= \frac{1}{3}(x - x^2)^{-2/3} \cdot (1 - 2x) = \frac{(1 - 2x)}{3(x - x^2)^{2/3}}$$

(b) Innere und äußere Funktion mit den jeweiligen Ableitungen sind

$$u(\cdot) = \sqrt{\cdot} = (\cdot)^{1/2} \implies u'(\cdot) = \frac{1}{2}(\cdot)^{-1/2}$$
$$v(x) = x + 5 \implies v'(x) = 1$$

Mit der Kettenregel folgt:

$$f'(x) = u'(v(x)) \cdot v'(x)$$
$$= \frac{1}{2}(x+5)^{-1/2} \cdot 1 = \frac{1}{2\sqrt{x+5}}$$

(c) Innere und äußere Funktion mit den jeweiligen Ableitungen sind

$$u(\cdot) = (\cdot)^7 \implies u'(\cdot) = 7(\cdot)^6$$
$$v(x) = 2x - 5 \implies v'(x) = 2$$

Mit der Kettenregel folgt:

$$f'(x) = u'(v(x)) \cdot v'(x)$$
$$= 7(2x-5)^6 \cdot 2 = 14(2x-5)^6$$

(d) Natürlich können wir diese Funktion auch mit der Quotientenregel (5.3) differenzieren. Doch die Kettenregel ist auch hier möglich. Innere und äußere Funktion mit den jeweiligen Ableitungen sind

$$u(\cdot) = (\cdot)^{-1} \implies u'(\cdot) = -(\cdot)^{-2}$$
$$v(x) = 8x - 2x^3 \implies v'(x) = 8 - 6x^2$$

Mit der Kettenregel folgt:

$$f'(x) = u'(v(x)) \cdot v'(x)$$
$$= -(8x - 2x^3)^{-2} \cdot (8 - 6x^2) = \frac{-(8-6x^2)}{(8x-2x^3)^2}$$

5.5 Ableitung der Exponentialfunktion

Aufgaben

5.5 Berechnen Sie jeweils die Ableitung von

(a) $f(x) = 5e^x$
(b) $f(x) = -4e^{2x}$
(c) $f(x) = e^{-3x(x+2)}$
(d) $f(x) = 5^{x^2+2x-7}$

5.5 Ableitung der Exponentialfunktion

Lösungen

5.5 Die Ableitung der Exponentialfunktion ist die Exponentialfunktion selber:

$$f(x) = e^x \implies f'(x) = e^x \tag{5.5}$$

Wenn der Exponent der Exponentialfunktion selber eine Funktion $u(x)$ ist, dann werden diese nach der Kettenregel (5.4) differenziert. Dabei ist die Exponentialfunktion die äußere und der Exponent die innere Funktion. Die Regel lautet somit:

$$f(x) = e^{u(x)} \implies f'(x) = e^{u(x)} \cdot u'(x) \tag{5.6}$$

Exponentialfunktionen mit einer Funktion als Exponent werden abgeleitet, indem man die Exponentialfunktion so wie sie ist noch einmal aufschreibt und dann mit der Ableitung des Exponenten multipliziert.

(a) Diese Funktion leiten wir mit Regel (5.5) ab: $f'(x) = 5e^x$.

(b) Die Ableitung folgt aus der Kettenregel (5.6) für die Exponentialfunktion mit $u(x) = 2x$ und der Ableitung $u'(x) = 2$:

$$f'(x) = e^{u(x)} \cdot u'(x) = -4e^{2x} \cdot 2 = -8e^{2x}$$

(c) Um den Exponenten abzuleiten, multiplizieren wir die Klammern aus, damit wir nicht die Produktregel anwenden müssen.

$$u(x) = -3x(x+2) = -3x^2 - 6x \implies u'(x) = -6x - 6$$

Anschließend wenden wir Regel (5.6) an:

$$f'(x) = e^{u(x)} \cdot u'(x) = e^{-3x(x+2)} \cdot (-6x - 6)$$

(d) Bei dieser Funktion handelt es sich um eine Exponentialfunktion, die nicht e als Basis hat, sondern $a = 5$. Die Ableitung einer solchen Funktion ist gegeben durch:

$$f(x) = a^{u(x)} \implies f'(x) = \ln a \cdot a^{u(x)} \cdot u'(x) \tag{5.7}$$

In diesem Fall ist die Ableitung des Exponenten

$$u(x) = x^2 + 2x - 7 \implies u'(x) = 2x + 2$$

Die Regel (5.7) besagt dann

$$\begin{aligned} f'(x) &= \ln a \cdot a^{u(x)} \cdot u'(x) \\ &= \ln 5 \cdot 5^{x^2 + 2x - 7} \cdot (2x + 2) \end{aligned}$$

5.6 Ableitung der Logarithmusfunktion

Aufgaben

5.6 Berechnen Sie jeweils die Ableitung von

(a) $f(x) = \ln(3x)$
(b) $f(x) = 3\ln(x)$
(c) $f(x) = \ln(x^2)$
(d) $f(x) = (\ln x)^2$
(e) $f(x) = 10\ln x + 2x^2$
(f) $f(x) = 10\ln(x + 2x^2)$

Lösungen

5.6 Diese Funktionen sind verkettete Funktionen mit der Logarithmusfunktion. Die Kettenregel für die Logarithmusfunktion lautet:

$$f(x) = \ln u(x) \implies f'(x) = \frac{u'(x)}{u(x)} \tag{5.8}$$

(a) Die Ableitung folgt aus der Kettenregel (5.8) mit $u(x) = 3x$ und der Ableitung $u'(x) = 3$:

$$f'(x) = \frac{u'(x)}{u(x)} = \frac{3}{3x} = \frac{1}{x}$$

(b) Hier brauchen wir die Ableitung für die Logarithmusfunktion:

$$f(x) = \ln x \implies f'(x) = \frac{1}{x} \tag{5.9}$$

$$f(x) = 3\ln x \implies f'(x) = 3 \cdot \frac{1}{x} = \frac{3}{x}$$

(c) Die Ableitung folgt aus der Kettenregel (5.8) für die Logarithmusfunktion mit $u(x) = x^2$ und der Ableitung $u'(x) = 2x$:

$$f'(x) = \frac{u'(x)}{u(x)} = \frac{2x}{x^2} = \frac{2}{x}$$

(d) Hier ist die Logarithmusfunktion nicht die äußere Funktion, sonder die innere Funktion, da wir zunächst für Werte von x den Logarithmus von x berechnen und anschließend quadrieren. Demnach wenden wir die Kettenregel (5.4) mit $u(x) = (\cdot)^2$ und der Ableitung $u'(x) = 2(\cdot)$ als äußere Funktion und $v(x) = \ln x$ und $v'(x) = \frac{1}{x}$ als innere Funktion an. Die Ableitung von $f(x)$ ist

$$f'(x) = u'(v(x)) \cdot v'(x)$$
$$= 2\ln x \cdot \frac{1}{x} = \frac{2\ln x}{x}$$

(e) Der erste Summand wir mit Regel (5.9) und der zweite Summand mit Regel (5.1) differenziert:
$$f'(x) = \frac{10}{x} + 4x$$

(f) Diese Funktion ist wieder eine verkettete Funktion mit der Logarithmusfunktion als äußere Funktion. Die Ableitung ist demnach gegeben durch Regel (5.8). Dabei ist $u(x) = x + 2x^2$ mit der Ableitung $u'(x) = 1 + 4x$ und somit folgt, dass
$$f'(x) = \frac{u'(x)}{u(x)} = 10 \cdot \frac{1+4x}{x+2x^2} = \frac{10+40x}{x+2x^2}$$

5.7 Zweite und dritte Ableitungen

Aufgaben

5.7 Berechnen Sie jeweils die erste und zweite Ableitung der folgenden Funktionen:

(a) $f(x) = x^7 - 3x^5 + 6x - 9$

(b) $f(x) = x^2 + \frac{1}{x^5}$

(c) $f(x) = \sqrt{x} + \sqrt[3]{x^2}$

(d) $f(x) = e^{20x^2 - 7x + 2}$

(e) $f(x) = \ln(x^4 + 5)$

(f) $f(x) = (2x^{-2} + 3x^2)e^{5x}$

(g) $f(x) = \frac{2x^3 + 5}{e^x}$

(h) $f(x) = e^{4x^4 - 5x + 6}$

(i) $f(x) = \sqrt{8x - 10}$

(j) $f(x) = (x^3 + x)^5$

Lösungen

5.7

(a) Die Regel (5.1) für die Ableitung von Potenzfunktionen gibt folgendes Ergebnis:
$$f'(x) = 7x^6 - 15x^4 + 6$$
$$f''(x) = 42x^5 - 60x^3$$

(b) Zunächst schreiben wir den Bruch als Potenzfunktion und differenzieren die Funktion anschließend mit der Regel (5.1)

$$f(x) = x^2 + x^{-5}$$
$$\implies f'(x) = 2x - 5x^{-5-1} = 2x - 5x^{-6}$$
$$\implies f''(x) = 2 - 5 \cdot (-6) \cdot x^{-6-1} = 2 + 30x^{-7}$$

(c) Auch hier schreiben wir die Wurzelzeichen als Potenzen und differenzieren anschließend mit Regel (5.1):

$$f(x) = x^{\frac{1}{2}} + x^{\frac{2}{3}}$$
$$\implies f'(x) = \frac{1}{2}x^{\frac{1}{2}-1} + \frac{2}{3}x^{\frac{2}{3}-1} = \frac{1}{2}x^{-\frac{1}{2}} + \frac{2}{3}x^{-\frac{1}{3}}$$
$$\implies f''(x) = \frac{-1}{4}x^{-\frac{1}{2}-1} - \frac{2}{9}x^{-\frac{1}{3}-1} = \frac{-1}{4}x^{-\frac{3}{2}} - \frac{2}{9}x^{-\frac{4}{3}}$$

(d) Die erste Ableitung wird mit der Kettenregel (5.6) für die Exponentialfunktion berechnet. Zur Berechnung der zweiten Ableitung wird die Produktregel (5.2) mit der Kettenregel (5.6) für die Exponentialfunktion kombiniert:

$$f'(x) = e^{20x^2 - 7x + 2} \cdot (40x - 7)$$
$$f''(x) = e^{20x^2 - 7x + 2} \cdot (40x - 7) \cdot (40x - 7) + e^{20x^2 - 7x + 2} \cdot 40$$
$$= e^{20x^2 - 7x + 2} \cdot [(40x - 7)^2 + 40]$$

(e) Die erste Ableitung wird mit der Kettenregel (5.8) für die Logarithmusfunktion, die zweite Ableitung mit der Quotientenregel (5.3) berechnet:

$$f'(x) = \frac{4x^3}{x^4 + 5}$$
$$f''(x) = \frac{12x^2 \cdot (x^4 + 5) - 4x^3 \cdot 4x^3}{(x^4 + 5)^2}$$
$$= \frac{12x^6 + 60x^2 - 4x^6}{(x^4 + 5)^2}$$
$$= \frac{8x^6 + 60x^2}{(x^4 + 5)^2}$$

(f) Hier werden die Produktregel (5.2) und die Kettenregel (5.6) für die Exponentialfunktion kombiniert. Dabei wird bei der ersten Ableitung ein gemeinsamer Faktor ausgeklammert:

5.7 Zweite und dritte Ableitungen

$$f'(x) = (-4x^{-3} + 6x) \cdot e^{5x} + (2x^{-2} + 3x^2) \cdot e^{5x} \cdot 5$$
$$= e^{5x}(-4x^{-3} + 6x + 10x^{-2} + 15x^2)$$
$$f''(x) = e^{5x} \cdot 5 \cdot (-4x^{-3} + 6x + 10x^{-2} + 15x^2)$$
$$+ e^{5x} \cdot (12x^{-4} + 6 - 20x^{-3} + 30x)$$
$$= e^{5x}(-20x^{-3} + 30x + 50x^{-2} + 75x^2 + 12x^{-4} + 6 - 20x^{-3} + 30x)$$
$$= e^{5x}(-40x^{-3} + 60x + 50x^{-2} + 75x^2 + 12x^{-4} + 6)$$

(g) Zur Berechnung der Ableitungen wird jeweils die Quotientenregel (5.3) angewandt. Dabei kürzen wir gemeinsame Faktoren aus Zähler und Nenner.

$$f'(x) = \frac{6x^2 \cdot e^x - (2x^3 + 5) \cdot e^x}{(e^x)^2}$$
$$= \frac{e^x \cdot (6x^2 - 2x^3 - 5)}{(e^x)^2}$$
$$= \frac{6x^2 - 2x^3 - 5}{e^x}$$
$$f''(x) = \frac{(12x - 6x^2) \cdot e^x - (6x^2 - 2x^3 - 5) \cdot e^x}{(e^x)^2}$$
$$= \frac{e^x \cdot (12x - 6x^2 - 6x^2 + 2x^3 + 5)}{(e^x)^2}$$
$$= \frac{12x - 12x^2 + 2x^3 + 5}{e^x}$$

(h) Die erste Ableitung wird mit der Kettenregel (5.6) für die Exponentialfunktion berechnet. Zur Berechnung der zweiten Ableitung wird die Produktregel (5.2) mit der Kettenregel (5.6) für die Exponentialfunktion kombiniert:

$$f'(x) = e^{4x^4 - 5x + 6} \cdot (16x^3 - 5)$$
$$f''(x) = e^{4x^4 - 5x + 6} \cdot (16x^3 - 5) \cdot (16x^3 - 5) + e^{4x^4 - 5x + 6} \cdot 48x^2$$
$$= e^{4x^4 - 5x + 6} \cdot [(16x^3 - 5)^2 + 48x^2]$$

(i) Die Funktion wird zweimal mit der Kettenregel (5.4) differenziert:

$$f'(x) = \frac{1}{2}(8x - 10)^{-1/2} \cdot 8$$
$$= 4(8x - 10)^{-1/2}$$
$$f''(x) = 4 \cdot \frac{-1}{2}(8x - 10)^{-3/2} \cdot 8 = -16(8x - 10)^{-3/2}$$

(j) Die erste Ableitung wird mit der Kettenregel (5.4), die zweite mit Produktregel (5.2) und Kettenregel (5.4) berechnet:

$$f'(x) = 5(x^3 + x)^4 \cdot (3x^2 + 1)$$
$$f''(x) = 5 \cdot 4(x^3 + x)^3 \cdot (3x^2 + 1) \cdot (3x^2 + 1) + 5(x^3 + x)^4 \cdot 6x$$
$$= 5(x^3 + x)^3 \cdot [4(3x^2 + 1)^2 + (x^3 + x) \cdot 6x]$$
$$= 5(x^3 + x)^3 \left[4(9x^4 + 6x^2 + 1) + 6x^4 + 6x^2 \right]$$
$$= 5(x^3 + x)^3 (42x^4 + 30x^2 + 1)$$

5.8 Weitere Aufgaben

Aufgaben

5.8 Berechnen Sie jeweils die erste und zweite Ableitung der folgenden Funktionen und vereinfachen Sie soweit wie möglich:

(a) $f(x) = -2x^3 + 18x^2 - 48x + 10$
(b) $f(x) = 9x^5 + 27x^3 - 81x + 15$
(c) $f(x) = \sqrt{16x^3}$
(d) $f(x) = \frac{x^2 - 4x}{3x - 1}$

(e) $f(x) = f(x) = (2 - 5x^2)^3$
(f) $f(x) = e^x \cdot (x^3 - 4x)$
(g) $f(x) = (4 + \ln x)^5$
(h) $f(x) = \ln(2x - 3x^2 + 1)$

Lösungen

5.8

(a) Diese Funktion leiten wir mit Regel (5.1) ab und erhalten:

$$f'(x) = -6x^2 + 36x - 48$$
$$f''(x) = -12x + 36$$

(b) Diese Funktion leiten wir mit Regel (5.1) ab und erhalten:

$$f'(x) = 45x^4 + 81x^2 - 81$$
$$f''(x) = 180x^3 + 162x$$

(c) Wir schreiben die Funktion mit Hilfe der Rechenregeln für Potenzen zunächst um zu

$$f(x) = \sqrt{16x^3} = \sqrt{16} \cdot \sqrt{x^3} = 4\sqrt{x^3} = 4 \cdot x^{3/2}$$
$$\implies f'(x) = 4 \cdot \frac{3}{2} \cdot x^{\frac{3}{2} - 1} = 6 \cdot x^{\frac{1}{2}}$$
$$\implies f''(x) = 6 \cdot \frac{1}{2} \cdot x^{-\frac{1}{2}} = 3 \cdot x^{-\frac{1}{2}} = \frac{3}{\sqrt{x}}$$

(d) Diese Funktion differenzieren wir mit der Quotientenregel (5.3) und in der zweiten Ableitung mit der Kettenregel (5.4). Beim Vereinfachen stellen wir in der zweiten Ableitung fest, dass wir einen Faktor aus dem Nenner kürzen können.

$$f'(x) = \frac{(2x-4) \cdot (3x-1) - (x^2 - 4x) \cdot 3}{(3x-1)^2}$$

$$= \frac{6x^2 - 12x - 2x + 4 - 3x^2 + 12x}{(3x-1)^2}$$

$$= \frac{3x^2 - 2x + 4}{(3x-1)^2}$$

$$f''(x) = \frac{(6x-2) \cdot (3x-1)^2 - (3x^2 - 2x + 4) \cdot 2 \cdot (3x-1) \cdot 3}{(3x-1)^4}$$

$$= \frac{(6x-2) \cdot (3x-1)^1 - (3x^2 - 2x + 4) \cdot 2 \cdot 3}{(3x-1)^3}$$

$$= \frac{18x^2 - 6x - 6x + 2 - 18x^2 + 12x - 24}{(3x-1)^3}$$

$$= \frac{-22}{(3x-1)^3}$$

(e) Für diese Funktion berechnen wir die erste Ableitung mit der Kettenregel (5.4) und die zweite Ableitung mit Produkt- (5.2) und Kettenregel (5.4):

$$f'(x) = 3 \cdot (2 - 5x^2)^2 \cdot (-10x) = -30x \cdot (2 - 5x^2)^2$$

$$f''(x) = -30 \cdot (2 - 5x^2)^2 + (-30x) \cdot 2 \cdot (2 - 5x^2) \cdot (-10x)$$

$$= -30 \cdot (2 - 5x^2)^2 + 600x^2 \cdot (2 - 5x^2)$$

$$= -30 \cdot (4 - 20x^2 + 25x^4) + 1200x^2 - 3000x^4$$

$$= -120 + 600x^2 - 750x^4 + 1200x^2 - 3000x^4$$

$$= -120 + 1800x^2 - 3750x^4$$

Zum Vereinfachen haben wir die zweite Binomische Formel herangezogen.

(f) Die Produktregel und Ausklammern von e^x ergeben

$$f'(x) = e^x \cdot (x^3 - 4x) + e^x \cdot (3x^2 - 4)$$

$$= e^x \cdot (x^3 - 4x + 3x^2 - 4)$$

$$f''(x) = e^x \cdot (x^3 - 4x + 3x^2 - 4) + e^x \cdot (3x^2 - 4 + 6x)$$

$$= e^x \cdot (x^3 - 4x + 3x^2 - 4 + 3x^2 - 4 + 6x)$$

$$= e^x \cdot (x^3 + 2x + 6x^2 - 8)$$

(g) Auch hier berechnen wir die erste Ableitung mit der Kettenregel (5.4) und beachten bei der (inneren) Ableitung die Regel (5.9) für die Logarithmusfunktion

$$f'(x) = 5 \cdot (4 + \ln x)^4 \cdot \frac{1}{x}$$

Zur zweiten Ableitung beachten wir die Produktregel und auch die Kettenregel:

$$f''(x) = 20 \cdot (4 + \ln x)^3 \cdot \left(\frac{1}{x}\right)^2 + 5 \cdot (4 + \ln x)^4 \cdot \left(-\frac{1}{x^2}\right)$$
$$= \frac{20 \cdot (4 + \ln x)^3 - 5 \cdot (4 + \ln x)^4}{x^2}$$
$$= \frac{(4 + \ln x)^3 \left[20 - 5 \cdot (4 + \ln x)\right]}{x^2}$$
$$= \frac{(4 + \ln x)^3 \left[20 - 20 - 5 \ln x\right]}{x^2}$$
$$= \frac{(4 + \ln x)^3 \left[-5 \ln x\right]}{x^2}$$
$$= \frac{-5 \ln x \cdot (4 + \ln x)^3}{x^2}$$

(h) Zunächst differenzieren wir die Funktion mit Hilfe der Kettenregel für die Logarithmusfunktion (5.8) und anschließend mit der Quotientenregel (5.3):

$$f'(x) = \frac{2 - 6x}{2x - 3x^2 + 1}$$
$$f''(x) = \frac{-6 \cdot (2x - 3x^2 + 1) - (2 - 6x) \cdot (2 - 6x)}{(2x - 3x^2 + 1)^2}$$
$$= \frac{-12x + 18x^2 - 6 - (4 - 24x + 36x^2)}{(2x - 3x^2 + 1)^2}$$
$$= \frac{12x - 18x^2 - 10}{(2x - 3x^2 + 1)^2}$$

Anwendung der Differentialrechnung 6

> **In diesem Kapitel üben wir**
>
> 1. die Berechnung von Hoch- und Tief- sowie Wendepunkten einer Funktion,
> 2. die Analyse des Gewinnmaximierungsproblems eines Unternehmens sowohl im Fall der vollkommenen Konkurrenz als auch im Fall von Monopolen,
> 3. die (ökonomische) Bedeutung von Grenzkosten und Grenzerlösen,
> 4. Berechnung und Interpretation von Elastizitäten, insbesondere der Preiselastizität der Nachfrage,
> 5. die lineare Approximation einer Funktion durch die Tangente,
> 6. die Untersuchung von monoton steigenden und fallenden Bereichen einer Funktion,
> 7. die Bestimmung des Krümmungsverhaltens einer Funktion.

6.1 Bestimmung von Extremwerten

Aufgaben

6.1 Untersuchen Sie die folgende Funktionen auf Hoch-, Tief- und Wendepunkte:

(a) $f(x) = \frac{1}{3}x^3 - 3x^2 + 5x + 2$
(b) $f(x) = -x^3 - \frac{3}{2}x^2 + 6x + 10$
(c) $f(x) = 9x^2 - 36x + 36$
(d) $f(x) = x^4 - 2x^3 - 3x^2 + 4x$

6.2 Untersuchen Sie die folgende Funktion auf Hoch-, Tief- und Wendepunkte:
$$f(x) = e^{x^2}$$

6.3 Betrachten Sie die folgende Funktion:
$$f(x) = e^{2x} - 5e^x + 4 = \left(e^x - 4\right)\left(e^x - 1\right).$$

(a) Bestimmen Sie die Nullstellen von $f(x)$.
(b) Untersuchen Sie die Funktion $f(x)$ auf Maxima, Minima und Wendepunkte.
(c) Wie groß ist die Steigung der Wendetangente?

6.4 Betrachten Sie die folgende Funktion:
$$f(x) = \ln\left(x^2 + 1\right).$$

(a) Bestimmen Sie die Nullstellen von $f(x)$.
(b) Untersuchen Sie die Funktion $f(x)$ auf Maxima, Minima und Wendepunkte.

Lösungen

6.1 Zur Berechnung der Hoch- und Tiefpunkte setzen wir die erste Ableitung der Funktion gleich Null, da an Maximal- oder Minimalstellen die Steigung der Funktion Null ist. Mit der zweiten Ableitung überprüfen wir anschließend, ob ein Hoch- oder Tiefpunkt vorliegt.

(a) Zunächst bestimmen wir die Hoch- und Tiefpunkte der Funktion:
  – **Notwendige Bedingung:** Wir berechnen die **erste** Ableitung der Funktion und setzen diese gleich Null:
$$f'(x) = 0 \tag{6.1}$$
$$\implies f'(x) = x^2 - 6x + 5 = 0$$

  – Diese quadratische Gleichung lösen wir mit der Mitternachtsformel (4.1) und erhalten die Lösungen $x_1 = 1$ und $x_2 = 5$. Dies sind zwei Kandidaten für Hoch- und Tiefpunkte.
  – **Hinreichende Bedingung** über die zweite Ableitung:
  Die Funktion f hat in x ein **Maximum,** falls
$$f'(x) = 0 \quad \text{und} \quad f''(x) < 0 \tag{6.2}$$

6.1 Bestimmung von Extremwerten

Die Funktion f hat in x ein **Minimum**, falls

$$f'(x) = 0 \quad \text{und} \quad f''(x) > 0 \qquad (6.3)$$

In diesem Fall erhalten wir

$$f''(x) = 2x - 6$$
$$\implies f''(1) = -4 < 0 \implies \text{Maximum wegen (6.2)}$$
$$\implies f''(5) = 4 > 0 \implies \text{Minimum wegen (6.3)}$$

- Es gibt somit einen Hochpunkt $(1, f(1)) = (1, \frac{13}{3})$ und einen Tiefpunkt $(5, f(5)) = (5, \frac{-19}{3})$.

Die Untersuchung auf Wendepunkte erfolgt über die zweite und dritte Ableitung der Funktion:
- Wir berechnen die **zweite** Ableitung, setzen diese gleich Null

$$f''(x) = 0 \qquad (6.4)$$
$$\implies f''(x) = 2x - 6 = 0$$

- und lösen anschließend nach x auf: $f''(x) = 2x - 6 = 0 \implies x = 3$
- Falls die **dritte** Ableitung für den Kandidaten ungleich Null ist, dann liegt eine Wendestelle vor:

$$f'''(x) \neq 0 \qquad (6.5)$$
$$\implies f'''(x) = 2 \neq 0$$

Es liegt ein Wendepunkt vor.
- Der Wendepunkt ist $(3, f(3)) = (3, -1)$.

Abb. 6.1 zeigt die Funktion mit den errechneten Punkten.

(b) Zunächst bestimmen wir die Hoch- und Tiefpunkte der Funktion:
- Notwendige Bedingung (6.1):

$$f'(x) = -3x^2 - 3x + 6 = 0$$

- Die Mitternachtsformel (4.1) gibt die Lösungen $x_1 = -2$ und $x_2 = 1$. Dies sind zwei Kandidaten für Hoch- und Tiefpunkte.

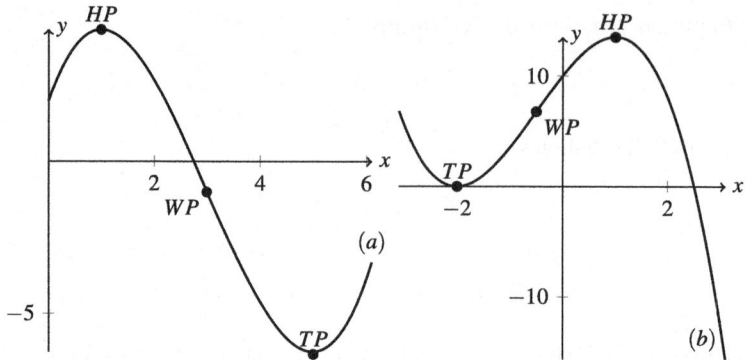

Abb. 6.1 Hoch-, Tief und Wendepunkte der Funktionen aus Aufgabe 6.1, (a) und (b)

- Hinreichende Bedingung über die zweite Ableitung:

$$f''(x) = -6x - 3$$
$$\implies f''(1) = -9 < 0 \implies \text{Maximum wegen (6.2)}$$
$$\implies f''(-2) = 9 > 0 \implies \text{Minimum wegen (6.3)}$$

- Es gibt somit einen Tiefpunkt $(-2, 0)$ und einen Hochpunkt $(1, \frac{27}{2})$.

Die Untersuchung auf Wendepunkte erfolgt über die zweite und dritte Ableitung der Funktion:
- Zweite Ableitung gleich Null setzen $f''(x) = -6x - 3 = 0$
- und nach x auflösen: $f''(x) = 6x + 3 = 0 \implies x = -1/2$.
- Überprüfung der dritten Ableitung: $f'''(x) = -6 \neq 0$. Es liegt ein Wendepunkt vor.
- Der Wendepunkt ist $(-1/2, \frac{27}{4})$.

Abb. 6.1 zeigt die Funktion mit den errechneten Punkten.

(c) Zunächst bestimmen wir die Hoch- und Tiefpunkte der Funktion:
- Notwendige Bedingung (6.1):

$$f'(x) = 18x - 36 = 0$$

- Die Lösung dieser Gleichung ist $x = 2$.
- Hinreichende Bedingung über die zweite Ableitung: Da $f''(x) = 18 > 0$, handelt es sich um ein Minimum.
- Es gibt somit einen Tiefpunkt $(2, 0)$.

Die zweite Ableitung ist immer positiv. Es gibt also keinen Wendepunkt. Die Funktion ist eine nach oben geöffnete Parabel, die im Scheitelpunkt einen Tiefpunkt hat. Abb. 6.2 zeigt die Funktion mit den errechneten Punkten.

6.1 Bestimmung von Extremwerten

(d) Zunächst bestimmen wir die Hoch- und Tiefpunkte der Funktion:
- Die Nullstellen der ersten Ableitung $f'(x) = 4x^3 - 6x^2 - 6x + 4 = 0$ können wir nicht mit der Mitternachtsformel berechnen, da es sich um ein Polynom dritten Grades handelt.
- Wir finden allerdings eine Nullstelle durch Probieren ($x_1 = -1$) und wenden dann die Polynomdivision an:

$$
\begin{array}{r}
(4x^3 - 6x^2 - 6x + 4) : (x+1) = 4x^2 - 10x + 4 \\
\underline{-4x^3 - 4x^2} \\
-10x^2 - 6x \\
\underline{10x^2 + 10x} \\
4x + 4 \\
\underline{-4x - 4} \\
0
\end{array}
$$

Für das Ergebnis der Polynomdivision $4x^2 - 10x + 4$ berechnen wir die Nullstellen mit der Mitternachtsformel 4.1 : $x_2 = 2$ und $x_3 = 1/2$. Wir haben drei Kandidaten für Extremstellen.

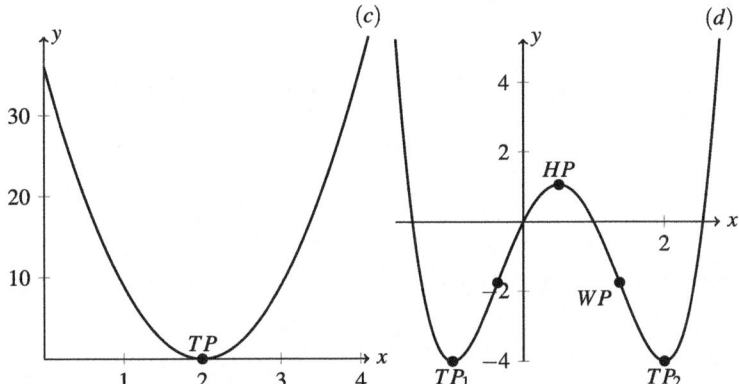

Abb. 6.2 Hoch-, Tief und Wendepunkte der Funktionen aus Aufgabe 6.1, (c) und (d)

– Hinreichende Bedingung mit der zweiten Ableitung:

$$f''(x) = 12x^2 - 12x - 6$$
$$\implies f''(-1) = 18 > 0 \implies \text{Minimum wegen (6.3)}$$
$$\implies f''(2) = 18 > 0 \implies \text{Minimum wegen (6.3)}$$
$$\implies f''(\frac{1}{2}) = -9 < 0 \implies \text{Maximum wegen (6.2)}$$

– Es gibt somit zwei Tiefpunkte $TP_1(-1, -4)$ und $TP_2(2, -4)$ und einen Hochpunkt $HP(1/2, 17/16)$.

Die Wendepunkte sind nach (6.4) die Nullstellen der zweiten Ableitung:

$$f''(x) = 12x^2 - 12x - 6 = 0 \implies x_1 = \frac{1+\sqrt{3}}{2} \quad \text{und} \quad x_2 = \frac{1-\sqrt{3}}{2}$$

Dabei haben wir die Mitternachtsformel (4.1) angewandt.
Überprüfung mit der dritten Ableitung (6.5) ergibt $f'''(x) = 24x - 12$, womit $f'''\left(\frac{1+\sqrt{3}}{2}\right) \neq 0$ und $f'''\left(\frac{1-\sqrt{3}}{2}\right) \neq 0$.
Es gibt also zwei Wendepunkte $WP_1\left(\frac{1+\sqrt{3}}{2}, -\frac{7}{4}\right)$ und $WP_2\left(\frac{1-\sqrt{3}}{2}, -\frac{7}{4}\right)$. Abb. 6.2 zeigt die Funktion mit den errechneten Punkten.

6.2 Die Ableitungen der Funktion folgen aus der Kettenregel (5.6) für die Exponentialfunktion und der Produktregel:

$$f'(x) = e^{x^2} \cdot 2x$$
$$f''(x) = e^{x^2} \cdot (2x)^2 + e^{x^2} \cdot 2$$

Die notwendige Bedingung (6.1) lautet hier

$$f'(x) = e^{x^2} \cdot 2x = 0$$

Da die e-Funktion nicht Null werden kann, ist die erste Ableitung gleich Null, falls $x = 0$. Nun ist die hinreichende Bedingung $f''(0) = 2$ (beachte $e^0 = 1$). Also ist an der Stelle $x = 0$ ein Minimum. Der Tiefpunkt hat die Koordinaten $TP(0, 1)$.

Zur Untersuchung auf Wendepunkte setzen wir $f''(x) = 0$:

$$0 = f''(x) = e^{x^2} \cdot (2x)^2 + e^{x^2} \cdot 2$$
$$= e^{x^2}(4x^2 + 2)$$

6.1 Bestimmung von Extremwerten

Da die e-Funktion nicht Null wird, wird dieses Produkt nur Null, wenn $4x^2 + 2 = 0$ ist. Doch für diese Gleichung gibt es keine reellen Lösungen. Es gibt somit keine Wendepunkte. Abb. 6.3 zeigt den Graphen der Funktion.

6.3

(a) Die Nullstellen der Funktion sind gegeben durch

$$\begin{aligned} 0 = f(x) &= \left(e^x - 4\right)\left(e^x - 1\right) \\ &\Longrightarrow \quad e^x - 4 = 0 \quad \text{und} \quad e^x - 1 = 0 \\ &\Longrightarrow \quad e^x = 4 \quad \text{und} \quad e^x = 1 \\ &\Longrightarrow \quad \ln e^x = \ln 4 \quad \text{und} \quad \ln e^x = \ln 1 = 0 \\ &\Longrightarrow \quad x = \ln 4 \quad \text{und} \quad x = \ln 1 = 0 \end{aligned}$$

(b) Die erste und zweite Ableitung von $f(x)$ sind

$$\begin{aligned} f'(x) &= 2e^{2x} - 5e^x \\ f''(x) &= 4e^{2x} - 5e^x \end{aligned}$$

Um Maxima oder Minima zu bestimmen, setzen wir zunächst die erste Ableitung gleich Null:

$$\begin{aligned} 0 = f'(x) &= 2e^{2x} - 5e^x \\ &\Longrightarrow \quad 0 = e^x(2e^x - 5) \\ &\Longrightarrow \quad 0 = (2e^x - 5) \qquad (6.6) \\ &\Longrightarrow \quad e^x = \frac{5}{2} \qquad (6.7) \end{aligned}$$

Abb. 6.3 Abbildung zu Aufgabe 6.2

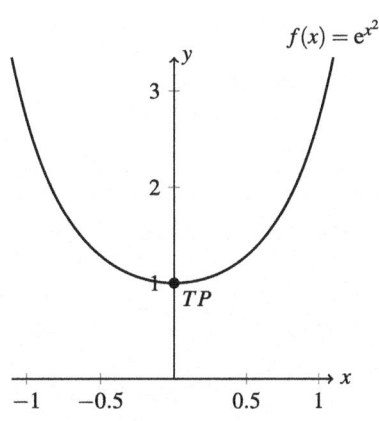

$$\implies \quad x = \ln \frac{5}{2}$$

In Zeile (6.6) wenden wir an, dass e^x niemals Null werden kann. Um festzustellen, ob es dort ein Minimum oder ein Maximum gibt, setzt man diesen Wert für x in die zweite Ableitung ein: In diesem Fall ist es einfacher, das Ergebnis aus (6.7) in die zweite Ableitung einzusetzen, als mit dem x-Wert zu arbeiten. Zusätzlich schreiben wir die zweite Ableitung um in

$$f''(x) = 4e^{2x} - 5e^x$$
$$= 4(e^x)^2 - 5e^x$$
$$\implies f''(x) = 4(e^x)^2 - 5e^x$$
$$= 4\left(\frac{5}{2}\right)^2 - 5\left(\frac{5}{2}\right) = \frac{25}{2} > 0$$

Es handelt sich somit um ein Minimum. Der Tiefpunkt ist $TP\left(\ln\frac{5}{2}, -\frac{9}{4}\right)$.

Berechnung des Wendepunkts mit Hilfe von (6.4):

$$0 = f''(x) = 4e^{2x} - 5e^x$$
$$\implies e^x = \frac{5}{4} \qquad (6.8)$$
$$\implies x = \ln\frac{5}{4}$$

Da die dritte Ableitung ungleich Null ist, handelt es sich um einen Wendepunkt:

$$f'''(x) = 8e^{2x} - 5e^x$$
$$\implies f'''(\ln\frac{5}{4}) = 8 \cdot \left(\frac{5}{4}\right)^2 - 5 \cdot \left(\frac{5}{4}\right) = \frac{25}{4}$$

Der Wendepunkt hat die Koordinaten $WP(\ln\frac{5}{4}, -\frac{11}{16})$. Abb. 6.4 zeigt die Funktion und die errechneten Punkte.

(c) Um die Steigung in diesem Punkt zu berechnen, setzen wir den x-Wert des Wendepunkts in die erste Ableitung ein: Auch hier ist es einfacher, statt des x-Wertes die Zeile (6.8) zu benutzen:

Abb. 6.4 Abbildung zu Aufgabe 6.3

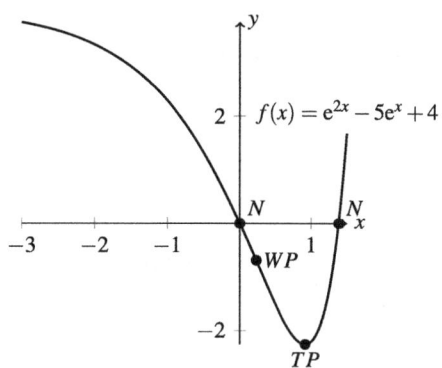

$$f'(x) = 2(e^x)^2 - 5e^x$$
$$\implies f'(x) = 2(e^x)^2 - 5 \cdot e^x$$
$$= 2\left(\frac{5}{4}\right)^2 - 5\left(\frac{5}{4}\right)$$
$$= -\frac{25}{8}$$

6.4

(a) Die Nullstellen der Funktion erfüllen die Bedingung: $f(x) = 0$, d.h.

$$f(x) = \ln(x^2 + 1) = 0$$
$$\implies e^{\ln(x^2+1)} = e^0$$
$$\implies (x^2 + 1) = 1$$
$$\implies x^2 = 0$$
$$\implies x = 0$$

Es gibt also eine Nullstelle mit den Koordinaten $N(0, 0)$.

(b) Wir untersuchen die notwendige Bedingung (6.1):

$$f'(x) = \frac{2x}{x^2 + 1} = 0 \implies x = 0$$

Die zweite Ableitung ist

$$f''(x) = \frac{2(x^2 + 1) - 2x \cdot 2x}{(x^2 + 1)^2} = \frac{-2x^2 + 2}{(x^2 + 1)^2}$$
$$\implies f''(0) = 2 > 0$$

Aus Bedingung (6.3) folgt, dass die Funktionen einen Tiefpunkt hat: $TP = (0, 0)$.

Um die Wendepunkte zu bestimmen, untersuchen wir nach (6.4) die Nullstellen der zweiten Ableitung:

$$f''(x) = \frac{-2x^2 + 2}{(x^2 + 1)^2} = 0$$
$$\implies 0 = -2x^2 + 2$$
$$\implies x^2 = 1$$
$$\implies x_{1,2} = \pm 1$$

Die dritte Ableitung ist gegeben durch

$$f'''(x) = \frac{(-4x)(x^2 + 1)^2 - (-2x^2 + 2)2(x^2 + 1)(2x)}{(x^2 + 1)^4}$$
$$= \frac{(x^2 + 1)[-4x(x^2 + 1) - 4x(-2x^2 + 2)]}{(x^2 + 1)^4}$$
$$= \frac{[-4x(x^2 + 1 - 2x^2 + 2)]}{(x^2 + 1)^3}$$
$$= \frac{[-4x(-x^2 + 3)]}{(x^2 + 1)^3}$$
$$\implies f'''(\pm 1) = \frac{-4(\pm 1) \cdot 2}{8} = \mp 1 \neq 0$$

Es gibt somit zwei Wendepunkte $WP_1(1, \ln 2)$ und $WP_2(-1, \ln 2)$. Abb. 6.5 zeigt die Funktion.

Abb. 6.5 Abbildung zu Aufgabe 6.4

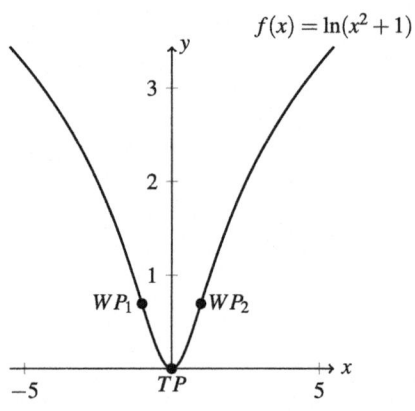

6.2 Kostenfunktionen

Aufgaben zu diesem Thema finden sich am Ende bei weiteren Aufgaben beispielsweise Aufgabe 6.25.

6.3 Grenzkosten und Gewinnmaximierung

Aufgaben

6.5 Ein monopolistisches Unternehmen kann den Preis gemäß der Preis-Absatz-Funktion $p(x) = 150 - 2x$ bestimmen. Das Unternehmen produziert ein Produkt mit folgenden Kosten $K(x) = x^2 + 300$.

(a) Welche Menge maximiert den Gewinn? Wie hoch ist der Gewinn? Welchen Preis setzt das Unternehmen?
(b) Stellen Sie die Lösung im Mengen-Preis-Diagramm dar.

6.6 Ein gewinnmaximierendes Unternehmen produziert sein Produkt mit folgender Kostenfunktion

$$K(x) = x^3 - 12x^2 + 42x$$

(a) Welche Grenzkosten ergeben sich für $x = 10$? Wie kann man das Ergebnis ökonomisch interpretieren?
(b) Wie lautet die Kostenfunktion, wenn die Fixkosten der Produktion bei 240 liegen?
(c) Der Marktpreis des Produktes ist gegeben durch $p = 69$. Diesen kann das Unternehmen nicht beeinflussen, sondern muss ihn als gegeben hinnehmen. Berechnen Sie die gewinnmaximierende Menge und das Gewinnmaximum.
(d) Nehmen Sie nun an, dass sich die Fixkosten auf 480 verdoppeln. Was ändert sich an dem Ergebnis aus Teilaufgabe (c)? Begründen Sie Ihre Antwort kurz.

6.7 Ein gewinnmaximierendes Unternehmen produziert von einem Produkt die Menge x mit folgender Kostenfunktion

$$K(x) = x^2 + 2x + 7$$

(a) Bestimmen Sie die Grenzkostenfunktion. Welchen Wert hat diese für $x = 10$? Wie kann man das Ergebnis ökonomisch interpretieren?

(b) Das Unternehmen erzielt auf dem Absatzmarkt einen konstanten Preis von $p = 10$. Berechnen Sie die gewinnmaximierende Menge und den maximalen Gewinn des Unternehmens.

(c) Nehmen Sie nun an, dass das Unternehmen den Preis selber setzen kann. Dabei hängt der Preis linear von x ab: $p(x) = -2x + 20$. Berechnen Sie gewinnmaximierende Menge und Preis und den maximalen Gewinn.

6.8 Ein gewinnmaximierendes Unternehmen produziert ein Produkt mit folgender Kostenfunktion

$$K(x) = \frac{1}{2}x^2 + 2x$$

(a) Welche Grenzkosten ergeben sich für $x_1 = 18$ und $x_2 = 22$?
(b) Der Preis, den das Unternehmen für eine Einheit x erzielen kann, ist gegeben durch $p(x) = 102 - 2x$. Wie lautet die Erlösfunktion? Wie hoch ist der Grenzerlös für $x_1 = 18$ bzw. $x_2 = 22$?
(c) Wird das Unternehmen ausgehend jeweils von $x_1 = 18$ bzw. $x_2 = 22$ eine weitere Einheit produzieren? Wenn ja, warum? Wenn nein, warum nicht?
(d) Berechnen Sie die gewinnmaximierende Menge x und den Preis p und das Gewinnmaximum.
(e) Wie ändert sich das Ergebnis in (d), wenn eine Pauschalsteuer T auf den Gewinn erhoben wird? Begründen Sie kurz.

6.9 Ein gewinnmaximierendes Unternehmen produziert ein Produkt mit variablen Kosten von 25 Geldeinheiten pro produzierter Einheit x und Fixkosten von insgesamt 1800 Geldeinheiten. Der Preis, den das Unternehmen für x Einheiten erzielt, hängt von der Menge x ab und ist $p(x) = 45 - 0{,}02x$.

(a) Stellen Sie die Kostenfunktion auf. Wie lautet die Grenzkostenfunktion?
(b) Wie lautet die Erlösfunktion? Berechnen Sie die Grenzerlöse.
(c) Welche Menge x sollte das Unternehmen mindestens bzw. höchstens produzieren, damit die Gewinne positiv sind?
(d) Berechnen Sie die gewinnmaximierende Menge x^* und das Gewinnmaximum. Zu welchem Preis p^* wird das Produkt verkauft?
(e) Wie ändert sich das Ergebnis aus (d), wenn sich die Fixkosten erhöhen? Bis zu welchem Betrag können sich die Fixkosten maximal erhöhen?
(f) Wie ändert sich das Ergebnis aus (d), wenn eine Mengensteuer t pro verkaufter Einheit x eingeführt wird? Warum?

6.3 Grenzkosten und Gewinnmaximierung

Lösungen

6.5

(a) Zunächst stellen wir die Gewinnfunktion auf. Diese ist allgemein gegeben durch Erlös oder Umsatz minus Kosten. Da Erlös das Produkt aus Preis und Menge ist, erhalten wir für die Gewinnfunktion:

$$G(x) = p(x)x - K(x)$$
$$= 150x - 3x^2 - 300$$

Diese Funktion untersuchen wir auf Hoch- und Tiefpunkte.
– Notwendige Bedingung (6.1):

$$G'(x) = 150 - 6x = 0 \implies x = 25$$

– Hinreichende Bedingung: Die zweite Ableitung ist

$$G''(x) = -6 < 0 \implies x = 25 \text{ ist Maximum nach } (6.2)$$

– Den maximalen Gewinn berechnen wir, indem wir $x = 25$ in die Gewinnfunktion einsetzen: $G(25) = 1575$.
– Das Unternehmen setzt einen Preis von $p(25) = 150 - 2 \cdot 25 = 100$.

(b) Im Mengen-Preis-Diagramm steht auf der x-Achse die Menge x und auf der y-Achse Funktionen, die von x abhängen, insbesondere der Preis $p(x) = 150 - 2x$. Dies ist eine Gerade mit Achsenabschnitt 150 und einer negativen Steigung von -2, d. h. die Gerade schneidet die x-Achse bei $x = 75$.

Ansonsten zeichnet man in dieses Schaubild die Grenzkosten- und die Grenzerlösfunktion ein. Die Grenzkostenfunktion ist die Ableitung der Kostenfunktion:

$$K'(x) = 2x$$

Auch dies ist eine Gerade, die im Ursprung beginnt und eine positive Steigung von 2 hat.

Die Grenzerlösfunktion ist die Ableitung der Erlösfunktion $E(x)$:

$$E(x) = p(x) \cdot x = (150 - 2x) \cdot x = 150x - 2x^2$$
$$\implies E'(x) = 150 - 4x$$

Dies ist eine Gerade mit y-Achsenabschnitt bei 150 und einer negativen Steigung von -4.

Die Gewinnfunktion ist maximal, wenn Grenzerlöse und Grenzkosten übereinstimmen, d. h. die Menge, die die Gewinne maximiert, finden wir im Schnittpunkt von Grenzerlös- und Grenzkostenfunktion. Dies ist bei $x = 25$ der Fall.

Zudem können wir den Preis ablesen, den das Unternehmen setzt. Diesen finden wir auf der Preisabsatzfunktion.

Abb. 6.6 zeigt das Mengen-Preis-Diagramm.

6.6

(a) Die Grenzkosten sind gegeben durch die Ableitung der Kostenfunktion

$$K'(x) = 3x^2 - 24x + 42 \implies K'(10) = 102$$

Die Produktion der zusätzlichen 11. Einheit kostet demnach 102 Geldeinheiten.

(b) Die Kostenfunktion ist gegeben durch

$$K(x) = x^3 - 12x^2 + 42x + 240$$

(c) Die Gewinnfunktion wird auf Hoch- und Tiefpunkte untersucht. Nun ist die Gewinnfunktion

$$\begin{aligned} G(x) &= px - K(x) \\ &= 69x - x^3 + 12x^2 - 42x - 240 \\ &= -x^3 + 12x^2 + 27x - 240 \\ \implies G'(x) &= -3x^2 + 24x + 27 = 0 \end{aligned}$$

Lösungen dieser quadratischen Gleichung sind nach der Mitternachtsformel $x_1 = 9$ und $x_2 = -1$, wobei letztere Lösung ökonomisch nicht sinnvoll ist.

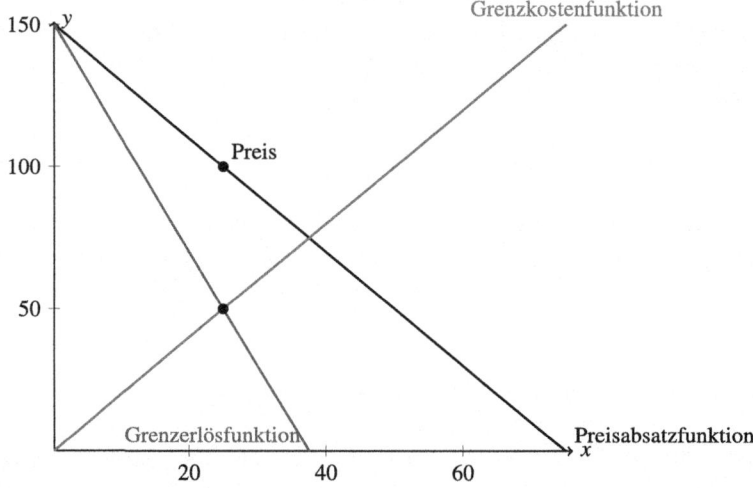

Abb. 6.6 Mengen-Preis-Diagramm Aufgabe 6.5

6.3 Grenzkosten und Gewinnmaximierung

Ein zweiter Weg, diese Werte zu finden ist übrigens der folgende Ansatz: Gewinne werden maximal oder minimal, falls Grenzkosten und Grenzerlös übereinstimmen. Dies bedeutet hier, dass

$$K'(x) = P \implies 3x^2 - 24x + 42 = 69$$

Diese Gleichung ist äquivalent zu der Bedingung $G'(x) = 0$ und hat die gleichen Lösungen.

Nun müssen wir noch untersuchen, ob es tatsächlich ein Maximum für die Gewinnfunktion gibt. Die zweite Ableitung der Gewinnfunktion ist gegeben durch

$$G''(x) = -6x + 24 \implies G''(9) = -30 < 0$$

Somit maximiert die Menge $x_1 = 9$ den Gewinn. Dieser beträgt $G(9) = 246$.
(d) Die gewinnoptimale Menge ändert sich nicht, da die Fixkosten bei der Bedingung 1. Ordnung (Preis = Grenzkosten) keine Rolle spielen. Allerdings verringert sich der maximale Gewinn um 240.

6.7

(a) Die Grenzkosten sind gegeben durch $K'(x) = 2x + 2$. Somit sind $K'(10) = 22$, d. h. die Produktion der 11. Einheit kostet zusätzlich 22 Geldeinheiten.
(b) Im Gewinnmaximum gilt $K'(x) = p$, d. h. Grenzkosten und Preis stimmen überein. Die Lösung der Gleichung ergibt eine optimale Menge von $x = 4$:

$$2x + 2 = 10 \iff 2x = 8 \iff x = 4$$

Die zweite Ableitung der Gewinnfunktion ist gegeben durch

$$G(x) = 10x - x^2 - 2x - 7 = 8x - x^2 - 7$$
$$\implies G'(x) = 8 - 2x$$
$$\implies G''(x) = -2$$

Die zweite Ableitung ist negativ, so dass nach (6.2) ein Maximum vorliegt. Der maximale Gewinn ist $G(4) = 9$.
(c) Die Gewinnfunktion und ihre Ableitungen sind in diesem Fall

$$G(x) = p(x)x - K(x) = (-2x + 20)x - x^2 - 2x - 7$$
$$= -2x^2 + 20x - x^2 + 2x - 7$$
$$= -3x^2 + 18x - 7$$
$$\implies G'(x) = -6x + 18$$
$$\implies G''(x) = -6 < 0$$

Nun ist die notwendige Bedingung für ein Maximum oder Minimum, dass die erste Ableitung gleich Null ist:

$$G'(x) = -6x + 18 = 0 \implies x = 3$$

Die hinreichende Bedingung (6.2) ist erfüllt, da die zweite Ableitung für alle x negativ ist. Den maximalen Gewinn berechnen wir, indem wir $x = 3$ in die Gewinnfunktion einsetzen: $G(3) = 20$. Den Preis, den das Unternehmen setzen kann, berechnen wir mit $p(3) = -2 \cdot 3 + 20 = 14$.

6.8

(a) Die Grenzkostenfunktion ist die Ableitung der Kostenfunktion:

$$K'(x) = x + 2 \quad \Rightarrow \quad K'(18) = 20 \quad \text{und} \quad K'(22) = 24$$

(b) Die Erlösfunktion ist

$$E(x) = p(x)x = (102 - 2x) \cdot x = 102x - 2x^2$$

Die Grenzerlösfunktion ist die Ableitung der Erlösfunktion:

$$E'(x) = 102 - 4x \quad \Rightarrow \quad E'(18) = 30 \quad \text{und} \quad E'(22) = 14$$

(c) Da im ersten Fall x_1 die Grenzerlöse größer als die Grenzkosten sind, wird eine weitere Einheit produziert. Das Unternehmen macht durch den Verkauf dieser weiteren Einheit zusätzlichen Gewinn. Die Gewinnfunktion steigt noch an. Im zweiten Fall x_2 nicht, da die Grenzerlöse kleiner als die Grenzkosten sind. Bei Produktion und Verkauf für eine weitere Einheit nimmt das Unternehmen weniger ein als die Produktion gekostet hat. Die Gewinne sinken.

(d) Im Gewinnmaximum gilt, dass Grenzerlös und Grenzkosten übereinstimmen. Setzen wir die Funktionen aus (a) und (b) gleich, erhalten wir

$$\begin{aligned} K'(x) &= E'(x) \\ \iff x + 2 &= 102 - 4x \\ \iff 5x &= 100 \\ \iff x &= 25 \end{aligned}$$

Um die hinreichende Bedingung zu überprüfen, leiten wir die Gewinnfunktion zweimal ab:

6.3 Grenzkosten und Gewinnmaximierung

$$G(x) = E(x) - K(x) = 102x - 2x^2 - \frac{1}{2}x^2 - 2x = 100x - \frac{5}{2}x^2$$
$$\implies G'(x) = 100 - 5x$$
$$\implies G''(x) = -5 < 0$$

Die Bedingung (6.2) für ein Maximum ist erfüllt. Das Gewinnmaximum ist $G(25) = 1000$ und der Preis ist $p(25) = 102 - 2 \cdot 25 = 62$.

(e) Durch die Pauschalsteuer ändern sich die gewinnmaximierende Menge und der Preis nicht, da T bei der ersten Ableitung keine Rolle spielt. Allerdings verringert sich das Gewinnmaximum um den Betrag der Pauschalsteuer.

6.9

(a) Die Kostenfunktion ist die Summe aus variablen und fixen Kosten. Die Grenzkostenfunktion ist die Ableitung der Kostenfunktion:

$$K(x) = 25x + 1800 \implies K'(x) = 25$$

(b) Die Erlösfunktion ist das Produkt aus Preis und Menge. Die Grenzerlösfunktion ist die Ableitung der Erlösfunktion:

$$E(x) = p(x) \cdot x = (45 - 0{,}02x) \cdot x = 45x - 0{,}02x^2$$
$$\implies E'(x) = 45 - 0{,}04x$$

(c) Gewinnfunktion wird Null, falls

$$G(x) = E(x) - K(x) = 45x - 0{,}02x^2 - (25x + 1800)$$
$$= 20x - 0{,}02x^2 - 1800 = 0$$

Lösungen dieser quadratischen Funktion erhalten wir mit der Mitternachtsformel: $x_1 = 100$ und $x_2 = 900$ Das Unternehmen sollte mindestens $x_1 = 100$ und höchstens $x_2 = 900$ produzieren. Ansonsten ist der Gewinn negativ, da die Gewinnfunktion eine nach unten geöffnete Parabel ist. Abb. 6.7 zeigt die Gewinnfunktion.

(d) Um das Gewinnmaximum zu berechnen, berechnen wir die Nullstellen der ersten Ableitung:

$$G'(x) = 20 - 0{,}04x = 0 \implies x = 500$$
$$G''(x) = -0{,}04 < 0 \implies x = 500 \text{ maximiert den Gewinn}$$
$$\implies p(500) = 35 \text{ und } G(500) = 3200$$

(e) Falls die Fixkosten steigen, dann ändert sich die gewinnmaximale Menge nicht, da die Fixkosten bei der ersten Ableitung wegfallen. Der Preis ändert sich auch nicht. Der Gewinn verringert sich allerdings. Das Unternehmen sollte so lange produzieren,

Abb. 6.7 Abbildung zu Aufgabe 6.9

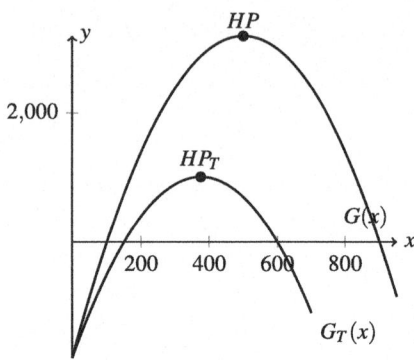

wie die Gewinne positiv sind. In (d) liegt das Gewinnmaximum bei 3200, d. h. die Fixkosten dürfen maximal um diesen Betrag steigen, d. h. Fixkosten bis 5000 ergeben noch Gewinne, die größer gleich Null sind.

(f) Eine Mengensteuer wird mit verkaufter Menge x gezahlt und verringert den Gewinn des Unternehmens. Falls eine Mengensteuer t eingeführt wird, verändert sich die Gewinnfunktion zu

$$G_T(x) = 20x - 0{,}02x^2 - 1800 - tx = (20-t)x - 0{,}02x^2 - 1800$$
$$\implies G_T'(x) = 0 \iff x = 500 - 25t$$

Die Mengensteuer verringert also die gewinnmaximale Menge. Der Preis erhöht sich auf

$$p_T(x) = 45 - 0{,}02 \cdot (500 - 25t) = 45 - 10 + 0{,}5t = 35 + 0{,}5t$$

Abb. 6.7 zeigt die Gewinnfunktion bei einer Mengensteuer von $t = 5$.

6.4 Elastizitäten

Aufgaben

6.10 Berechnen Sie für die folgenden Funktionen jeweils die Elastizitäten. Welche Werte ergeben sich für $x = 1$? Wie kann man die Werte interpretieren?

(a) $f(x) = 5x^2$
(b) $f(x) = e^{-2x}$
(c) $f(x) = \frac{6}{x^3}$
(d) $f(x) = \sqrt{x}$

6.4 Elastizitäten

6.11 Betrachten Sie die Funktion f, die durch die folgende Formel definiert ist:

$$f(x) = \frac{x-2}{x+2}$$

Berechnen Sie die Elastizität von f bezgl. x. Welchen Wert hat die Elastizität an der Stelle $x = 1$? Wie ändert sich f also, wenn sich x von $x = 1$ um 10 % erhöht?

6.12 Betrachten Sie die Funktion f, die durch die folgende Formel definiert ist:

$$f(x) = \sqrt{x^2 + 6x}$$

(a) Wie hoch ist die prozentuale Änderung von f an den Stellen $x = 2$ und $x = 2{,}2$, wenn Sie die Funktionswerte exakt berechnen?
(b) Berechnen Sie die Elastizität von f. Welchen Wert nimmt die Elastizität für $x = 2$ an? Beantworten Sie mit diesem Ergebnis, um wie viel Prozent sich f ändert, wenn $x = 2$ sich auf $x = 2{,}2$ erhöht.
(c) Vergleichen Sie die Ergebnisse aus (a) und (b). Warum sind die Ergebnisse unterschiedlich?

6.13 Die Preis-Absatz-Funktion ist gegeben durch $p(x) = 25 - 5x$.

(a) Setzen Sie $p = p(x)$ und lösen Sie die Preis-Absatz-Funktion nach x auf. Das Ergebnis gibt die Menge in Abhängigkeit vom Preis an, also die Nachfragefunktion.
(b) Berechnen Sie die Preiselastizität der Nachfrage.
(c) Für welche Werte von p ist die Preiselastizität der Nachfrage betragsmäßig kleiner als 1?

Lösungen

6.10 Wir berechnen jeweils die Elastizitäten mit der folgenden Formel 6.9:

$$f'(x) \cdot \frac{x}{f(x)} \tag{6.9}$$

(a) Für diese Funktion ist die Elastizität gegeben durch

$$10x \cdot \frac{x}{5x^2} = \frac{10x^2}{5x^2} = 2$$

Dieses Ergebnis lässt sich folgendermaßen interpretieren: Ein Anstieg von x in Höhe von 1 % führt zu einem 2 %-igen Anstieg von $f(x)$. Da die Elastizität nicht von x abhängt, gilt dieses Ergebnis auch für den Wert $x = 1$.

(b) In diesem Fall ergibt Formel (6.9)

$$-2\mathrm{e}^{-2x} \cdot \frac{x}{\mathrm{e}^{-2x}} = -2x$$

Für $x = 1$ ergibt sich eine Elastizität von -2, d. h. ein 1 %-iger Anstieg von x führt zu einem 2 %-igen Rückgang von $f(x)$.

(c) Um die Ableitung zu berechnen, schreiben wir den Bruch als ein Produkt: $f(x) = 6 \cdot x^{-3}$. Somit berechnen wir für die Elastizität (6.9)

$$-3 \cdot 6x^{-4} \cdot \frac{x}{6 \cdot x^{-3}} = -3x^{-4} \cdot \frac{x}{x^{-3}} = -3 \cdot x^{-4+1-(-3)} = -3 \cdot x^0 = -3$$

Dabei wenden wir die Regeln für Potenzen an und beachten, dass $x^0 = 1$. Interpretation: Ein 1 %-iger Anstieg von x führt zu einem 3 %-igen Rückgang von $f(x)$ unabhängig davon, welchen Wert x annimmt.

(d) Mit Formel (6.9) und der Ableitung für die Wurzelfunktion erhalten wir

$$\frac{1}{2}x^{-\frac{1}{2}} \cdot \frac{x}{\sqrt{x}} = \frac{1}{2} \cdot \frac{1}{\sqrt{x}} \cdot \frac{x}{\sqrt{x}} = \frac{1}{2} \cdot \frac{x}{x} = \frac{1}{2}$$

Auch hier ist die Elastizität unabhängig von x. Ein 1 %-iger Anstieg von x führt zu einem Anstieg von einem halben Prozent von $f(x)$.

6.11 Die Ableitung der Funktion ist gegeben durch

$$f'(x) = \frac{x + 2 - (x - 2)}{(x + 2)^2} = \frac{4}{(x + 2)^2}$$

$$\implies \text{Elastizität} = \frac{4}{(x + 2)^2} \cdot \frac{x}{\frac{x-2}{x+2}}$$

$$= \frac{4}{(x + 2)^2} \cdot \frac{x(x + 2)}{(x - 2)} = \frac{4}{(x + 2)} \cdot \frac{x}{(x - 2)}$$

$$= \frac{4x}{(x^2 - 4)}$$

Dabei beachten wir die Regel, dass wir bei Division durch einen Bruch mit dem Kehrwert multiplizieren. Im letzten Schritt haben wir die dritte binomische Formel angewandt. An der Stelle $x = 1$ nimmt die Elastizität den Wert

$$\frac{4 \cdot 1}{(1^2 - 4)} = \frac{4}{-3} = -\frac{4}{3}$$

an. Falls $x = 1$ sich um 10 % erhöht, dann sinkt der Funktionswert um $4/3 \cdot 10\% = 40/3\% = 13,3\%$.

6.12

(a) Zunächst berechnen wir die Funktionswerte $f(2) = 4$ und $f(2,2) = \sqrt{18,04}$. Die Änderung ergibt sich dann zu

$$\frac{f(2,2) - f(2)}{f(2)} = 0,06183 = 6,183\,\%.$$

(b) Die Elastizität berechnen wir mit Formel 6.9. Dabei differenzieren wir die Funktion mit der Kettenregel

$$\begin{aligned}f'(x) \cdot \frac{x}{f(x)} &= \frac{2x+6}{2\sqrt{x^2+6x}} \cdot \frac{x}{\sqrt{x^2+6x}} \\ &= \frac{2(x+3) \cdot x}{2\sqrt{x^2+6x} \cdot \sqrt{x^2+6x}} \\ &= \frac{(x+3) \cdot x}{(x^2+6x)} = \frac{(x+3) \cdot x}{x(x+6)} \\ &= \frac{x+3}{x+6}\end{aligned}$$

Für $x = 2$ berechnen wir den Wert

$$\frac{5}{8} = 0,625$$

Interpretation: Wenn sich x an der Stelle $x = 2$ um 1 % erhöht, steigt der Funktionswert $f(2)$ um 0,625 %. Wenn sich x an der Stelle $x = 2$ auf $x = 2,2$, d. h. um 10 % erhöht, steigt der Funktionswert $f(2)$ um $10 \cdot 0,625 = 6,25\%$.

(c) In (a) wird die Änderung exakt berechnet, während in (b) die Elastizität zur Berechnung herangezogen wird. Letztere gibt nur eine Näherung der Änderung an, da mit der ersten Ableitung gearbeitet wird. Aus diesem Grund unterscheiden sich die zwei Ergebnisse.

6.13

(a) Aus $p(x) = 25 - 5x = p$ folgt $x = D(p) = 5 - 0,2p$.

(b) Die Preiselastizität der Nachfrage ist gegeben durch die Formel

$$D'(p) \cdot \frac{p}{D(p)} \tag{6.10}$$

$$= -0,2 \cdot \frac{p}{5 - 0,2p} = \frac{-0,2p}{5 - 0,2p}$$

(c) Der Betrag des Ergebnisses aus (b) ist kleiner als 1, falls

$$\frac{0{,}2p}{5-0{,}2p} < 1 \implies 0{,}2p < 5 - 0{,}2p \implies p < 12{,}5$$

6.5 Lineare Approximation

Aufgaben

6.14 Bestimmen Sie die lineare Approximation für die folgenden Funktionen jeweils um $x_0 = 0$ und um $x_0 = 2$:

(a) $f(x) = x^3 - 2x^2 + 5$
(b) $f(x) = (1+x)^{-1}$
(c) $f(x) = (1+x)^5$
(d) $f(x) = \sqrt{x+2}$

6.15 Betrachten Sie die Funktion f, die durch die folgende Formel definiert ist:

$$f(x) = e^{(\frac{1}{2}x^2 - 3x + 4)}$$

(a) Berechnen Sie die lineare Approximation von f um $x_0 = 4$.
(b) Warum gilt die lineare Approximation nur lokal?

6.16 Betrachten Sie die Funktion f, die durch die folgende Formel definiert ist:

$$f(x) = \ln\left(x^2 + 1\right)$$

(a) Berechnen Sie die lineare Approximation von f um $x_0 = 1$. Beachten Sie, dass folgende Näherung gilt: $\ln 2 \approx 0{,}7$.
(b) Warum gilt die lineare Approximation nur lokal?

6.17 Betrachten Sie die folgende Funktion:

$$f(x) = x^3 + \frac{3}{2}x^2 - 6x + 10$$

(a) Wie lautet die lineare Approximation von f um $x_0 = 0$?
(b) Zeigen Sie mit Hilfe der Stellen $x = \frac{1}{10}$ und $x = 1$, dass die lineare Approximation ein lokales Konzept ist. (Hinweis: Die exakten Werte an den angegebenen Stellen sind $f\left(\frac{1}{10}\right) = 9{,}416$ und $f(1) = 6{,}5$).

6.5 Lineare Approximation

Lösungen

6.14 Die lineare Approximation an die Funktion f an der Stelle x_0 ist gegeben durch die Gleichung für die Tangente

$$y = f(x_0) + f'(x_0)(x - x_0) \qquad (6.11)$$

(a) Wir setzen $x_0 = 0$ in die Funktion ein:

$$f(x) = x^3 - 2x^2 + 5 \implies f(0) = 5$$

Dann berechnen zunächst die Ableitung der Funktion und setzen $x_0 = 0$ in die Ableitung ein:

$$f'(x) = 3x^2 - 4x \implies f'(0) = 0$$

Abschließend setzen wir diese Zwischenergebnisse in Formel (6.11) ein:

$$\begin{aligned} y &= f(x_0) + f'(x_0)(x - x_0) \\ &= 5 + 0 \cdot (x - 0) \\ &= 5 \end{aligned}$$

Wir setzen für die zweite lineare Approximation $x_0 = 2$ jeweils in die Funktion, deren Ableitung und auch in Formel (6.11) ein:

$$\begin{aligned} y &= f(2) + f'(2)(x - 2) \\ &= 5 + 4 \cdot (x - 2) \\ &= 5 + 4x - 8 \\ &= -3 + 4x \end{aligned}$$

Abb. 6.8 zeigt die Funktion und die zwei Tangenten.

(b) Die Ableitung der Funktion erhalten wir mit der Kettenregel

$$f'(x) = -(1 + x)^{-2} = -\frac{1}{(1 + x)^2}$$

Für $x_0 = 0$ ist die Approximation

$$\begin{aligned} y &= f(0) + f'(0)(x - 0) \\ &= 1 + (-1) \cdot x \\ &= 1 - x \end{aligned}$$

Abb. 6.8 Lineare Approximation von $f(x) = x^3 - 2x^2 + 5$ jeweils um $x_0 = 0$ und $x_0 = 2$

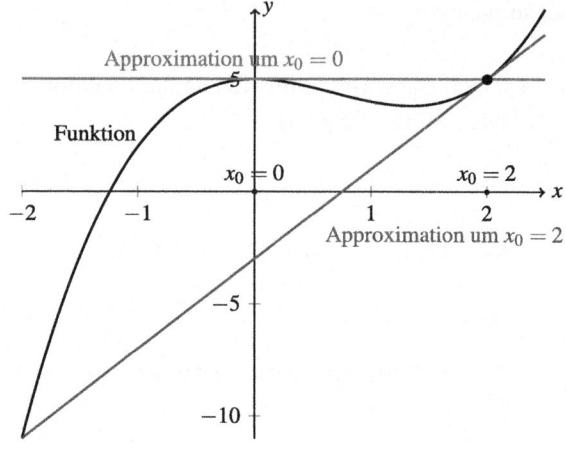

Für $x_0 = 2$ ist die Approximation

$$\begin{aligned} y &= f(2) + f'(2)(x-2) \\ &= \frac{1}{3} + \left(-\frac{1}{9}\right) \cdot (x-2) \\ &= \frac{1}{3} - \frac{1}{9}x + \frac{2}{9} \\ &= \frac{5}{9} - \frac{1}{9}x \end{aligned}$$

(c) Die Ableitung der Funktion berechnen wir mit der Kettenregel

$$f'(x) = 5(1+x)^4$$

Für $x_0 = 0$ ist die Approximation

$$\begin{aligned} y &= f(0) + f'(0)(x-0) \\ &= 1 + 5 \cdot x \end{aligned}$$

Für $x_0 = 2$ ist die Approximation

$$\begin{aligned} y &= f(2) + f'(2)(x-2) \\ &= 243 + 405 \cdot (x-2) \\ &= 243 + 405x - 810 \\ &= -567 + 405x \end{aligned}$$

6.5 Lineare Approximation

(d) Die Ableitung der Funktion berechnen wir mit der Kettenregel

$$f'(x) = \frac{1}{2} \cdot (x+2)^{-\frac{1}{2}} = \frac{1}{2\sqrt{x+2}}$$

Für $x_0 = 0$ ist die Approximation

$$\begin{aligned} y &= f(0) + f'(0)(x-0) \\ &= \sqrt{2} + \frac{1}{2\sqrt{2}} \cdot x \end{aligned}$$

Für $x_0 = 2$ ist die Approximation

$$\begin{aligned} y &= f(2) + f'(2)(x-2) \\ &= \sqrt{4} + \frac{1}{2\sqrt{4}} \cdot (x-2) \\ &= 2 + \frac{1}{4} \cdot (x-2) \\ &= 2 + \frac{1}{4} \cdot x - \frac{2}{4} \\ &= \frac{3}{2} + \frac{1}{4} \cdot x \end{aligned}$$

6.15

(a) Die Ableitung der Funktion berechnen wir mit der Kettenregel (5.6) für die Exponentialfunktion

$$f'(x) = e^{\frac{1}{2}x^2 - 3x + 4}(x-3) \implies f'(4) = 1$$

Mit $f(4) = 1$ folgt für die lineare Approximation (6.11)

$$\begin{aligned} y &= f(4) + f'(4)(x-4) \\ &= 1 + 1 \cdot (x-4) = 1 + x - 4 \\ &= -3 + x \end{aligned}$$

(b) Die Approximation gilt nur in einer kleinen Umgebung um $x_0 = 4$. Der Fehler für $x = 4,1$ ist nicht sehr groß: Mit der Approximation ergibt sich der Wert $y = -3 + 4,1 = 1,1$ und exakt mit der Funktionsformel: $f(4,1) = 1,11$. Somit ist der Fehler ungefähr $0,01$. Wenn man allerdings weiter von x_0 entfernt ist, wird der Fehler größer. Für $x = 5$ erhält man mit der Approximation $y = 2$ und mit der Funktionsformel $f(5) = 4,48$. der Fehler beträgt somit $2,28$.

6.16 Die Ableitung berechnen wir mit der Kettenregel für die Logarithmusfunktion (5.8):

$$f'(x) = \frac{2x}{x^2+1} \implies f'(1) = \frac{2}{2} = 1$$

Da $f(1) = \ln 2 \approx 0{,}7$ ist, folgt aus Formel (6.11) für die lineare Approximation:

$$\begin{aligned} y &= f(1) + f'(1) \cdot (x-1) \\ &= 0{,}7 + 1 \cdot (x-1) = -0{,}3 + x \end{aligned}$$

Wir wählen nun die Werte 1,1 (nahe bei x_0) und 3, um zu zeigen, dass die Approximation nur in einer kleinen Umgebung von x_0 die Funktion gut beschreibt. Wenn wir 1,1 in die Approximation einsetzen, erhalten wir einen Wert für $y = -0{,}3 + 1{,}1 = 0{,}8$. Dies liegt nahe bei $f(1{,}1) = \ln(1{,}1^2 + 1) = \ln 2{,}21 = 0{,}793$. Die Differenz zwischen beiden Werten ist sehr gering, d.h. die Funktion wird mit einem kleinen Fehler durch die Tangente approximiert. Wenn wir hingegen den Wert 3 in die Approximation einsetzen, erhalten wir $y = -0{,}3 + 3 = 2{,}7$. Dies ist sehr weit von $f(3) = \ln(9+1) = \ln 10 = 2{,}3$ entfernt. Abb. 6.9 zeigt dies.

6.17

(a) Die Ableitung der Funktion ist

$$f'(x) = 3x^2 + 3x - 6$$

Die lineare Approximation um $x_0 = 0$ erhalten wir mit Formel (6.11)

$$\begin{aligned} y &= f(0) + f'(0) \cdot x \\ & 10 + (-6) \cdot x = 10 - 6x \end{aligned}$$

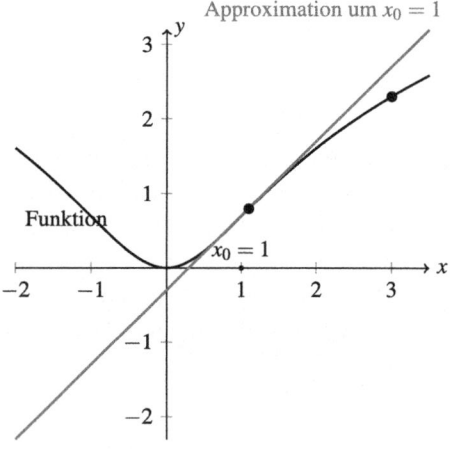

Abb. 6.9 Lineare Approximation von $f(x) = \ln(x^2 + 1)$ um $x_0 = 1$

(b) Wenn man die beiden angegebenen Werte in die lineare Approximation einsetzt, sieht man, dass der Wert $y = 10 - 6 \cdot 0{,}1 = 9{,}4$ sehr nahe beim exakten Wert $f(1/10) = 9{,}416$ liegt, während der Wert $y = 10 - 6 \cdot 1 = 4$ sehr weit von $f(1) = 6{,}5$ entfernt ist. Je weiter man sich von x_0 entfernt, umso größer wird die Differenz zwischen exakten Werten und den Werten, die man mit der linearen Approximation erhält. Die lineare Approximation ist somit nur ein lokales Konzept.

6.6 Monoton wachsende und fallende Funktionen

Aufgaben

6.18 Bestimmen Sie für jede der folgenden Funktionen die Intervalle, in denen f monoton wachsend und monoton fallend ist.

(a) $f(x) = 3x^2 - 12x + 13$

(b) $f(x) = \frac{2x}{x^2+2}$

(c) $f(x) = \ln\left(x^2 + 1\right)$

(d) $f(x) = e^{\left(\frac{1}{2}x^2 - 3x + 4\right)}$

Lösungen

6.18 Eine Funktion f ist monoton wachsend, falls die Steigung der Funktion positiv, d. h. die erste Ableitung der Funktion größer gleich Null ist.

(a)
$$f'(x) = 6x - 12 \geq 0 \quad \Longleftrightarrow \quad x \geq 2.$$

Für alle $x \geq 2$ ist die Funktion monoton wachsend, d. h. für alle $x \leq 2$ ist die Funktion monoton fallend. Die Funktion ist eine nach oben geöffnete Parabel mit Tiefpunkt an der Stelle $x = 2$.

(b) Wir differenzieren die Funktion mit der Quotientenregel (5.3) und untersuchen, wann die Ableitung positiv ist:

$$f'(x) = \frac{2 \cdot (x^2 + 2) - 2x \cdot 2x}{(x^2 + 2)^2} = \frac{2x^2 + 4 - 4x^2}{(x^2 + 2)^2} = \frac{-2x^2 + 4}{(x^2 + 2)^2} \geq 0$$

Ein Bruch ist in den folgenden zwei Fällen positiv:
1. Fall: Sowohl Zähler als auch Nenner sind positiv.
2. Fall: Sowohl Zähler als auch Nenner sind negativ.
In dieser Aufgabe ist der Nenner immer positiv, d. h. der 2. Fall kann hier nicht eintreten. Also muss nach dem 1. Fall der Zähler auch positiv sein:

$$-2x^2 + 4 \geq 0 \quad \Longleftrightarrow \quad -\sqrt{2} \leq x \leq \sqrt{2}$$

Für $-\sqrt{2} \leq x \leq \sqrt{2}$ ist die Funktion monoton wachsend.

(c) Die Ableitung erhalten wir mit der Kettenregel für die Logarithmusfunktion (5.8)

$$f'(x) = \frac{2x}{x^2 + 1} \geq 0$$

Da der Nenner immer positiv ist, muss der Zähler auch positiv sein. Dies ist für alle $x \geq 0$ erfüllt. Abb. 6.9 zeigt die Funktion. Wir sehen, dass die Funktion für positive Werte für x monoton wachsend ist.

(d) Mit der Kettenregel für die Exponentialfunktion (5.6) folgt

$$f'(x) = e^{\frac{1}{2}x^2 - 3x + 4}(x - 3) \geq 0$$

für alle

$$x - 3 \geq 0$$

da die e-Funktion immer positiv ist. Also ist die Funktion monoton wachsend für alle $x \geq 3$.

6.7 Konvexität und Konkavität

Aufgaben

6.19 Untersuchen Sie, für welche Werte von x die folgenden Funktionen konvex oder konkav sind.

(a) $f(x) = 2x^3 - 3x^2$ \qquad (c) $f(x) = e^{-2x^2 + 3x}$
(b) $f(x) = \sqrt{x}$ \qquad (d) $f(x) = \ln(x^2 + 1)$

6.20 Zeigen Sie, dass folgende Aussagen wahr sind:

(a) Falls eine Funktion $f(x)$ konvex ist, dann ist die negative Funktion $-f(x)$ konkav.
(b) Falls $f(x)$ und $g(x)$ konvex sind, dann ist die Summe der Funktionen $f(x) + g(x)$ auch konvex.
(c) Falls $f(x)$ eine konvexe Funktion und $a > 0$ eine positive Zahl, dann ist $af(x)$ auch konvex.
(d) Falls $f(x)$ und $g(x)$ konvex sind, dann ist das Produkt der Funktionen $f(x) \cdot g(x)$ nicht notwendig konvex.

6.7 Konvexität und Konkavität

Lösungen

6.19 Eine Funktion ist konvex oder links gekrümmt, falls die zweite Ableitung der Funktion positiv ist: $f''(x) \geq 0$.
Die Funktion ist konkav oder rechts gekrümmt, falls die zweite Ableitung der Funktion negativ ist: $f''(x) \leq 0$.

(a) Um die Funktion auf Konvexität oder Konkavität (allgemein: auf ihr Krümmungsverhalten) zu untersuchen, können wir auch die Wendestelle von f bestimmen, da die Funktion an dieser Stelle ihre Krümmung ändert.

$$f'(x) = 6x^2 - 6x$$
$$f''(x) = 12x - 6 = 0 \implies 12x - 6 = 0 \implies x = \frac{1}{2}$$

Da die dritte Ableitung $f'''(x) = 12 \neq 0$ ist dies auch eine Wendestelle. Nun ist $f''(x) \leq 0$, falls $x \leq 1/2$. Also, ist die Funktion konkav. Für alle $x \geq 1/2$ gilt $f''(x) \geq 0$. Für diese Werte ist die Funktion konvex.

(b) Wir berechnen die zwei Ableitungen der Funktion:

$$f'(x) = \frac{1}{2\sqrt{x}} = \frac{1}{2}(x)^{-\frac{1}{2}}$$
$$\implies f'(x) = -\frac{1}{4}(x)^{-\frac{3}{2}} = \frac{-1}{4\sqrt{x^3}}$$

Diese ist für alle x negativ, so dass wir folgern können, dass die Funktion für alle x konkav ist.

(c) Die erste und zweite Ableitung sind gegeben durch die Kettenregel für die Exponentialfunktion und die Produktregel

$$f'(x) = e^{-2x^2+3x} \cdot (-4x + 3)$$
$$\implies f''(x) = e^{-2x^2+3x} \left((-4x+3)^2\right) + e^{-2x^2+3x} \cdot (-4)$$
$$= e^{-2x^2+3x} \left[(-4x+3)^2 - 4\right]$$

Der erste Faktor kann nicht Null werden. Deshalb berechnen wir die Nullstellen von

$$(-4x+3)^2 - 4 = 16x^2 - 24x + 9 - 4 = 16x^2 - 24x + 5 = 0$$

Die Lösungen erhalten wir mit der Mitternachtsformel: $x_1 = \frac{1}{4}$ und $x_2 = \frac{5}{4}$. An diesen Stellen verändert die Funktion ihr Krümmungsverhalten. Wir wählen jetzt Werte aus den Bereichen aus, die durch diese zwei Wendestellen abgegrenzt werden und setzen diese in die zweite Ableitung ein, um zu untersuchen, wie das Vorzeichen der zweiten Ableitung ist. Dazu wählen wir Werte aus, die man einfach einsetzen kann.[1]

$$f''(0) = 5 > 0$$

Die Funktion ist für alle $x < \frac{1}{4}$ konvex.

$$f''(1) = e^1 \cdot \left[(-4+3)^2 - 4\right] = e^1 \cdot (-3) < 0$$

Die Funktion ist für alle $\frac{1}{4} < x < \frac{5}{4}$ konkav.

$$f''(2) = e^{6-8} \cdot \left[(-8+3)^2 - 4\right] = e^2 \cdot 21 > 0$$

Die Funktion ist für $x > \frac{5}{4}$ konvex.

(d) Die erste Ableitung dieser Funktion haben wir bereits in Aufgabe 6.18 berechnet. Die zweite Ableitung erhalten wir durch die Quotientenregel

$$f'(x) = \frac{2x}{x^2+1}$$

$$\implies f''(x) = \frac{2 \cdot (x^2+1) - 2x \cdot 2x}{(x^2+1)^2} = \frac{-2x^2+2}{(x^2+1)^2}$$

Nullstellen der zweiten Ableitung sind $x_1 = -1$ und $x_2 = 1$. Auch hier wählen wir wieder Werte aus den drei Bereichen aus, die durch die Wendestellen abgegrenzt werden, und setzen diese in die zweite Ableitung ein: Da $f''(-2) = -2/3 < 0$ und $f''(2) = -2/3 < 0$, folgern wir, dass die Funktion für alle $x < -1$ und $x > 1$ konkav ist. Aus $f''(0) = 2 > 0$ schließen wir, dass die Funktion für alle $-1 < x < 1$ konvex ist.

6.20

(a) Die Funktion $f(x)$ ist konvex ist, d.h. die zweite Ableitung ist $f''(x) \geq 0$. Dann ist $-f''(x) \leq 0$, also ist die negative Funktion $-f(x)$ konkav.
(b) Falls $f(x)$ und $g(x)$ konvex sind, dann gilt, dass die zweiten Ableitungen jeweils positiv sind. Die Summe der zwei Ableitungen ist dann auch positiv. Somit ist die Summe der Funktionen $f(x) + g(x)$ konvex.
(c) Falls $f(x)$ eine konvexe Funktion, dann ist $f''(x) \geq 0$. Multiplikation mit einer positiven Zahl $a > 0$ ändert das Vorzeichen der zweiten Ableitung nicht. Also ist auch $af(x)$ konvex.
(d) Um die zweite Ableitung von $u(x) = f(x) \cdot g(x)$ zu berechnen, wenden wir zweimal die Produktregel an:

---

[1] Das wir dies machen können, liegt daran, dass die Funktion und ihre Ableitungen stetig sind, d. h. ihr Verhalten nicht sprunghaft ändern.

$$u'(x) = f'(x) \cdot g(x) + f(x) \cdot G'(x)$$
$$u''(x) = f''(x) \cdot g(x) + f'(x) \cdot G'(x) + f'(x) \cdot G'(x) + f(x) \cdot G''(x)$$
$$= f''(x) \cdot g(x) + 2f'(x) \cdot G'(x) + f(x) \cdot G''(x)$$

Über das Vorzeichen der zweiten Ableitung können wir keine eindeutige Aussage treffen. Beispiel $-\ln x \cdot e^x$. Die zweite Ableitung ist gegeben durch

$$\left(\frac{1}{x^2} - \frac{2}{x} - \ln x\right) \cdot e^x$$

Das Vorzeichen des Ausdrucks in der Klammer kann sowohl positiv als auch negativ sein. Also kann auch keine eindeutige Aussage über das Krümmungsverhalten getroffen werden.

6.8 Weitere Aufgaben

Aufgaben

6.21 Gegeben sei die Funktion

$$f(x) = 4x^3 - 36x^2 + 96x$$

(a) Bestimmen Sie die Nullstellen der Funktion.
(b) Berechnen Sie Hoch- und Tiefpunkte der Funktion.
(c) Wo befinden sich die Wendepunkte der Funktion?
(d) In welchem Bereich ist die Funktion monoton fallend bzw. monoton wachsend?
(e) Skizzieren Sie die Funktion.

6.22 Gegeben sei die Funktion

$$f(x) = -2x^3 - 6x^2 + 18x - 10$$

(a) Bestimmen Sie die Nullstellen der Funktion.
(b) Berechnen Sie Hoch- und Tiefpunkte der Funktion.
(c) Wo befinden sich die Wendepunkte der Funktion?
(d) In welchem Bereich ist die Funktion monoton fallend bzw. monoton wachsend?
(e) Skizzieren Sie die Funktion.

6.23 Betrachten Sie die Funktion f, die durch die folgende Formel definiert ist:

$$f(x) = \left(5x^2 - 45\right)^3$$

(a) Bestimmen Sie die Nullstellen der Funktion f.
(b) Berechnen Sie die Hoch- und Tiefpunkte der Funktion.

6.24 Ein gewinnmaximierendes Unternehmen produziert ein Produkt mit folgender Kostenfunktion

$$K(x) = -2x^3 + 18x^2 - 18x + 10$$

Dabei bezeichnet x die produzierte Menge. Bei 4,5 ist die Kapazitätsgrenze der Produktion erreicht. Das Produkt kann zu einem Preis von 30 EUR verkauft werden.

(a) Welche Menge maximiert den Gewinn? Wie hoch ist der Gewinn?
(b) Die Fixkosten erhöhen sich. Bis zu welchen Betrag können die Fixkosten steigen, ohne dass das Unternehmen aus dem Markt ausscheidet

6.25 Gegeben ist die folgende Kostenfunktion

$$K(x) = 4x^2 + 36$$

Dabei bezeichnet $x \geq 0$ die produzierte Menge.

(a) Bestimmen Sie die variablen Kosten und Fixkosten.
(b) Stellen Sie die Funktion für die Durchschnittskosten auf.
(c) Für welchen Wert x hat die Durchschnittskostenfunktion ein Minimum? Wie hoch sind die minimalen Durchschnittskosten?
(d) Leiten Sie die Grenzkostenfunktion her.
(e) Berechnen Sie die Grenzkosten für den in (c) berechneten Wert. Was folgt aus dem Ergebnis?
(f) Skizzieren Sie die Kostenfunktion, die Durchschnittskostenfunktion und die Grenzkostenfunktion in einem Diagramm.

6.26 Ein gewinnmaximierendes Unternehmen produziert die Menge x jeweils mit der gegebenen Kostenfunktion $K(x)$ und kann das Produkt zum Preis p verkaufen. Berechnen Sie die Mengen, die das Unternehmen produzieren muss, um einen positiven Gewinn zu machen. Welche Menge x maximiert jeweils die Gewinnfunktion?

(a) Kostenfunktion $K(x) = x^2 - 30x + 600$, Preis $p = 76$.
(b) Kostenfunktion $K(x) = 900 + 30x + 4x^2$, Preis $p = 230$.
(c) Kostenfunktion $K(x) = 0{,}025x^3 - 41x^2 + 1400x$, Preis $p = 200$.

6.27 Ein monopolistisches Unternehmen kann den Preis gemäß der Preis-Absatz-Funktion $p(x) = 400 - 5x$ bestimmen. Das Unternehmen produziert ein Produkt mit folgenden Kosten $K(x) = 3x^2 + 200$.

(a) Welche Mengen müssen produziert werden, damit der Gewinn positiv ist?
(b) Welche Menge maximiert den Gewinn? Wie hoch ist der Gewinn? Welchen Preis setzt das Unternehmen?
(c) Zeichnen Sie die folgenden Funktionen in ein (x, y)-Diagramm ein: die Preis-Absatz-Funktion, die Grenzkostenfunktion und die Grenzerlösfunktion. Kennzeichnen Sie die in (b) berechnete Lösung in diesem Diagramm.

6.28 Untersuchen Sie die folgende Funktion auf Hoch-, Tief- und Wendepunkte.

$$f(x) = e^{-x^2}$$

Skizzieren Sie die Funktion im (x, y)-Diagramm.

6.29 Berechnen Sie für die folgenden Funktionen jeweils sowohl die exakte Änderung des Funktionswertes als auch eine Annäherung mit Hilfe der Elastizität, wenn $x = 1$ auf $x = 1,1$ steigt.

(a) $f(x) = \frac{4}{x^3}$
(b) $f(x) = 4 - x^2$
(c) $f(x) = 4 - x$
(d) $f(x) = 4x^2$

6.30 Berechnen Sie für die folgende Funktion

$$f(x) = -x^3 + 5x^2 - 4x + 3$$

jeweils die lineare Approximation um den Punkt

(a) $x_0 = 0$
(b) $x_0 = 1$
(c) $x_0 = \frac{1}{2}$
(d) $x_0 = -1$

Lösungen

6.21

(a) Die Nullstellen sind gegeben durch

$$f(x) = 4x^3 - 36x^2 + 96x = 0$$
$$\implies 0 = 4x(x^2 - 9x + 24)$$
$$\implies 0 = 4x \quad \text{und} \quad 0 = (x^2 - 9x + 24)$$

Somit ist eine Nullstelle bei $x_1 = 0$. Um die Nullstellen der quadratischen Gleichung zu berechnen, nehmen wir die Mitternachtsformel (4.1) und stellen fest, dass in diesem Fall

$b^2 - 4ac = 81 - 4 \cdot 24 = -15 < 0$ ist. Somit gibt es keine Lösungen der quadratischen Gleichungen und keine weiteren Nullstellen. Einzige Nullstelle ist $N(0, 0)$.

(b) Zur Berechnung der Hoch- und Tiefpunkte setzen wir nach (6.1) die erste Ableitung der Funktion gleich Null:

$$f'(x) = 12x^2 - 72x + 96 = 0$$

Lösungen bestimmen wir mit der Mitternachtsformel (4.1): $x_1 = 2$ und $x_2 = 4$.
Die zweite Ableitung ist

$$f''(x) = 24x - 72$$
$$\implies f''(2) = -24 < 0 \implies HP \text{ wegen } (6.2)$$
$$\implies f''(4) = 24 > 0 \implies TP \text{ wegen } (6.3)$$

Es gibt also einen Hochpunkt mit den Koordinaten $HP = (2, f(2)) = (2, 80)$ und einen Tiefpunkt mit den Koordinaten $TP = (4, f(4)) = (4, 64)$.

(c) Die Wendestellen sind die Nullstellen der zweiten Ableitung:

$$f''(x) = 24x - 72 = 0 \implies x = 3$$

Da die dritte Ableitung $f'''(x) = 24 \neq 0$ ist, liegt tatsächlich ein Wendepunkt vor. Dieser hat die Koordinaten $WP = (3, f(3)) = (3, 72)$.

(d) Die Funktion ist vom Hochpunkt bis zum Tiefpunkt natürlich fallend, d. h. für alle $2 \leq x \leq 4$ ist die Funktion monoton fallend.[2] Bis zum Hochpunkt und nach dem Tiefpunkt steigt die Funktion an, d. h. für alle $x < 2$ und alle $x > 4$ ist die Funktion monoton steigend.[3]

(e) Abb. 6.10 zeigt die Funktion.

6.22

(a) Die Nullstellen sind gegeben durch

$$f(x) = -2x^3 - 6x^2 + 18x - 10 = 0$$

Durch Probieren finden wir eine Nullstelle $x_1 = 1$. Damit führen wir die Polynomdivision durch:

---

[2] Wir können die Probe machen, indem wir einen Wert aus diesem Bereich in die erste Ableitung einsetzen, z. B. $f'(3) = -12 < 0$. Die Steigung ist negativ. Die Funktion ist fallend.
[3] Auch dies können wir bestätigen, indem wir Werte in die erste Ableitung einsetzen: $f'(0) = 96 > 0$ bzw. $f'(5) > 0$.

Abb. 6.10 Hoch-, Tief und Wendepunkte der Funktionen aus Aufgabe 6.21

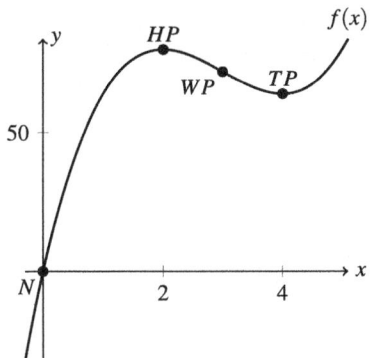

$$\left(-2x^3 - 6x^2 + 18x - 10\right) : \left(x - 1\right) = -2x^2 - 8x + 10$$
$$\underline{2x^3 - 2x^2}$$
$$-8x^2 + 18x$$
$$\underline{8x^2 - 8x}$$
$$10x - 10$$
$$\underline{-10x + 10}$$
$$0$$

Mit der Mitternachtsformel (4.1) berechnen wir die Lösungen der quadratischen Gleichung $-2x^2 - 8x + 10 = 0$ und erhalten eine doppelte Nullstelle $x_{2,3} = -5$. Die Nullstellen der Funktion sind also $N_1(1, 0)$ und $N_{2,3}(-5, 0)$.

(b) Zur Berechnung der Hoch- und Tiefpunkte setzen wir nach (6.1) die erste Ableitung der Funktion gleich Null:

$$f'(x) = -6x^2 - 12x + 18 = 0$$

Lösungen bestimmen wir mit der Mitternachtsformel (4.1): $x_1 = -3$ und $x_2 = 1$.
Die zweite Ableitung ist

$$f''(x) = -12x - 12$$
$$\implies f''(-3) = 24 < 0 \implies TP \text{ wegen } (6.3)$$
$$\implies f''(1) = -24 < 0 \implies HP \text{ wegen } (6.2)$$

Es gibt also einen Hochpunkt mit den Koordinaten $HP = (1, f(1)) = (1, 0)$ und einen Tiefpunkt mit den Koordinaten $TP = (-3, f(-3)) = (-3, -64)$.

(c) Die Wendestellen sind die Nullstellen der zweiten Ableitung:

$$f''(x) = -12x - 12 = 0 \implies x = -1$$

Da die dritte Ableitung $f'''(x) = -12 \neq 0$ ist, liegt tatsächlich ein Wendepunkt vor. Dieser hat die Koordinaten $WP = (-1, f(-1)) = (-1, -32)$.
(d) Die Funktion ist vom Tiefpunkt bis zum Hochpunkt natürlich wachsend, d.h. für alle $-3 \leq x \leq 1$ ist die Funktion monoton steigend. Bis zum Tiefpunkt und nach dem Hochpunkt fällt die Funktion, d.h. für alle $x < -3$ und alle $x > 1$ ist die Funktion monoton fallend.
(e) Abb. 6.11 zeigt die Funktion.

6.23

(a) Die Nullstellen sind gegeben durch

$$f(x) = 0$$
$$\implies (5x^2 - 45)^3 = 0$$
$$\implies 5x^2 - 45 = 0$$
$$\implies x^2 = 9$$
$$\implies x = \pm 3$$

(b) Zunächst berechnen wir die Ableitungen:

$$f'(x) = 3 \cdot (5x^2 - 45)^2 \cdot 10x = 30x \cdot (5x^2 - 45)^2$$
$$f''(x) = 30 \cdot (5x^2 - 45)^2 + 30x \cdot 2 \cdot (5x^2 - 45) \cdot 10x$$
$$= 30 \cdot (5x^2 - 45)^2 + 600x^2 \cdot (5x^2 - 45)$$
$$= (5x^2 - 45) \left[30 (5x^2 - 45) + 600x^2 \right]$$

Notwendige Bedingung erster Ordnung für Hoch- und Tiefpunkte ist nach (6.1)

Abb. 6.11 Hoch-, Tief und Wendepunkte der Funktionen aus Aufgabe 6.22

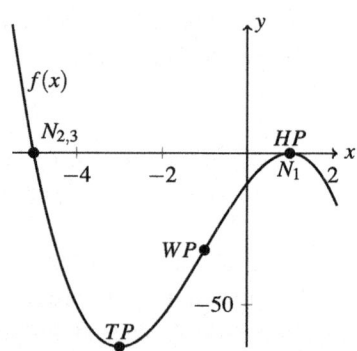

6.8 Weitere Aufgaben

$$f'(x) = 0 = 30x \cdot (5x^2 - 45)^2$$
$$\implies 0 = 30x \implies x_1 = 0$$
$$\text{oder } 0 = (5x^2 - 45)^2 \implies x_{2,3} = \pm 3$$

Hinreichende Bedingung zweiter Ordnung:

$$f''(0) = -45 \cdot [30 \cdot (-45)] > 0 \implies TP(0, -91125)$$
$$f''(3) = 0 \implies WP(3, 0)$$
$$f''(-3) = 0 \implies WP(-3, 0)$$

Die Funktion hat einen Tiefpunkt und zwei Wendepunkte, die zugleich Nullstellen sind. Abb. 6.12 zeigt den Graphen der Funktion.

6.24

(a) Um das Gewinnmaximum zu bestimmen, stellen wir zunächst die Gewinnfunktion auf:

$$G(x) = E(x) - K(x) = 30x - (-2x^3 + 18x^2 - 18x + 10)$$
$$= 30x + 2x^3 - 18x^2 + 18x - 10$$
$$= 2x^3 - 18x^2 + 48x - 10$$

Diese Funktion untersuchen wir auf Hoch- und Tiefpunkte, indem wir die erste Ableitung gleich Null setzen und das Vorzeichen der zweiten Ableitung untersuchen:

Abb. 6.12 Hoch-, Tief und Wendepunkte der Funktionen aus Aufgabe 6.23

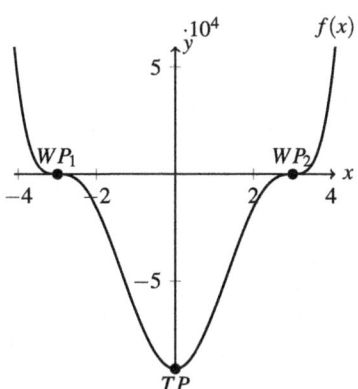

$$G'(x) = 6x^2 - 36x + 48 = 0 \quad |\text{Mitternachtsformel}$$
$$\implies \quad x_1 = 2 \text{ und } x_2 = 4$$

Es ist $G''(x) = 12x - 36$

$\implies \quad G''(2) = -12 < 0 \quad\quad\quad \implies \quad HP$

und $\quad G''(4) = 12 > 0 \quad\quad\quad \implies \quad TP$

Bei einer Menge von $x = 2$ ist der Gewinn maximal. Dieser beträgt $G(2) = 30$ Euro. Bei einer Menge von $x = 4$ ist der Gewinn minimal. Dieser beträgt dann $G(4) = 22$. Danach steigt der Gewinn allerdings wieder. Jedoch ist der Gewinn an der Kapazitätsgrenze $G(4,5) = 23,75 < 30$, d.h. das Unternehmen produziert die Menge $x = 2$, um den Gewinn zu maximieren.

(b) Die Fixkosten können steigen, bis der maximale Gewinn gleich Null ist, d.h. die Fixkosten können um 30 steigen und insgesamt 40 betragen.

6.25

(a) Variable Kosten sind $VK(x) = 4x^2$ und Fixkosten sind $FK(x) = 36$.

(b) Die Funktion für die Durchschnittskosten lautet

$$DK(x) = \frac{K(x)}{x} = \frac{4x^2 + 36}{x} = 4x + \frac{36}{x}$$

(c) Um das Minimum der Durchschnittskostenfunktion zu bestimmen, berechnen wir die erste Ableitung und setzen diese gleich Null:

$$DK'(x) = 4 - \frac{36}{x^2} = 0 \quad \implies \quad 4 = \frac{36}{x^2}$$
$$4x^2 = 36 \quad \implies \quad x^2 = 9$$
$$\implies \quad x = \pm 3$$

Da die Menge $x \geq 0$, folgt dass $x = 3$ ein Kandidat für die Lösung ist.

Mit der zweiten Ableitung überprüfen wir, ob es sich tatsächlich um ein Minimum handelt:

$$DK''(x) = -2 \cdot (-36) \cdot x^{-3} = \frac{72}{x^3}$$
$$\implies \quad DK''(3) = \frac{72}{3^3} = \frac{8}{3} > 0$$

Somit hat die Durchschnittskostenfunktion an der Stelle $x = 3$ einen Tiefpunkt. Die minimalen Durchschnittskosten betragen

$$DK(3) = 4 \cdot 3 + \frac{36}{3} = 24$$

(d) Die Grenzkostenfunktion ist die Ableitung der Kostenfunktion:
$$K'(x) = 8x$$

(e)
$$K'(3) = 8 \cdot 3 = 24 \implies K'(3) = DK(3)$$

Die Grenzkostenfunktion schneidet die Durchschnittskostenfunktion in deren Tiefpunkt.

(f) Abb. 6.13 zeigt die Funktionen.

6.26 Wir stellen jeweils die Gewinnfunktion auf, berechnen die Nullstellen der Gewinnfunktion und anschließend suchen wir den Hochpunkt der Funktion.

(a) Die Gewinnfunktion ist gegeben durch
$$G(x) = E(x) - K(x) = px - K(x)$$
$$= 230x - 900 - 30x - 4x^2$$
$$= 200x - 900 - 4x^2$$

Die Nullstellen der Funktion sind $G(x) = 0$ und mit der Mitternachtsformel (4.1) berechnen wir $x_1 = 5$ und $x_2 = 45$. Da die Gewinnfunktion eine nach unten geöffnete Parabel ist ($a = -4 < 0$), ist die Funktion für alle $5 < x < 45$ positiv. Das Unternehmen sollte in diesem Bereich produzieren.

Die Nullstelle der ersten Ableitung
$$G'(x) = 200 - 8x = 0 \implies x = 25$$

Abb. 6.13 Verschiedene Kostenfunktionen aus Aufgabe 6.25

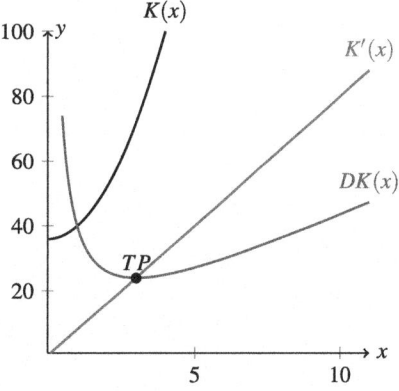

ist der Scheitelpunkt der Parabel und somit das Gewinnmaximum mit einem maximalen Gewinn von $G(25) = 16000$.

(b) Die Gewinnfunktion ist gegeben durch

$$\begin{aligned} G(x) &= E(x) - K(x) = px - K(x) \\ &= 76x - x^2 + 30x - 600 \\ &= -x^2 + 106x - 600 \end{aligned}$$

Die Nullstellen der Funktion sind $G(x) = 0$ und mit der Mitternachtsformel (4.1) berechnen wir $x_1 = 6$ und $x_2 = 100$. Da die Gewinnfunktion eine nach unten geöffnete Parabel ist ($a = -1 < 0$), ist die Funktion für alle $6 < x < 100$ positiv. Das Unternehmen sollte in diesem Bereich produzieren.

Die Nullstelle der ersten Ableitung

$$G'(x) = -2x + 106 = 0 \implies x = 53$$

ist der Scheitelpunkt der Parabel und somit das Gewinnmaximum mit einem maximalen Gewinn von $G(53) = 2209$.

(c) Die Gewinnfunktion ist gegeben durch

$$\begin{aligned} G(x) &= -0{,}025x^3 + 41x^2 - 1600x \\ 0 &= -0{,}025x^3 + 41x^2 - 1600x = x(-0{,}025x^2 + 41x - 1600) \end{aligned}$$

Die Nullstellen der Funktion sind $x_1 = 0$ und mit der Mitternachtsformel (4.1) berechnen wir $x_2 = 40$ und $x_3 = 1600$. Die Gewinnfunktion lässt sich somit in drei Faktoren zerlegen:

$$G(x) = -0{,}025x(x - 40)(x - 1600)$$

Mit Hilfe einer Vorzeichentabelle 6.1 bestimmen wir das Vorzeichen der Gewinnfunktion:

Wir sehen in der letzten Zeile, dass das Vorzeichen von $G(x)$ nur positiv ist, falls $40 < x < 1600$. Das Unternehmen sollte in diesem Bereich produzieren.

Um das Gewinnmaximum zu bestimmen, berechnen wir mit Hilfe der Mitternachtsformel die Nullstellen der ersten Ableitung

$$G'(x) = -0{,}075x^2 + 82x - 1600 = 0 \implies x_1 \approx 20 \quad x_2 \approx 1074$$

Wenn das Unternehmen die Menge x_1 produziert, dann hat es laut Tab. 6.1 negative Gewinne. Für x_2 sind die Gewinne positiv. Da die hinreichende Bedingung (6.2) mit $G''(x) = -0{,}15x + 82$ und $G''(1074) < 0$ erfüllt ist, maximiert x_2 den Gewinn mit einem Wert von ungefähr 14.603.285.

6.8 Weitere Aufgaben

6.27

(a) Zunächst stellen wir die Gewinnfunktion auf. Diese ist allgemein gegeben durch Erlös oder Umsatz minus Kosten. Da Erlös das Produkt aus Preis und Menge ist, erhalten wir für die Gewinnfunktion:

$$G(x) = p(x)x - K(x) = 400x - 5x^2 - 3x^2 - 200$$
$$= 400x - 8x^2 - 200$$

Anschließend untersuchen wir die Nullstellen der Gewinnfunktion, d. h.

$$G(x) = 400x - 8x^2 - 200 = 0$$

Diese quadratische Gleichung lösen wir mit der Mitternachtsformel und erhalten als Werte $x_1 = 25 - 10 \cdot \sqrt{6} \approx 0{,}5$ und $x_2 = 25 + 10 \cdot \sqrt{6} \approx 49{,}5$. Da die Gewinnfunktion eine nach unten geöffnete Parabel ist, ist die Funktion für alle Werte zwischen x_1 und x_2 positiv. Das Unternehmen sollte also mindestens ungefähr 0,5 und maximal ungefähr 49,5 Mengeneinheiten produzieren, damit der Gewinn positiv ist.

(b) Die Gewinnfunktion untersuchen wir auf Hoch- und Tiefpunkte.

– Notwendige Bedingung:

$$G'(x) = 400 - 16x = 0 \implies x = 25$$

– Hinreichende Bedingung: Die zweite Ableitung ist

$$G''(x) = -16 < 0 \implies x = 25 \text{ ist Maximum}$$

Tab. 6.1 Vorzeichentabelle für $G(x) = -0{,}025x(x-40)(x-1600)$

x-Werte	$0 < x < 40$	40	$40 < x < 1600$	1600	> 1600
Vorzeichen von $-0{,}025x$	–	–	–	–	–
Vorzeichen von $(x-40)$	–	0	+	+	+
Vorzeichen von $(x-1600)$	–	–	–	0	+
Vorzeichen von $G(x)$	–	0	+	0	–

Die Vorzeichen der letzten Zeile ergeben sich aus dem Produkt der Vorzeichen der drei Zeilen darüber

- Den maximalen Gewinn berechnen wir, indem wir $x = 25$ in die Gewinnfunktion einsetzen: $G(25) = 4800$.
- Das Unternehmen setzt einen Preis von $p(25) = 400 - 5 \cdot 25 = 275$.

(c) Die Preis-Absatz-Funktion $p(x) = 400 - 5x$ ist eine Gerade mit Achsenabschnitt 400 und einer negativen Steigung von -5, d. h. die Gerade schneidet die x-Achse bei $x = 80$.
Die Grenzkostenfunktion ist die Ableitung der Kostenfunktion:

$$K'(x) = 6x$$

Auch dies ist eine Gerade, die im Ursprung beginnt und eine positive Steigung von 6 hat.
Die Grenzerlösfunktion ist die Ableitung der Erlösfunktion $E(x)$:

$$E(x) = p(x) \cdot x = (400 - 5x) \cdot x = 400x - 5x^2$$
$$\implies E'(x) = 400 - 10x$$

Dies ist eine Gerade mit y-Achsenabschnitt bei 400 und einer negativen Steigung von -10.
Die Gewinnfunktion ist maximal, wenn Grenzerlöse und Grenzkosten übereinstimmen, d. h. die Menge, die die Gewinne maximiert, finden wir im Schnittpunkt von Grenzerlös- und Grenzkostenfunktion. Dies ist bei $x = 25$ der Fall.
Zudem können wir den Preis ablesen, den das Unternehmen setzt. Diesen finden wir auf der Preisabsatzfunktion.
Abb. 6.14 zeigt die Funktionen und die Lösung.

6.28 Zunächst berechnen wir die ersten drei Ableitungen mit der Kettenregel (5.6) für die Exponentialfunktion und der Produktregel (5.2):

$$f(x) = e^{-x^2}$$
$$\implies f'(x) = -2x e^{-x^2}$$
$$\implies f''(x) = -2e^{-x^2} + (-2x)^2 e^{-x^2}$$
$$= e^{-x^2}\left(-2 + 4x^2\right)$$
$$\implies f'''(x) = -2x \cdot e^{-x^2}\left(-2 + 4x^2\right) + e^{-x^2} \cdot 8x$$
$$= e^{-x^2}\left[-2x \cdot (-2 + 4x^2) + 8x\right]$$
$$= e^{-x^2}\left[4x - 8x^3 + 8x\right]$$
$$= e^{-x^2}\left[12x - 8x^3\right]$$

6.8 Weitere Aufgaben

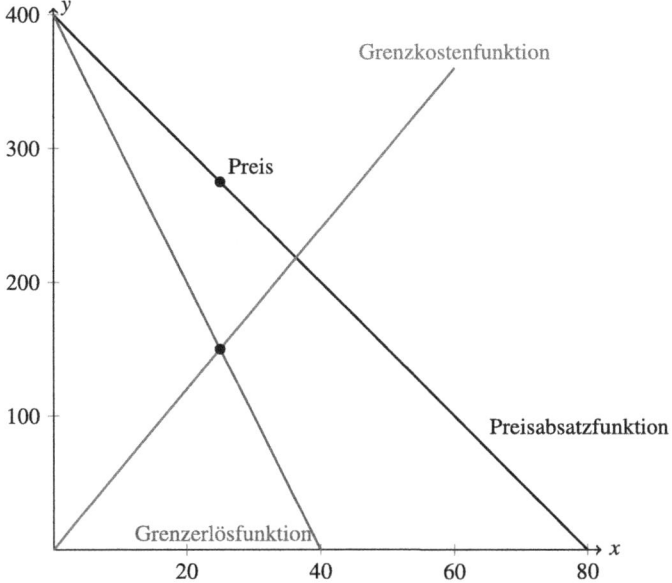

Abb. 6.14 Abbildung zu Aufgabe 6.27

Um die Hoch- und Tiefpunkte zu bestimmen, setzen wir die erste Ableitung gleich Null und lösen nach x auf:

$$f'(x) = -2x e^{-x^2} = 0$$
$$\implies -2x = 0 \quad \text{oder} \quad e^{-x^2} = 0$$
$$\implies x = 0$$

da die Exponentialfunktion keine Nullstellen hat. Die zweite Ableitung an der Stelle $x = 0$

$$f''(0) = e^{0^2}\left(-2 + 4 \cdot 0^2\right) = 1 \cdot (-2) = -2 < 0$$

ist negativ. Somit handelt es sich um ein Minimum mit dem Funktionswert $f(0) = 1$. Die Funktion hat einen Tiefpunkt $TP(0, 1)$.

Um die Wendepunkte zu berechnen, setzen wir die zweite Ableitung gleich Null und lösen nach x auf. Auch hier beachten wir, dass die Exponentialfunktion keine Nullstellen hat.

$$f''(x) = e^{-x^2}\left(-2+4x^2\right) = 0$$
$$\implies \left(-2+4x^2\right) = 0 \quad \text{oder} \quad e^{-x^2} = 0$$
$$\implies \left(-2+4x^2\right) = 0$$
$$\implies -2+4x^2 = \frac{2}{4} = \frac{1}{2}$$
$$\implies x_{1,2} = \pm\frac{1}{\sqrt{2}}$$

Die Funktion hat für $x_{1,2}$ eine Wendestelle, falls die dritte Ableitung nicht Null ist. Nun ist

$$f'''(\pm\frac{1}{\sqrt{2}}) = e^{-\left(\pm\frac{1}{\sqrt{2}}\right)^2}\left[12\cdot\left(\pm\frac{1}{\sqrt{2}}\right) - 8\cdot\left(\pm\frac{1}{\sqrt{2}}\right)^3\right]$$
$$= e^{-\frac{1}{2}}\left[12\cdot\left(\pm\frac{\sqrt{2}}{2}\right) - 8\cdot\left(\pm\frac{\sqrt{2}}{4}\right)\right]$$
$$= e^{-\frac{1}{2}}\left[\pm 6\cdot\sqrt{2} \mp 2\cdot\sqrt{2}\right]$$
$$= e^{-\frac{1}{2}}\left[\pm 4\cdot\sqrt{2}\right]$$
$$\neq 0$$

Somit liegen Wendepunkte vor: $WP_1 = \left(\frac{\sqrt{2}}{2}, e^{-\frac{1}{2}}\right)$ und $WP_2 = \left(-\frac{\sqrt{2}}{2}, e^{-\frac{1}{2}}\right)$. Abb. 6.15 zeigt die Funktion.

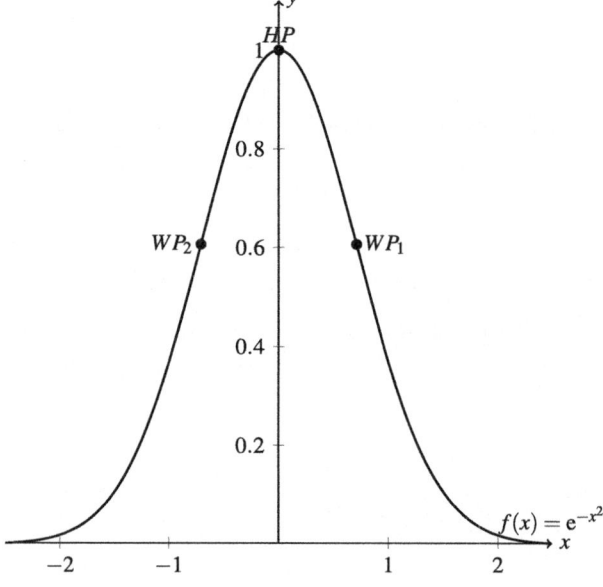

Abb. 6.15 Hoch-, Tief und Wendepunkte der Funktion aus Aufgabe 6.28

6.8 Weitere Aufgaben

6.29 Um die exakte Änderung zu berechnen, berechnen wir jeweils

$$\frac{f(1,1) - f(1)}{f(1)}$$

Die Elastizität berechnen wir mit Hilfe von Formel (6.9).

(a) Die exakte Änderung ist

$$\frac{f(1,1) - f(1)}{f(1)} = \frac{\frac{4000}{1331} - \frac{4}{1}}{4} = -0{,}2487 \approx -25\,\%$$

Die Elastizität ist gegeben durch Formel (6.9)

$$f'(x) \cdot \frac{x}{f(x)} = -3 \cdot 4x^{-4} \cdot \frac{x}{\frac{4}{x^3}} = -3 \cdot 4x^{-4} \cdot \frac{x \cdot x^3}{4} = -3 \cdot x^{-4+1+3} = -3$$

Dabei haben wir die Potenzrechengesetze beachtet, und dass man mit dem Kehrwert multipliziert, wenn man durch einen Bruch teilt. Aus diesem Ergebnis folgern wir, dass der Funktionswert sich ungefähr um $-3 \cdot 10\,\% = -30\,\%$ ändert, wenn x sich um $10\,\%$ ändert.

(b) Die exakte Änderung ist

$$\frac{f(1,1) - f(1)}{f(1)} = \frac{2{,}79 - 3}{3} = -0{,}07 = -7\,\%$$

Die Elastizität ist gegeben durch Formel (6.9)

$$f'(x) \cdot \frac{x}{f(x)} = -2x \cdot \frac{x}{4 - x^2} = \frac{-2x^2}{4 - x^2}$$

An der Stelle $x = 1$ nimmt die Elastizität den Wert $-2/3$ an. Aus diesem Ergebnis folgern wir, dass der Funktionswert sich ungefähr um $-2/3 \cdot 10\,\% = -6{,}67\,\%$ ändert, wenn x sich um $10\,\%$ ändert.

(c) Die exakte Änderung ist

$$\frac{f(1,1) - f(1)}{f(1)} = \frac{2{,}9 - 3}{3} = -0{,}034 = -3{,}4\,\%$$

Die Elastizität ist gegeben durch Formel (6.9)

$$f'(x) \cdot \frac{x}{f(x)} = -1 \cdot \frac{x}{4 - x} = \frac{-x}{4 - x}$$

An der Stelle $x = 1$ nimmt die Elastizität den Wert $-1/3$ an. Aus diesem Ergebnis folgern wir, dass der Funktionswert sich ungefähr um $-1/3 \cdot 10\,\% = -3{,}3\,\%$ ändert, wenn x sich um $10\,\%$ ändert.

(d) Die exakte Änderung ist

$$\frac{f(1,1) - f(1)}{f(1)} = \frac{4{,}84 - 4}{4} = 0{,}21 = 21\,\%$$

Die Elastizität ist gegeben durch Formel (6.9)

$$f'(x) \cdot \frac{x}{f(x)} = 8x \cdot \frac{x}{4x^2} = \frac{8x^2}{4x^2} = 2$$

Aus diesem Ergebnis folgern wir, dass der Funktionswert sich ungefähr um $2 \cdot 10\,\% = 20\,\%$ ändert, wenn x sich um $10\,\%$ ändert.

6.30 Um die Formel (6.11) anwenden zu können, müssen wir zunächst die Funktion differenzieren:

$$f'(x) = -3x^2 + 10x - 4$$

(a) Die Gleichung der Tangente an die Funktion für $x_0 = 0$ ist gegeben durch

$$\begin{aligned} y &= f(x_0) + f'(x_0) \cdot (x - x_0) \\ &= 3 + (-4) \cdot (x - 0) = 3 - 4x \end{aligned}$$

(b) Die Gleichung der Tangente an die Funktion für $x_0 = 1$ ist gegeben durch

$$\begin{aligned} y &= f(1) + f'(1) \cdot (x - 1) \\ &= 3 + 3 \cdot (x - 1) = 3 + 3x - 3 = 3x \end{aligned}$$

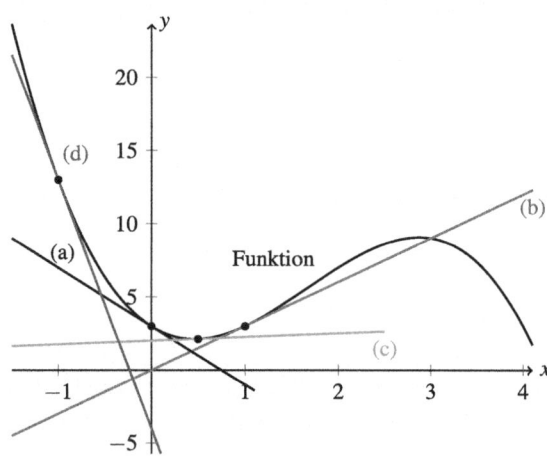

Abb. 6.16 Lineare Approximationen der Funktion aus Aufgabe 6.30

(c) Die Gleichung der Tangente an die Funktion für $x_0 = \frac{1}{2} = 0{,}5$ ist gegeben durch

$$y = f(0{,}5) + f'(0{,}5) \cdot (x - 0{,}5)$$
$$= 2{,}125 + 0{,}25 \cdot (x - 0{,}5) = 2 + 0{,}25x$$

(d) Die Gleichung der Tangente an die Funktion für $x_0 = -1$ ist gegeben durch

$$y = f(-1) + f'(-1) \cdot (x - (-1))$$
$$= 13 + (-17) \cdot (x + 1) = -4 - 17x$$

Abb. 6.16 zeigt die Funktion und die jeweiligen Tangenten.

Funktionen mit mehreren Variablen 7

In diesem Kapitel üben wir

1. die Bestimmung der Definitionsbereiche für Funktionen mit zwei Variablen,
2. die Interpretation von Höhenlinien,
3. die Berechnung von partiellen Ableitungen von bivariaten Funktionen und das totale Differential,
4. die Analyse der Steigung einer Höhenlinie als Grenzrate der Substitution für Nutzenfunktionen,
5. die Berechnung und Interpretation von Elastizitäten für bivariate Funktionen, insbesondere die Einkommens-, die Preis- und die Kreuzpreiselastizität der Nachfrage als Beispiel aus der Mikroökonomie,
6. die Formel für die lineare Approximation.

7.1 Was sind Funktionen mit mehreren Variablen?

Aufgaben

7.1 Bestimmen Sie $f(0, 1)$, $f(2, -1)$, $f(a, a)$ und $f(a, b)$ der folgenden Funktionen:

(a) $f(x, y) = x + 2y$

(b) $f(x, y) = 3x^2 - 2xy + y^3$

7.2 Untersuchen Sie, für welche (x, y) die durch die folgenden Formeln gegebenen Funktionen definiert sind:

(a) $f(x, y) = \sqrt{2 - (x^2 + y^2)}$

(b) $f(x, y) = \frac{x^2 + y^3}{y - x + 2}$

(c) $f(x, y) = \ln(x - 2)^2 + \ln(y + 5)$

Lösungen

7.1

(a) Für $f(x, y) = x + 2y$ sind

$$f(0, 1) = 0 + 2 \cdot 1 = 2$$
$$f(2, -1) = 2 + 2 \cdot (-1) = 0$$
$$f(a, a) = a + 2 \cdot a = 3a$$
$$f(a, b) = a + 2b$$

(b) Für $f(x, y) = 3x^2 - 2xy + y^3$ sind

$$f(0, 1) = 3 \cdot 0^2 - 2 \cdot 0 \cdot 1 + 1^3 = 1$$
$$f(2, -1) = 3 \cdot 2^2 - 2 \cdot 2 \cdot (-1) + (-1)^3 = 15$$
$$f(a, a) = 3 \cdot a^2 - 2 \cdot a \cdot a + a^3 = a^2 + a^3$$
$$f(a, b) = 3a^2 - 2ab + b^3$$

7.2

(a) Die Funktion ist definiert, falls die Diskriminante $\Delta = 2 - (x^2 + y^2) \geq 0$. Also für alle (x, y), für die gilt: $(x^2 + y^2) \leq 2$.

(b) Die Funktion ist definiert, falls der Nenner nicht Null ist. Also für alle (x, y), für die gilt: $y - x + 2 \neq 0$.

(c) Die Logarithmus-Funktion ist nur für positive Werte definiert, also ist $f(x, y) = \ln(x - 2)^2 + \ln(y + 5)$ definiert, falls $(x - 2)^2 > 0$ und $y + 5 > 0$. Also für alle (x, y), für die gilt: $x \neq 2$ und $y > -5$.

7.2 Darstellung der Funktionen mittels Höhenlinien

Aufgaben

7.3 Zeichnen Sie für die folgenden Funktionen einige (beliebige) Höhenlinien:

7.2 Darstellung der Funktionen mittels Höhenlinien

(a) $f(x, y) = 3 - x - y$ (c) $f(x, y) = x^{\frac{1}{2}} y^{\frac{1}{2}}$
(b) $f(x, y) = 2xy$ (d) $f(x, y) = 5x + 10y$

Lösungen

7.3 Zur Zeichnung der Höhenlinien werden die Funktionen mit einer Konstanten c gleichgesetzt und anschließend nach y aufgelöst. Für verschiedene Werte von c können dann die Höhenlinien in ein (x, y)-Diagramm gezeichnet werden.

(a) Die Höhenlinien für diese Funktionen sind Geraden.

$$c = 3 - x - y$$
$$\implies y = 3 - x - c$$
$$\implies y = 3 - x - 3 = -x \quad \text{für } c = 3$$
$$\implies y = 3 - x - 0 = 3 - x \quad \text{für } c = 0$$
$$\implies y = 3 - x - (-10) = 13 - x \quad \text{für } c = -10$$
$$\implies y = 3 - x - (-15) = 18 - x \quad \text{für } c = -15$$
$$\implies y = 3 - x - (-20) = 23 - x \quad \text{für } c = -20$$

Je größer c ist, desto kleiner ist der y-Achsenabschnitt der Höhenlinie, d. h. je näher liegt die Gerade am Ursprung. Die Fläche der Funktion im dreidimensionalen Raum ist demnach eine Ebene, die nach unten abfällt. Abb. 7.1 zeigt die Fläche der Funktion.

(b) Die Höhenlinien für diese Funktion sind Hyperbeln.

$$c = 2xy$$
$$\implies y = \frac{c}{2x}$$
$$\implies y = \frac{100}{2x} \quad \text{für } c = 100$$
$$\implies y = \frac{200}{2x} = \frac{1}{c} \quad \text{für } c = 200$$
$$\implies y = \frac{300}{2x} \quad \text{für } c = 300$$

Je größer c ist, desto weiter ist die Höhenlinie vom Ursprung entfernt. Ferner ist die Höhenlinie „gebogen". Die Fläche der Funktion im dreidimensionalen Raum ist demnach ansteigend, aber nicht gerade, sondern etwas „gewölbt". Abb. 7.2 zeigt die Fläche der Funktion.

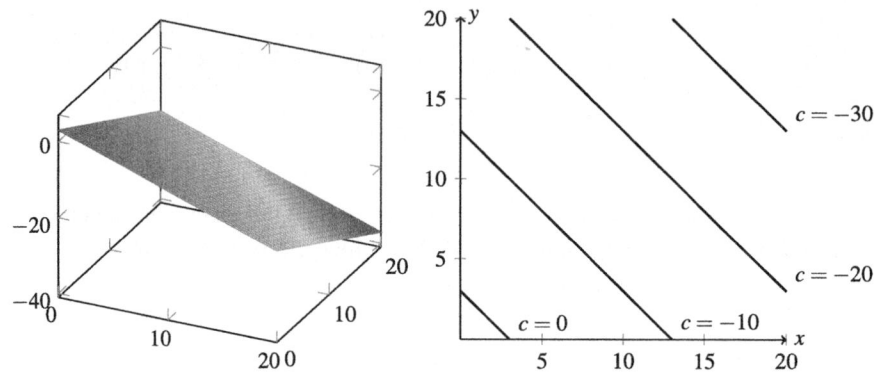

Abb. 7.1 Graph und Höhenlinien der Funktion $f(x, y) = 3 - x - y$ aus Aufgabe 7.3 (a)

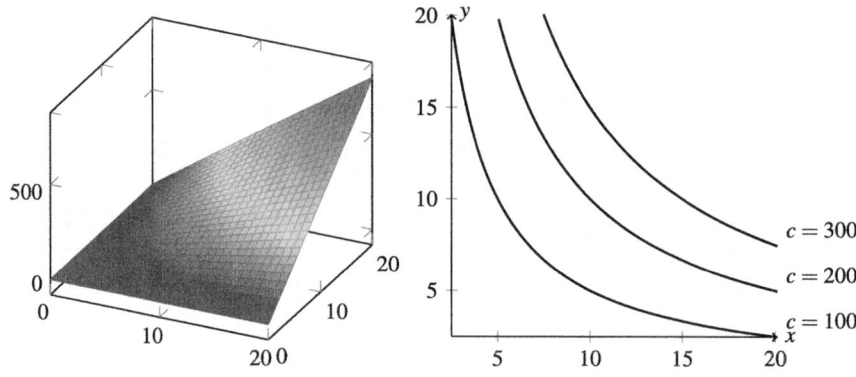

Abb. 7.2 Graph und Höhenlinien der Funktion $f(x, y) = 2xy$ aus Aufgabe 7.3 (b)

(c) Die Höhenlinien für diese Funktion sind auch Hyperbeln.

$$c = x^{\frac{1}{2}} y^{\frac{1}{2}}$$
$$\implies c^2 = xy$$
$$\implies y = \frac{c^2}{x}$$
$$\implies y = \frac{4}{x} \quad \text{für} \quad c = 2$$
$$\implies y = \frac{9}{x} \quad \text{für} \quad c = 3$$
$$\implies y = \frac{16}{x} \quad \text{für} \quad c = 4$$

7.2 Darstellung der Funktionen mittels Höhenlinien

Je größer c ist, desto weiter ist die Höhenlinie vom Ursprung entfernt. Die Form der Funktion im dreidimensionalen Raum ist ähnlich wie die aus Aufgabe (b). Allerdings steigt die Fläche nicht so schnell an wie in (b). Abb. 7.3 zeigt die Fläche und einige Höhenlinien der Funktion.

(d) Die Höhenlinien für diese Funktion sind wieder Geraden.

$$c = 5x + 10y$$
$$\implies y = \frac{c}{10} - \frac{1}{2}x$$
$$\implies y = \frac{100}{10} - \frac{1}{2}x = 10 - \frac{1}{2}x \quad \text{für} \quad c = 100$$
$$\implies y = \frac{150}{10} - \frac{1}{2}x = 15 - \frac{1}{2}x \quad \text{für} \quad c = 150$$
$$\implies y = \frac{200}{10} - \frac{1}{2}x = 20 - \frac{1}{2}x \quad \text{für} \quad c = 200$$

Je größer c ist, desto weiter ist die Höhenlinie vom Ursprung entfernt. Die Fläche der Funktion im Dreidimensionalen ist eine ansteigende Ebene, die „leicht zur Seite geneigt". Abb. 7.4 zeigt die Fläche und einige Höhenlinien der Funktion.

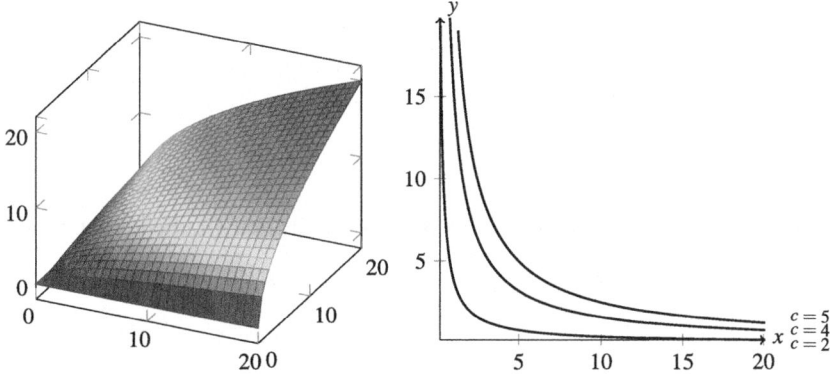

Abb. 7.3 Graph und Höhenlinien der Funktion $f(x, y) = \sqrt{x} \cdot \sqrt{y}$ aus Aufgabe 7.3 (c)

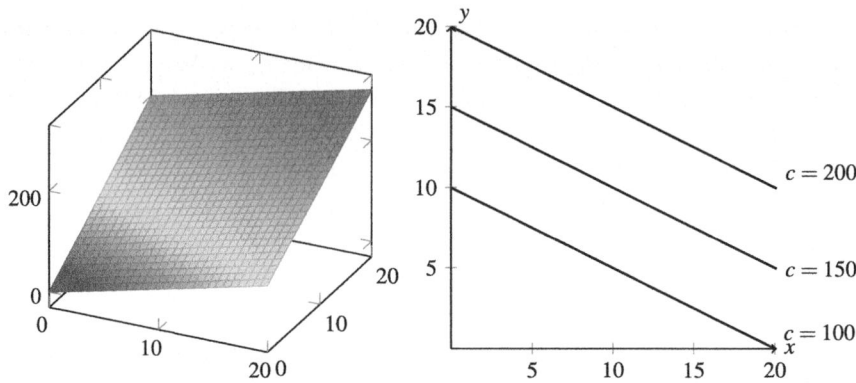

Abb. 7.4 Graph und Höhenlinien der Funktion $f(x, y) = 5x + 10y$ aus Aufgabe 7.3 (d)

7.3 Partielle Ableitungen

Aufgaben

7.4 Berechnen Sie für die folgenden Funktionen jeweils die partiellen Ableitungen erster und zweiter Ordnung:

(a) $f(x, y) = x^3 + x^2 y + y^4 - 6xy$
(b) $f(x, y) = xy$
(c) $f(x, y) = e^{2x^2 + 3xy - 6y^3}$
(d) $f(x, y) = \frac{x^4}{y}$

(e) $f(x, y) = x^{\frac{1}{2}} y^{\frac{1}{2}}$
(f) $f(x, y) = x^{\frac{1}{3}} y^{\frac{1}{4}}$
(g) $f(x, y) = \ln\left(\frac{x}{x-y}\right)$

7.5 Bestimmen Sie für die folgenden Funktionen jeweils den Gradienten und die Hesse-Matrix:

(a) $f(x, y) = 3x^2 - \frac{1}{2} y^2$
(b) $f(x, y, z) = e^{xyz}$

Lösungen

7.4 Bei der partiellen Ableitung von bivariaten Funktionen gelten alle üblichen Ableitungsregeln. Es ändert sich lediglich, dass bei der partiellen Ableitung bezüglich einer Variablen die andere Variable wie eine Konstante behandelt wird. Insbesondere heißt das bei der partiellen Ableitung einer Funktion bezüglich x, dass wir folgende Punkte beachten:

7.3 Partielle Ableitungen

1. Terme, die nur x enthalten, differenzieren wir wie gewohnt.
2. Bei Termen, die sowohl x als auch y enthalten, d. h. in denen x und y multiplikativ miteinander verbunden sind, schreiben wir die Ausdrücke in y einfach hin und multiplizieren ihn mit der Ableitung des Terms in x.
3. Terme, die nur y enthalten, fallen beim Ableiten nach x weg.

Wir bezeichnen die partielle Ableitung der Funktion f nach x mit folgenden Ausdrücken:

$$f'_x(x, y) = \frac{\partial f(x, y)}{\partial x} = f'_1(x, y)$$

Dabei ist die erste Notation f'_x an die übliche Schreibweise für Ableitungen f' angelehnt. Allerdings müssen wir verdeutlichen, dass sich die Variable x ändert, was mit dem Index geschieht. Das Zeichen ∂f ist an die Notation für Änderung df angelehnt. f'_1 bedeutet, dass wir nach der ersten Variablen (hier also x) ableiten.
Ähnliche Aussagen gelten für die partielle Ableitung bezüglich y.

(a) Die einzelnen Terme leiten wir mit der Regel (5.1) für Potenzfunktionen unter Beachtung der oben genannten Punkte ab.

$$f'_x(x, y) = 3x^2 + 2xy - 6y \implies f''_{xx}(x, y) = 6x + 2y$$
$$\text{und} \quad f''_{xy}(x, y) = 2x - 6$$
$$f'_y(x, y) = x^2 + 4y^3 - 6x \implies f''_{yx}(x, y) = 2x - 6$$
$$\text{und} \quad f''_{yy}(x, y) = 12y^2$$

(b) Auch hier verfahren wir wie in (a):

$$f'_x(x, y) = y \implies f''_{xx}(x, y) = 0$$
$$\text{und} \quad f''_{xy}(x, y) = 1$$
$$f'_y(x, y) = x \implies f''_{yx}(x, y) = 1$$
$$\text{und} \quad f''_{yy}(x, y) = 0$$

(c) Die ersten Ableitungen bilden wir jeweils mit der Kettenregel für die Exponentialfunktion (5.6), indem wir mit der Ableitung des Exponenten multiplizieren. Zur Berechnung der zweiten Ableitung müssen wir die Produktregel (5.2) anwenden, die auch für partielle Ableitungen gilt:

$$f'_x(x, y) = e^{2x^2+3xy-6y^3}(4x + 3y)$$

$$\implies f''_{xx}(x, y) = e^{2x^2+3xy-6y^3}(4x + 3y) \cdot (4x + 3y) + e^{2x^2+3xy-6y^3} \cdot 4$$

$$= e^{2x^2+3xy-6y^3}\left[(4x + 3y)^2 + 4\right]$$

und $$f''_{xy}(x, y) = e^{2x^2+3xy-6y^3}(3x - 18y^2) \cdot (4x + 3y) + e^{2x^2+3xy-6y^3} \cdot 3$$

$$= e^{2x^2+3xy-6y^3}\left[(4x + 3y)(3x - 18y^2) + 3\right]$$

$$f'_y(x, y) = e^{2x^2+3xy-6y^3}(3x - 18y^2)$$

$$\implies f''_{yx}(x, y) = e^{2x^2+3xy-6y^3}(4x + 3y) \cdot (3x - 18y^2) + e^{2x^2+3xy-6y^3} \cdot 3$$

$$= e^{2x^2+3xy-6y^3}\left[(4x + 3y) \cdot (3x - 18y^2) + 3\right]$$

und $$f''_{yy}(x, y) = e^{2x^2+3xy-6y^3}(3x - 18y^2) \cdot (3x - 18y^2) + e^{2x^2+3xy-6y^3}(-36y)$$

$$= e^{2x^2+3xy-6y^3}\left[(3x - 18y^2)^2 - 36y\right]$$

(d) Hier schreiben wir die Funktion zunächst um in $f(x, y) = x^4 \cdot y^{-1}$ und wenden nun die Regel (5.1) für das Ableiten von Potenzfunktionen an.

$$f'_x(x, y) = 4x^3 \cdot y^{-1} = \frac{4x^3}{y} \implies f''_{xx}(x, y) = 12x^2 \cdot y^{-1} = \frac{12x^2}{y}$$

$$\text{und } f''_{xy}(x, y) = 4x^3 \cdot (-1) \cdot y^{-2} = \frac{-4x^3}{y^2}$$

$$f'_y(x, y) = x^4 \cdot (-1)y^{-2} = \frac{-x^4}{y^2} \implies f''_{yx}(x, y) = -4x^3 \cdot y^{-2} = \frac{-4x^3}{y^2}$$

$$\text{und } f''_{yy}(x, y) = -x^4 \cdot (-2)y^{-3} = \frac{2x^4}{y^3}$$

(e) Auch diese Funktion können wir mit Regel (5.1) differenzieren und beachten dabei die oben genannten Punkte.

$$f'_x(x, y) = \frac{1}{2} \cdot x^{-1/2} \cdot y^{1/2} = \frac{y^{1/2}}{2x^{1/2}} = \frac{\sqrt{y}}{2\sqrt{x}}$$

$$\implies f''_{xx}(x, y) = \frac{1}{2} \cdot \frac{-1}{2} \cdot x^{(-1/2)-1} \cdot y^{1/2} = -\frac{y^{1/2}}{4x^{3/2}} = -\frac{\sqrt{y}}{4\sqrt{x^3}}$$

$$\text{und } f''_{xy}(x, y) = \frac{1}{2} \cdot \frac{1}{2} \cdot x^{-1/2} \cdot y^{(1/2)-1} = \frac{1}{4y^{1/2}x^{1/2}} = \frac{1}{4\sqrt{x}\sqrt{y}}$$

$$f'_y(x, y) = \frac{1}{2} \cdot x^{1/2} \cdot y^{-1/2} = \frac{x^{1/2}}{2y^{1/2}} = \frac{\sqrt{x}}{2\sqrt{y}}$$

7.3 Partielle Ableitungen

$$\implies f''_{yx}(x,y) = \frac{1}{2} \cdot \frac{1}{2} \cdot x^{-1/2} \cdot y^{(1/2)-1} = \frac{1}{4y^{1/2}x^{1/2}} = \frac{1}{4\sqrt{x}\sqrt{y}}$$

$$\text{und } f''_{yy}(x,y) = \frac{1}{2} \cdot \frac{-1}{2} \cdot x^{1/2} \cdot y^{(-1/2)-1} = -\frac{x^{1/2}}{4y^{3/2}} = -\frac{\sqrt{x}}{4\sqrt{y^3}}$$

(f) Die Ableitungen für diese Funktion sind ähnlich zu der aus (e). Lediglich die Exponenten der Faktoren ändern sich:

$$f'_x(x,y) = \frac{1}{3} \cdot x^{-2/3} \cdot y^{1/4} = \frac{y^{1/4}}{3x^{2/3}}$$

$$\implies f''_{xx}(x,y) = \frac{1}{3} \cdot \frac{-2}{3} \cdot x^{-2/3-1} \cdot y^{1/4} = -\frac{2y^{1/4}}{9x^{5/3}}$$

$$\text{und } f''_{xy}(x,y) = \frac{1}{3} \cdot \frac{1}{4} \cdot x^{-2/3} \cdot y^{(1/4)-1} = \frac{1}{12y^{3/4}x^{2/3}}$$

$$f'_y(x,y) = \frac{1}{4} \cdot x^{1/3} \cdot y^{-3/4} = \frac{x^{1/3}}{4y^{3/4}}$$

$$\implies f''_{yx}(x,y) = \frac{1}{4} \cdot \frac{1}{3} \cdot x^{-2/3} \cdot y^{-3/4} = \frac{1}{12y^{3/4}x^{2/3}}$$

$$\text{und } f''_{yy}(x,y) = \frac{1}{4} \cdot x^{1/3} \cdot \frac{-3}{4} \cdot y^{-7/4} = \frac{-3x^{1/3}}{16y^{7/4}}$$

(g) Zunächst wenden wir die Regel für den Logarithmus an und schreiben die Funktion als $f(x,y) = \ln x - \ln(x-y)$.[1] Anschließend differenzieren wir mit der Kettenregel (5.8) für die Logarithmusfunktion. Dabei beachten wir, dass die innere Ableitung nach y gleich (-1) ist. In der ersten Ableitung ist kein Logarithmus mehr. Aber auch hier möchten wir die Quotientenregel vermeiden, weshalb wir einen Bruch $1/(x-y) = (x-y)^{-1}$ als Potenzfunktion schreiben. Diese Terme leiten wir auch mit der Kettenregel (5.4) ab.

$$f'_x(x,y) = \frac{1}{x} - \frac{1}{x-y} = x^{-1} - (x-y)^{-1}$$

$$\implies f''_{xx}(x,y) = (-1) \cdot x^{-2} - (-1) \cdot (x-y)^{-2} = \frac{-1}{x^2} + \frac{1}{(x-y)^2}$$

$$\text{und } f''_{xy}(x,y) = -(-1) \cdot (x-y)^{-2} \cdot (-1) = \frac{-1}{(x-y)^2}$$

$$f'_y(x,y) = -\frac{1}{x-y} \cdot (-1) = (x-y)^{-1}$$

---

[1] Dieser Schritt vereinfacht die Ableitungen, da wir so die Quotientenregel umgehen.

$$\Rightarrow \quad f''_{yx}(x,y) = (-1) \cdot (x-y)^{-2} = \frac{-1}{(x-y)^2}$$

$$\text{und} \quad f''_{yy}(x,y) = (-1) \cdot (x-y)^{-2} \cdot (-1) = \frac{1}{(x-y)^2}$$

7.5 Die partiellen Ableitungen erster Ordnung fassen wir in einem Vektor zusammen und bezeichnen diesen als Gradienten der Funktion f. Die partiellen Ableitungen zweiter Ordnung fassen wir in einer (2×2)- Matrix zusammen, die wir Hesse-Matrix **H** von f nennen. Da gemischte Ableitungen häufig übereinstimmen, ist die Hesse-Matrix in vielen Fällen symmetrisch.

(a) Die Funktion wird mit der Regel (5.1) für Potenzfunktionen differenziert.

$$\textbf{Gradient} = \begin{pmatrix} f'_x(x,y) \\ f'_y(x,y) \end{pmatrix} = \begin{pmatrix} 6x \\ -y \end{pmatrix} \quad \text{und}$$

$$\mathbf{H} = \begin{pmatrix} f''_{xx}(x,y) & f''_{xy}(x,y) \\ f''_{yx}(x,y) & f''_{yy}(x,y) \end{pmatrix} = \begin{pmatrix} 6 & 0 \\ 0 & -1 \end{pmatrix}$$

(b) Diese Funktion hängt von drei Unbekannten ab. Deshalb bilden wir drei Ableitungen erster Ordnung, die jeweils wiederum nach allen drei Variablen partiell abgeleitet werden. Wir haben somit neun partielle Ableitungen zweiter Ordnung und somit eine (3×3)-Hesse-Matrix. Die Funktion ist symmetrisch in x, y und z, weshalb die Ableitung nach allen Variablen nach dem gleichen Prinzip verlaufen. Wir berechnen ausführlich die Ableitung nach x. Dazu verwenden wir die Kettenregel für die Exponentialfunktion (5.6):

$$f'_x(x,y,z) = e^{xyz} \cdot yz = yz \cdot e^{xyz}$$

Diese Funktion differenzieren wir nochmals partiell. Bei der partiellen Ableitung nach x ist der Faktor yz konstant. Da er multiplikativ mit der e-Funktion verbunden ist, schreiben wir den Term hin. Dann verwenden wir lediglich die Kettenregel:

$$f''_{xx}(x,y,z) = yz \cdot e^{xyz} \cdot yz = (yz)^2 \cdot e^{xyz}$$

Wenn wir die erste Ableitung nach y differenzieren, dann sind x und z konstant. Dies führt aber dazu, dass wir die Produktregel (5.2) anwenden müssen mit $u = yz$ und $u'_y = z$ und $v = e^{xyz}$ und $v'_y = e^{xyz} \cdot xz$:

$$f''_{xy}(x,y,z) = z \cdot e^{xyz} + yz \cdot e^{xyz} \cdot xz = z \cdot e^{xyz} + xyz^2 \cdot e^{xyz} = z \cdot e^{xyz} \cdot (1 + xyz)$$

Bei der Ableitung nach z verfahren wir genauso. Zusammengefasst können wir Gradient und Hesse-Matrix schreiben als

7.4 Steigung einer Höhenlinie

$$\textbf{Gradient} = \begin{pmatrix} yze^{xyz} \\ xze^{xyz} \\ xye^{xyz} \end{pmatrix} \quad \text{und}$$

$$\mathbf{H} = \begin{pmatrix} (yz)^2 e^{xyz} & ze^{xyz}(1+xyz) & ye^{xyz}(1+xyz) \\ ze^{xyz}(1+xyz) & (xz)^2 e^{xyz} & xe^{xyz}(1+xyz) \\ ye^{xyz}(1+xyz) & xe^{xyz}(1+xyz) & (xy)^2 e^{xyz} \end{pmatrix}$$

7.4 Steigung einer Höhenlinie

Aufgaben

7.6 Berechnen Sie für die folgenden Funktionen die Steigung der Höhenlinien.

(a) $f(x, y) = 5xy$
(b) $f(x, y) = x^{\frac{3}{4}} y^{\frac{1}{4}}$
(c) $f(x, y) = x^{\frac{1}{3}} y^{\frac{1}{4}}$
(d) $f(x, y) = 3x + 4y$

7.7 Welche ökonomische Interpretation hat die Steigung der Höhenlinie?

Lösungen

7.6 Die Steigung einer Höhenlinie einer Funktion $f(x, y)$ ist gegeben durch

$$\frac{dy}{dx} = -\frac{f'_x(x, y)}{f'_y(x, y)} \tag{7.1}$$

(a) Aus Formel (7.1) folgt in diesem Fall:

$$\frac{dy}{dx} = -\frac{f'_x(x, y)}{f'_y(x, y)} = -\frac{5y}{5x} = -\frac{y}{x}$$

(b) Die Schwierigkeit bei dieser Funktion besteht darin, dass wir den Ausdruck am Ende vereinfachen möchten. Dazu ist es sinnvoll, zunächst die Zahlen miteinander zu verrechnen[2] und dann die Regeln für das Rechnen mit Potenzen anzuwenden:[3]

---

[2] Wir beachten dabei, dass „Bruch durch Bruch = Bruch mal Kehrwert".
[3] Zur Erinnerung: Diese lautet $\frac{x^a}{x^b} = x^{a-b}$.

$$\frac{dy}{dx} = -\frac{\frac{3}{4}x^{-1/4}y^{1/4}}{\frac{1}{4}x^{3/4}y^{-3/4}}$$

$$= -\frac{3}{4} \cdot \frac{4}{1} \cdot x^{-\frac{1}{4}-\frac{3}{4}} \cdot y^{\frac{1}{4}-(-\frac{3}{4})}$$

$$= -3 \cdot x^{-1} \cdot y^1$$

$$= -\frac{3y}{x}$$

(c) Hier gehen wie so vor wie in (b):

$$\frac{dy}{dx} = -\frac{\frac{1}{3}x^{-2/3}y^{1/4}}{\frac{1}{4}x^{1/3}y^{-3/4}}$$

$$= -\frac{1}{3} \cdot \frac{4}{1} \cdot x^{-\frac{2}{3}-\frac{1}{3}} \cdot y^{\frac{1}{4}-(-\frac{3}{4})}$$

$$= -\frac{4}{3} \cdot x^{-1} \cdot y^1$$

$$= -\frac{4}{3} \cdot \frac{y}{x}$$

(d) Diese Funktion hat eine konstante Steigung der Höhenlinie:

$$\frac{dy}{dx} = -\frac{3}{4}$$

7.7 Der Betrag[4] der Steigung einer Indifferenzkurve wird als **Grenzrate der Substitution** (GRS) von y bezüglich x bezeichnet:

$$GRS = \frac{f'_x(x,y)}{f'_y(x,y)}$$

Wenn $dx = 1$ (d.h. wir erhöhen x um eine Einheit), dann gibt die GRS ungefähr die Mengenänderung dy an, um die man y verringern muss, um auf derselben Höhenlinie zu bleiben. Es werden also Einheiten von x gegen Einheiten von y „substituiert", damit dasselbe Nutzenniveau erreicht wird. Dieses Austauschverhältnis wird deshalb „Grenzrate der Substitution" genannt.

In den Teilaufgaben (a) bis (c) hängt die Grenzrate der Substitution von x und y ab. Dies impliziert, dass für jeden Punkt die GRS einen anderen Wert annimmt. Beispielsweise ist im Fall (b) für den Punkt $(x,y) = (20,40)$ die GRS = 2, während für den Punkt $(x,y) = (60,30)$ die GRS = 1/2 ist.

Im Fall (d) beträgt die GRS 3/4 unabhängig davon, welchen Punkt wir betrachten, d.h. wenn

---

[4] Zur Erinnerung: Der Betrag einer Zahl ist definiert durch $|z| = z$, falls $z \geq 0$ und $|z| = -z$, falls $z < 0$.

man eine Einheit von x mehr konsumieren möchte, dann muss man auf 3/4 Einheiten von y verzichten, damit man dasselbe Nutzenniveau erreicht.

7.5 Partielle Elastizitäten

Aufgaben

7.8 Die Nachfrage nach einem Produkt hängt von dem Preis p des Produkts und von dem Preis q eines ähnlichen Produktes ab, der von einem konkurrierendem Hersteller erhoben wird. Es sei $D(p, q) = -3qp^{-1/3}$. Bestimmen Sie die partiellen Elastizitäten von $D(p, q)$ bezüglich p und q und kommentieren Sie die Vorzeichen der Ergebnisse.

7.9 Die Nachfrage D nach einem Produkt hängt von dem Preis p des Produkts und von dem Preis q ab, der von einem konkurrierendem Hersteller für ein vergleichbares Produkt erhoben wird. Es ist

$$D(p, q) = \frac{3q}{p^3}$$

(a) Berechnen Sie die partiellen Ableitungen erster Ordnung von $D(p, q)$.
(b) Berechnen Sie die Preiselastizität der Nachfrage und die Kreuzpreiselastizität der Nachfrage.
(c) Wie ändert sich die Nachfrage, wenn der Preis p des Gutes um 6 % steigt?
(d) Wie ändert sich die Nachfrage, wenn der Preis q des Konkurrenzprodukts um 10 % sinkt?

7.10 Die Marketingabteilung eines Unternehmens stellt fest, dass die Umsatzzahlen U eines Produktes von drei Arten Werbung abhängen: von der Anzahl x der in Zeitungen abgedruckten Werbeanzeigen, von der Anzahl y der an Haushalte verteilten Werbeprospekte und von der Anzahl z an Werbeplakaten in der Innenstadt. Der Zusammenhang kann durch die folgende Funktion beschrieben werden:

$$U = 6x^{\frac{1}{2}} \cdot y^{\frac{1}{4}} \cdot z$$

(a) Welchen Effekt hat eine Erhöhung der Werbeplakate in der Innenstadt von 10 % auf die Umsatzzahlen?
(b) Der Chef der Marketingabteilung beschließt, die Werbeanzeigen in Zeitungen um 10 % zu reduzieren, dafür die Anzahl der Werbeprospekte um 15 % zu erhöhen. Wie beurteilen Sie diesen Beschluss?

Lösungen

7.8 Zunächst berechnen wir die **Preiselastizität der Nachfrage**. Dies ist die partielle Elastizität von $D(p, q)$ bezüglich p, die wir mit folgender Formel berechnen:

$$\begin{aligned}\varepsilon_p &= D'_p(p,q) \cdot \frac{p}{D(p,q)} \\ &= -3 \cdot q \cdot \left(\frac{-1}{3}\right) \cdot p^{-4/3} \cdot \frac{p}{-3 \cdot q \cdot p^{-1/3}} \\ &= \frac{-1}{3} \cdot p^{-4/3} \frac{p}{p^{-1/3}} \\ &= \frac{-1}{3} \cdot p^{-\frac{4}{3}+1-(-\frac{1}{3})} = \frac{-1}{3} \cdot p^0 \\ &= \frac{-1}{3}\end{aligned}$$

Wir können zur Vereinfachung q und die Zahlen einfach kürzen. Um den Ausdruck in p zu vereinfachen, wenden wir die Rechenregeln für Potenzen an.

Interpretation: Wenn der Preis p um 1 % steigt, sinkt die Nachfrage um 1/3 %. Das negative Vorzeichen des Ergebnisses zeigt an, dass es einen gegenläufigen Effekt zwischen Variable und Funktionswert gibt: Wenn die Variable (in diesem Fall der Preis p) steigt, dann sinkt der Funktionswert (in diesem Fall die Nachfrage). Im umgekehrten Fall bedeutet dies: Wenn der Preis sinkt, dann steigt die Nachfrage.

Die partielle Elastizität von $D(p, q)$ bzgl. q wird auch **Kreuzpreiselastizität der Nachfrage** genannt und berechnet sich mit der Formel

$$\begin{aligned}\varepsilon_q &= D'_q(p,q) \cdot \frac{q}{D(p,q)} \\ &= -3 \cdot p^{-1/3} \cdot \frac{q}{-3 \cdot q \cdot p^{-1/3}} \\ &= 1\end{aligned}$$

In diesem Fall ist die Vereinfachung sogar noch einfacher, da wir direkt sehen, dass sich die einzelnen Faktoren kürzen lasssen.

Interpretation: Wenn der Preis q um 1 % steigt, steigt die Nachfrage um 1 %. Wenn das Produkt des Konkurrenten teurer wird, dann steigt die Nachfrage nach dem Produkt.[5]

---

[5] Nehmen wir beispielsweise an, die Nachfrage bezieht sich auf Orangensaft. Der Preis p ist für Orangensaft. q ist der Preis für Apfelsaft. Wenn Apfelsaft teurer wird, dann wird mehr Orangensaft nachgefragt.

7.5 Partielle Elastizitäten

7.9 Wir schreiben die Funktion als

$$D(p,q) = \frac{3q}{p^3} = 3 \cdot q \cdot p^{-3}$$

(a) Die partiellen Ableitungen erster Ordnung von $D(p,q)$ sind

$$D'_p(p,q) = -3 \cdot 3 \cdot q \cdot p^{-4}$$
$$D'_q(p,q) = 3 \cdot p^{-3}$$

(b) Die Preiselastizität der Nachfrage berechnen wir mit der Formel

$$\begin{aligned}\varepsilon_p &= D'_p(p,q) \cdot \frac{p}{D(p,q)} \\ &= 3 \cdot q \cdot (-3) \cdot p^{-4} \frac{p}{3 \cdot q \cdot p^{-3}} \\ &= (-3) \cdot p^{-4} \frac{p}{p^{-3}} \\ &= (-3) \cdot p^{-4+1-(-3)} = (-3) \cdot p^0 \\ &= -3\end{aligned}$$

Die Kreuzpreiselastizität der Nachfrage lautet

$$\begin{aligned}\varepsilon_q &= D'_q(p,q) \cdot \frac{q}{D(p,q)} \\ &= 3 \cdot p^{-3} \cdot \frac{q}{3 \cdot q \cdot p^{-3}} = 1\end{aligned}$$

(c) Wenn der Preis p des Gutes um 6 % steigt, dann sinkt die Nachfrage nach dem Gut um $3 \cdot 6\,\% = 18\,\%$.

(d) Wenn der Preis q des Konkurrenzprodukts um 10 % sinkt, dann sinkt die Nachfrage nach dem Gut um 10 %.

7.10 Zur Beantwortung dieser Aufgabe berechnen wir Elastizitäten.

(a) Die Elastizität von U bzgl. z ist gegeben durch

$$\varepsilon_z = U'_z \cdot \frac{z}{U} = 6x^{\frac{1}{2}} \cdot y^{\frac{-1}{4}} \cdot \frac{z}{6x^{\frac{1}{2}} \cdot y^{\frac{-1}{4}} \cdot z} = 1$$

Falls z um 10 % steigt, dann steigen die Umsatzzahlen um 10 %.

(b) Die Elastizität von U bzgl. x ist gegeben durch

$$\varepsilon_x = U'_x \cdot \frac{x}{U} = 6 \cdot \frac{1}{2} \cdot x^{\frac{-1}{2}} \cdot y^{\frac{-1}{4}} \cdot z \cdot \frac{x}{6x^{\frac{1}{2}} \cdot y^{\frac{-1}{4}} \cdot z} = \frac{1}{2}$$

Falls x um 10 % sinkt, dann sinken die Umsatzzahlen um $10 \cdot 1/2\,\% = 5\,\%$.

Die Elastizität von U bzgl. y ist gegeben durch

$$\varepsilon_y = U'_y \cdot \frac{y}{U} = 6 \cdot x^{\frac{1}{2}} \cdot \frac{-1}{4} \cdot y^{\frac{-5}{4}} \cdot z \cdot \frac{y}{6x^{\frac{1}{2}} \cdot y^{\frac{-1}{4}} \cdot z} = \frac{-1}{4}$$

Falls y um 15 % steigt, dann sinken die Umsatzzahlen um $15 \cdot 1/4\,\% = 3{,}75\,\%$.

Wenn sowohl x als auch y sich ändern, gehen die Umsatzzahlen insgesamt um 8,75 % zurück. Der Vorschlag ist abzulehnen.

7.6 Lineare Approximation durch Tangentialebenen

Aufgaben

7.11 Bestimmen Sie für die folgenden Funktionen die lineare Approximation um den angegebenen Punkt:

(a) $f(x, y) = x^2 + 2xy + 2y^2 \quad (x_0, y_0) = (1, 1)$
(b) $f(x, y) = xy^3 - 2x^3 \quad (x_0, y_0) = (2, 3)$
(c) $f(x, y) = e^{x+y}(xy - 1) \quad (x_0, y_0) = (0, 0)$

7.12 Überprüfen Sie für ein Beispiel aus Aufgabe 7.11, dass die lineare Approximation nur lokal gültig ist.

Lösungen

7.11 Die Formel für die lineare Approximation einer bivariaten Funktion lautet:

$$z = f(x_0, y_0) + f'_x(x_0, y_0) \cdot (x - x_0) + f'_y(x_0, y_0) \cdot (y - y_0) \tag{7.2}$$

Als Ergebnis erhalten wir jeweils eine Tangentialebene an die Fläche im Punkt $(x_0, y_0, f(x_0, y_0))$. Diese hat die Form $z = a + bx + cy$ mit Konstanten a, b, c.

7.6 Lineare Approximation durch Tangentialebenen

(a) Zunächst berechnen wir den Funktionswert an dem angegebenen Punkt $f(x_0, y_0) = f(1, 1) = 5$. Dann bestimmen wir die partiellen Ableitungen erster Ordnung und werten diese an dem Punkt $(1, 1)$ aus:

$$f'_x(x, y) = 2x + 2y \implies f'_x(1, 1) = 4$$
$$f'_y(x, y) = 2x + 4y \implies f'_y(1, 1) = 6$$

Nun setzen wir alles in Formel (7.2) ein:

$$\begin{aligned} z &= f(x_0, y_0) + f'_x(x_0, y_0) \cdot (x - x_0) + f'_y(x_0, y_0) \cdot (y - y_0) \\ &= f(1, 1) \quad + f'_x(1, 1) \cdot (x - 1) \quad + f'_y(1, 1) \cdot (y - 1) \\ &= 5 \qquad\quad + 4 \cdot (x - 1) \qquad\quad + 6 \cdot (y - 1) \\ &= 5 \qquad\quad + 4x - 4 \qquad\qquad + 6y - 6 \\ &= -5 \qquad\; + 4x \qquad\qquad\quad + 6y \end{aligned}$$

Abb. 7.5 zeigt die Funktion und die Tangentialebene.

(b) Zunächst berechnen wir den Funktionswert an dem angegebenen Punkt $f(x_0, y_0) = f(2, 3) = 38$. Dann bestimmen wir die partiellen Ableitungen erster Ordnung und werten diese an dem Punkt $(2, 3)$ aus:

$$f'_x(x, y) = y^3 - 6x^2 \implies f'_x(2, 3) = 27 - 6 \cdot 4 = 3$$
$$f'_y(x, y) = 3xy^2 \implies f'_y(2, 3) = 54$$

Nun setzen wir alles in Formel (7.2) ein:

$$\begin{aligned} z &= f(x_0, y_0) + f'_x(x_0, y_0) \cdot (x - x_0) + f'_y(x_0, y_0) \cdot (y - y_0) \\ &= f(2, 3) \quad + f'_x(2, 3) \cdot (x - 2) \quad + f'_y(2, 3) \cdot (y - 3) \\ &= 38 \qquad\; + 3 \cdot (x - 2) \qquad\quad + 54 \cdot (y - 3) \\ &= 38 \qquad\; + 3x - 6 \qquad\qquad + 54y - 162 \\ &= -130 \qquad + 3x \qquad\qquad\quad + 54y \end{aligned}$$

(c) Die Schwierigkeit in dieser Aufgabe liegt daran, dass die partiellen Ableitungen mit Hilfe der Produktregel gebildet werden:

$$f'_x(x, y) = e^{x+y}(xy - 1) + e^{x+y} \cdot y \implies f'_x(0, 0) = e^0(0 - 1) + e^0 \cdot 0 = -1$$
$$f'_x(x, y) = e^{x+y}(xy - 1) + e^{x+y} \cdot x \implies f'_x(0, 0) = e^0(0 - 1) + e^0 \cdot 0 = -1$$

Abb. 7.5 Die Funktion $f(x, y) = x^2 + 2xy + 2y^2$ und die Tangentialebene im Punkt $(1, 1)$

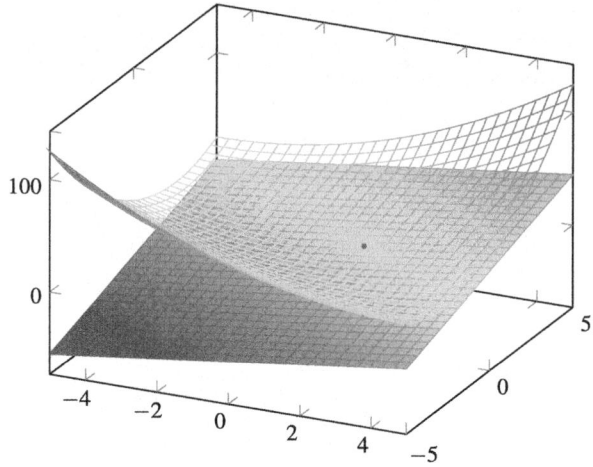

Nun setzen wir alles in Formel (7.2) ein:

$$\begin{aligned} z &= f(x_0, y_0) + f'_x(x_0, y_0) \cdot (x - x_0) + f'_y(x_0, y_0) \cdot (y - y_0) \\ &= f(0, 0) \quad + f'_x(0, 0) \cdot (x - 0) \quad + f'_y(0, 0) \cdot (y - 0) \\ &= -1 \quad\quad + (-1) \cdot x \quad\quad\quad + (-1) \cdot y \\ &= -1 \quad\quad - x \quad\quad\quad\quad\quad - y \end{aligned}$$

7.12 Um zu überprüfen, dass die lineare Approximation nur lokal gilt, wählen wir zwei Punkte aus und stellen fest, dass der Unterschied zwischen Approximation und Funktionswert umso größer ist je weiter der Punkt von (x_0, y_0) entfernt ist.

In Teilaufgabe (a) wählen wir einen Punkt, der in der Nähe von (x_0, y_0) liegt, etwa den Punkt $(1{,}01, 1{,}01)$. Den Unterschied zwischen Funktionswert $f(x, y) = x^2 + 2xy + 2y^2$ und Approximationswert $z = z(x, y) = -5 + 4x + 6y$ können wir durch die Differenz

$$f(1{,}01, 1{,}01) - z(1{,}01, 1{,}01) = 5{,}1005 - 5{,}1 = 0{,}0005$$

berechnen. Der „Fehler", den wir machen, wenn wir die Approximation statt Funktion betrachten, ist sehr sehr klein.

Der zweite Punkt liegt entfernt von (x_0, y_0) wie etwa der Punkt $(0, 0)$. Auch hier berechnen wir die Differenz

$$f(0, 0) - z(0, 0) = 0 - (-5) = 5$$

Somit können wir folgern, dass der „Fehler", den wir machen, wenn wir die Approximation statt Funktion betrachten, sehr groß ist.

Die lineare Approximation gilt demnach nur lokal, d. h. in einer kleinen Umgebung von (x_0, y_0).

7.7 Weitere Aufgaben

Aufgaben

7.13 Berechnen Sie die partiellen Ableitungen erster und zweiter Ordnung der folgenden Funktionen:

(a) $f(x, y) = 4x^2y + 3xy^3 - 7xy^2 - 5xy + 10$ \quad (d) $f(x, y) = x^\alpha y^\beta$
(b) $f(p, q) = 3p^{-2}q^3 + 10pq^{-1}$ \quad (e) $f(p, m) = \frac{m}{2p}$
(c) $f(x, y) = 5e^{3xy}$ \quad (f) $f(a, b) = -a^2b^2 + 3a - 5b^{-2}$

7.14 Gegeben sei die Funktion

$$z = f(x, y) = x^2y^3 + 4xy$$

(a) Berechnen Sie das totale Differential der Funktion.
(b) Berechnen Sie die exakte Änderung der Funktion von $f(1,1)$ auf $f(1,1, 1,1)$, indem Sie die Differenz der Funktionswerte $\Delta z = f(1,1, 1,1) - f(1, 1)$ berechnen.
(c) Welchen Wert für die Änderung erhält man, wenn man die Änderung mit dem totalen Differential berechnet? (Hinweis: $dx = dy = 0{,}1$.)

7.15 Gegeben sei folgende Funktion

$$z = f(x, y) = xy$$

(a) Berechnen Sie $f(x + dx, y + dy)$.
(b) Berechnen Sie die Differenz

$$\Delta z = f(x + dx, y + dy) - f(x, y)$$

(c) Berechnen Sie nun das totale Differential $dz = df$ der Funktion $f(x, y)$.
(d) Untersuchen Sie, worin sich Δz und dz unterscheiden, indem Sie die Differenz $\Delta z - dz$ ausrechnen.
(a) Welche Folgerung ziehen Sie aus dem Ergebnis aus (d)?

7.16 Gegeben sei die Funktion

$$z = f(x, y) = 10(1 + xy)^2$$

(a) Alle Punkte (x, y), für die gilt, dass $xy = 5$, liegen auf einer Höhenlinie der Funktion. Welche „Höhe" hat die Funktion für diese Punkte?

(b) Welche Bedingung erfüllen (x, y), damit die „Höhe" $f(x, y) = 250$ beträgt?

7.17 Können sich zwei Höhenlinien einer Funktion $f(x, y) = c_1$ und $f(x, y) = c_2$ mit unterschiedlichen Werten $c_1 \neq c_2$ schneiden? Begründen Sie Ihre Antwort.

7.18 Eine Funktion $f(x, y)$ nennt man homogen vom Grade α, falls für alle Konstanten $\lambda > 0$ gilt, dass

$$f(\lambda x, \lambda y) = \lambda^\alpha f(x, y)$$

(a) Zeigen Sie, dass die Funktion

$$f(x, y) = 10xy$$

homogen ist. Bestimmen Sie den Homogenitätsgrad der Funktion.

(b) Ein Produkt wird mit zwei Inputfaktoren x_1 und x_2 produziert. Die Produktionsmenge z wird durch die folgende Funktion

$$z = \sqrt{x_1 \cdot x_2}$$

beschrieben. Zeigen Sie, dass die Funktion linear homogen, d. h. homogen vom Grad 1 ist.

(c) Wie kann die Eigenschaft aus (b) ökonomisch interpretiert werden?

7.19 Eine Funktion $f(x, y)$ nennt man homogen vom Grade α, falls für alle Konstanten $\lambda > 0$ gilt, dass

$$f(\lambda x, \lambda y) = \lambda^\alpha f(x, y) \tag{7.3}$$

Es gilt folgendes Ergebnis, das Eulers Theorem genannt wird:

Eine Funktion f ist homogen vom Grad α genau dann, wenn

$$x f'_x(x, y) + y f'_y(x, y) = \alpha f(x, y)$$

Überprüfen Sie, ob dieses Resultat auch für die Funktion $f(x, y) = x^2 y^2$ gilt.

7.20 Berechnen Sie für die Cobb-Douglas-Funktion (mit a, b, c als Konstanten)

$$f(x, y) = c \cdot x^a \cdot y^b$$

die partiellen Elastizitäten. Wie lauten demnach die partiellen Elastizitäten von $f(x, y) = 4 \cdot x^3 \cdot y^{-2}$?

7.21 Für eine Funktion, die homogen vom Grad α ist (siehe Aufgabe 7.19 für die Definition) gilt: Die Summe der partiellen Elastizitäten entspricht dem Homogenitätsgrad, d. h.

$$\varepsilon_x + \varepsilon_y = \alpha$$

Untersuchen Sie, ob diese Aussage für die Funktion

$$f(x, y) = xy^2$$

richtig ist.

7.22 Eulers Theorem besagt:
Eine Funktion f ist homogen vom Grad α genau dann, wenn

$$xf'_x(x, y) + yf'_y(x, y) = \alpha f(x, y)$$

Wie kann man dieses Resultat verwenden, um zu zeigen, dass für homogene Funktionen die Summe der partiellen Elastizitäten dem Homogenitätsgrad entspricht?

Lösungen

7.13

(a) Die Ableitungen werden mit der Regel für das Differenzieren von Potenzfunktionen (5.1) gebildet:

$$f'_x(x, y) = 8xy + 3y^2 - 7y^2 - 5y$$
$$f'_y(x, y) = 4x^2 + 9xy^2 - 14xy - 5x$$
$$f''_{xx}(x, y) = 8y$$
$$f''_{xy}(x, y) = 8x + 9y^2 - 14y - 5$$
$$f''_{yx}(x, y) = 8x + 9y^2 - 14y - 5$$
$$f''_{yy}(x, y) = 18xy - 14x$$

(b) Auch diese Funktion differenzieren wir mit Regel (5.1):

$$f'_p(p,q) = -6p^{-3}q^3 + 10q^{-1}$$
$$f'_q(p,q) = 9p^{-2}q^2 - 10pq^{-2}$$
$$f''_{pp}(p,q) = 18p^{-4}q^3$$
$$f''_{pq}(p,q) = -18p^{-3}q^2 - 10q^{-2}$$
$$f''_{qp}(p,q) = -18p^{-3}q^2 - 10q^{-2}$$
$$f''_{qq}(p,q) = 18p^{-2}q + 20pq^{-3}$$

(c) Bei dieser Funktion wenden wir bei den ersten Ableitungen die Kettenregel für die Exponentialfunktion (5.6) und bei den zweiten gemischten Ableitungen zusätzlich die Produktregel (5.2) an:

$$f'_x(x,y) = 5e^{3xy} \cdot 3y = 15ye^{3xy}$$
$$f'_y(x,y) = 5e^{3xy} \cdot 3x = 15xe^{3xy}$$
$$f''_{xx}(x,y) = 15ye^{3xy} \cdot 3y = 45y^2 e^{3xy}$$
$$f''_{xy}(x,y) = 15 \cdot e^{3xy} + 15ye^{3xy} \cdot 3x = 15 \cdot e^{3xy}(1 + 3xy)$$
$$f''_{yx}(x,y) = 15 \cdot e^{3xy} + 15x \cdot e^{3xy} \cdot 3y = 15e^{3xy}(1 + 3xy)$$
$$f''_{yy}(x,y) = 15xe^{3xy} \cdot 3x = 45x^2 e^{3xy}$$

(d) Die Ableitungen der Cobb-Douglas-Funktion lauten

$$f'_x(x,y) = \alpha x^{\alpha-1} y^\beta$$
$$f'_y(x,y) = \beta x^\alpha y^{\beta-1}$$
$$f''_{xx}(x,y) = \alpha(\alpha - y)x^{\alpha-2} y^\beta$$
$$f''_{xy}(x,y) = \alpha\beta x^{\alpha-1} y^{\beta-1}$$
$$f''_{yx}(x,y) = \alpha\beta x^{\alpha-1} y^{\beta-1}$$
$$f''_{yy}(x,y) = \beta(\beta - 1)x^\alpha y^{\beta-2}$$

(e) Wir schreiben zunächst die Funktion um zu $f(p,m) = \frac{m}{2p} = 0{,}5 \cdot m \cdot p^{-1}$:

$$f'_p(p,m) = 0{,}5 \cdot m \cdot (-1) \cdot p^{-2} = -0{,}5 mp^{-2}$$
$$f'_m(p,m) = 0{,}5 \cdot p^{-1}$$
$$f''_{pp}(p,m) = -0{,}5 \cdot m \cdot (-2) \cdot p^{-3} = mp^{-3}$$
$$f''_{pm}(p,m) = -0{,}5 p^{-2}$$
$$f''_{mp}(p,m) = -0{,}5 p^{-2}$$
$$f''_{mm}(p,m) = 0$$

(f)
$$f'_a(a,b) = -2ab^2 + 3$$
$$f'_b(a,b) = -2a^2b + 10b^{-3}$$
$$f''_{aa}(a,b) = -2b^2$$
$$f''_{ab}(a,b) = -4ab$$
$$f''_{ba}(a,b) = -4ab$$
$$f''_{bb}(a,b) = -2a^2 - 30b^{-4}$$

7.14

(a) Um das totale Differential dz der Funktion zu berechnen, müssen wir zunächst partiell ableiten:

$$f(x,y) = x^2y^3 + 4xy$$
$$\implies f'_x(x,y) = 2xy^3 + 4y$$
$$f'_y(x,y) = 3x^2y^2 + 4x$$
$$\implies dz = f'_x(x,y)dx + f'_y(x,y)dy$$
$$= (2xy^3 + 4y)dx + (3x^2y^2 + 4x)dy$$

(b) Die exakte Änderung der Funktion ist gegeben durch die Differenz

$$\Delta z = f(1{,}1, 1{,}1) - f(1,1)$$
$$= 6{,}45051 - 5$$
$$= 1{,}45051$$

(c) Um die Änderung der Funktionswerte mit dem totalen Differential zu berechnen, setzen wir den Punkt $(1, 1)$ in das Differential ein und erhalten

$$dz = (2xy^3 + 4y)dx + (3x^2y^2 + 4x)dy$$
$$= 6dx + 6dy$$
$$= 6 \cdot 0{,}1 + 6 \cdot 0{,}1$$
$$= 1{,}3$$

Die Änderung des Funktionswertes mit Hilfe des totalen Differentials ist eine Annäherung an die exakte Änderung aus (b).

7.15

(a) Wir berechnen den Funktionswert durch Einsetzen und Ausmultiplizieren

$$f(x+dx, y+dy) = (x+dx) \cdot (y+dy)$$
$$= xy + xdy + ydx + dx \cdot dy$$

(b) Die Differenz ist

$$\Delta z = f(x+dx, y+dy) - f(x,y)$$
$$= xy + xdy + ydx + dx \cdot dy - xy$$
$$= xdy + ydx + dx \cdot dy$$

(c) Das totale Differential der Funktion ist

$$dz = f'_x(x,y)dx + f'_y(x,y)$$
$$= ydx + xdy$$

(d) Nun berechnen wir mit den Ergebnissen aus (b) und (c) die Differenz

$$\Delta z - dz = xdy + ydx + dx \cdot dy - (ydx + xdy)$$
$$= dx \cdot dy$$

(e) Wir können daraus folgern, dass der Fehler, der entsteht, wenn wir eine Änderung der Funktion mit Hilfe des totalen Differentials berechnen, anstatt die exakte Differenz wie in (b) zu betrachten, bei dieser Funktion $dx \cdot dy$ beträgt. Wenn die Abweichungen in den Variablen sehr klein ist, dann wird der Fehler $dx \cdot dy$ sehr klein. Nehmen wir als Beispiel eine Änderung der Variablen um $dx = 0,1$ bzw. $dy = 0,1$. Dann ist der Fehler $0,01$.

7.16 Punkte (x, y) liegen auf einer Höhenlinie einer Funktion, falls

$$z = f(x,y) = c = 10(1+xy)^2$$

wobei die Konstante c die Höhe der Funktion bezeichnet.

(a) Alle Punkte (x, y), für die gilt, dass $xy = 5$, liegen auf einer Höhenlinie der Funktion. Diese Eigenschaft setzen wir in die Funktion ein und erhalten, dass

$$f(x,y) = 10(1+xy)^2 = 10 \cdot (1+5)^2 = 360$$

Die Höhe ist somit 360.

7.7 Weitere Aufgaben

(b) Eine „Höhe" von $c = 250$ bedeutet, dass

$$250 = f(x, y) = 10(1 + xy)^2$$
$$\implies 25 = (1 + xy)^2 \quad | \sqrt{\ldots}$$
$$\implies \pm 5 = 1 + xy$$
$$\implies xy = -6 \quad \text{und} \quad xy = 4$$

Alle Punkte (x, y), für die entweder $xy = -6$ oder $xy = 4$, liegen auf einer Höhe von $c = 250$.

7.17 Auf einer Höhenlinie liegen alle Punkte (x, y), für die $f(x, y) = c$, d. h. der Funktionswert nimmt einen bestimmten Wert c an. Es gibt somit jede Höhenlinie nur einmal. Außerdem ist f eine Funktion, die jedem Punkt (x, y) einen eindeutigen Wert $f(x, y)$ zuordnet und nicht zwei oder mehr. Ein Punkt kann nicht auf zwei verschiedenen Höhen abgebildet werden. Deshalb können sich Höhenlinien nicht schneiden.

7.18
(a) Um zu zeigen, dass die Funktion

$$f(x, y) = 10xy$$

homogen ist, setzen wir $(\lambda x, \lambda y)$ in die Funktion ein:

$$f(\lambda x, \lambda y) = 10 \cdot \lambda x \cdot \lambda y = \lambda^2 \cdot 10xy = \lambda^2 f(x, y)$$

Wir folgern daraus, dass die Funktion homogen vom Grad $\alpha = 2$ ist.
(b) Auch hier betrachten wir

$$z = \sqrt{\lambda x_1 \cdot \lambda x_2} = \sqrt{\lambda^2 x_1 \cdot x_2} = \sqrt{\lambda^2} \sqrt{x_1 \cdot x_2} = \lambda \sqrt{x_1 \cdot x_2}$$

Somit folgt, dass $\alpha = 1$. Die Funktion ist linear homogen.
(c) Wenn beide Inputfaktoren mit dem Faktor λ multipliziert werden, dann ist die Outputmenge auch mit dem Faktor λ zu multiplizieren. Konkret bedeutet dies, dass sich beispielsweise die Outputmenge verdoppelt, wenn die Inputfaktoren verdoppelt werden ($\lambda = 2$).

7.19 Wir überprüfen Eulers Theorem für die gegebene Funktion $f(x, y) = x^2 y^2$, indem wir beide Seiten der Gleichung berechnen und vergleichen. Die linke Seite der Gleichung ist

$$x f'_x(x, y) + y f'_y(x, y) = x \cdot 2xy^2 + y \cdot x^2 \cdot 2y = 2x^2 y^2 + 2x^2 y^2 = 4x^2 y^2 = 4 f(x, y)$$

Auf der rechten Seite der Gleichung steht $\alpha f(x, y)$, wobei α der Homogenitätsgrad der Funktion ist. Wenn also die Funktion einen Homogenitätsgrad $\alpha = 4$ hat, dann stimmt Eulers Theorem für diese Funktion.

Deshalb bestimmen wir nun den Homogenitätsgrad der Funktion, indem wir $(\lambda x, \lambda y)$ einsetzen:

$$f(\lambda x, \lambda y) = (\lambda x)^2 \cdot (\lambda y)^2 = \lambda^2 \cdot x^2 \cdot \lambda^2 \cdot y^2 = \lambda^4 \cdot x^2 y^2$$

Die Funktion hat den Homogenitätsgrad $\alpha = 4$.

7.20 Die partielle Elastizität bezüglich x berechnen wir mit der folgenden Formel

$$\begin{aligned}
\varepsilon_x &= f'_x(x, y) \cdot \frac{x}{f(x, y)} \\
&= a \cdot c \cdot x^{a-1} \cdot y^b \cdot \frac{x}{c \cdot x^a \cdot y^b} \\
&= a \cdot x^{a-1+1} \\
&= a \cdot x^0 \\
&= a
\end{aligned}$$

Die partielle Elastizität bezüglich y sieht so aus

$$\begin{aligned}
\varepsilon_y &= f'_y(x, y) \cdot \frac{y}{f(x, y)} \\
&= b \cdot c \cdot x^a \cdot y^{b-1} \cdot \frac{y}{c \cdot x^a \cdot y^b} \\
&= b \cdot y^{b-1+1} \\
&= b \cdot y^0 \\
&= b
\end{aligned}$$

Wir stellen fest, dass in beiden Fällen die partielle Elastizität der Cobb-Douglas-Funktion jeweils durch den Exponenten der entsprechenden Variablen gegeben ist.

Mit diesem Wissen, können wir folgern, dass für

$$f(x, y) = 4 \cdot x^3 \cdot y^{-2} \implies \varepsilon_x = 3 \quad \text{und} \quad \varepsilon_y = -2$$

7.21 Wir untersuchen, ob die folgende Aussage

$$\varepsilon_x + \varepsilon_y = \alpha$$

für die Funktion $f(x, y) = xy^2$, indem wir als ersten Schritt den Homogenitätsgrad α der Funktion bestimmen. Dazu berechnen wir nach (7.3)

7.7 Weitere Aufgaben

$$f(\lambda x, \lambda y) = (\lambda x) \cdot (\lambda y)^2 = \lambda \cdot x \cdot \lambda^2 \cdot y^2 = \lambda^3 \cdot xy^2$$

Aus dem Ergebnis folgern wir, dass der Homogenitätsgrad dieser Funktion $\alpha = 3$ ist. Im zweiten Schritt berechnen wir die linke Seite der Aussage. Die Elastizitäten können wir mit Aufgabe 7.21 schnell bestimmen: Sie sind durch die jeweiligen Exponenten gegeben, da die Funktion eine Cobb-Douglas-Funktion ist.

$$\varepsilon_x + \varepsilon_y = 1 + 2 = 3 = \alpha$$

Die Aussage stimmt für die gegebene Funktion.

7.22 Wenn eine Funktion homogen vom Grad α ist, dann gilt Eulers Theorem:

$$x \cdot f'_x(x, y) + y \cdot f'_y(x, y) = \alpha f(x, y)$$

Wenn wir beide Seiten dieser Gleichung durch $f(x, y)$ teilen, dann erhalten wir

$$\frac{x \cdot f'_x(x, y) + y \cdot f'_y(x, y)}{f(x, y)} = \frac{\alpha \cdot f(x, y)}{f(x, y)}$$

$$\implies x \cdot \frac{f'_x(x, y)}{f(x, y)} + y \cdot \frac{f'_y(x, y)}{f(x, y)} = \alpha \cdot \frac{f(x, y)}{f(x, y)}$$

$$\implies \varepsilon_x + \varepsilon_y = \alpha$$

Somit entspricht die Summe der Elastizitäten dem Homogenitätsgrad.

Optimierung ohne und mit Nebenbedingungen 8

In diesem Kapitel üben wir

1. die Bestimmung von Hoch-, Tief- und Sattelpunkten von bivariaten Funktionen,
2. die Analyse des Gewinnmaximierungsproblems eines Unternehmens,
3. einen Lösungsweg von Optimierungsproblemen mit Nebenbedingungen durch Einsetzen der Nebenbedingung in die Zielfunktion,
4. einen weiteren Lösungsweg mit Hilfe der Lagrange-Funktion,
5. die Analyse des Nutzenmaximierungsproblems eines Konsumenten,
6. die Erweiterung der Methode auf zwei oder mehr Nebenbedingungen,
7. die Berechnung der Bedingungen zweiter Ordnung mit Hilfe der berandeten Hesse-Matrix.

8.1 Berechnung von Extrempunkten

Aufgaben

8.1 Bestimmen Sie für die folgenden Funktionen jeweils die stationären Punkte und untersuchen Sie, ob dort Maxima, Minima oder Sattelpunkte vorliegen:

(a) $f(x, y) = x^2 + y^2$
(b) $f(x, y) = -x^2 - y^2$
(c) $f(x, y) = x^2 - y^2$
(d) $f(x, y) = \frac{1}{3}x^3 - x + y^2 + 10$
(e) $f(x, y) = x^3 - x^2 - y^2 + 8$
(f) $f(x, y) = x^2 + \frac{1}{2}y^2 - xy + 2y + 7$
(g) $f(x, y) = 4x^4 - 2x^2 - 0{,}5y^4 - 2y^2 + 4xy + 23$
(h) $f(x, y) = x^3 + y^3 - 3x - 2y$

© Der/die Autor(en), exklusiv lizenziert durch Springer Fachmedien Wiesbaden GmbH, ein Teil von Springer Nature 2021
S. Flotho, *Übungsbuch Wirtschaftsmathematik*,
https://doi.org/10.1007/978-3-658-34658-4_8

8.2 Gegeben sei die folgende Funktion

$$f(x, y) = x^3 - x^2 - y^2 + 8$$

(a) Berechnen Sie die partiellen Ableitungen erster und zweiter Ordnung von f.
(b) Bestimmen Sie die stationären Punkte von f. (Hinweis: Es gibt zwei.)
(c) Untersuchen Sie, ob die stationären Punkte Maxima, Minima oder Sattelpunkte sind.
(d) Berechnen Sie die lineare Approximation von f im Punkt $(1, 1)$. Wie kann man das Ergebnis interpretieren?

8.3 Ein Unternehmen produziert zwei Güter. Von Gut 1 wird die Menge x und von Gut 2 die Menge y produziert. Dabei fallen Kosten an in Höhe von

$$K(x, y) = 6x^2 - 24x + 12xy - 120y + 12y^2 + 344$$

Das Gut 1 wird für 120 EUR pro Stück verkauft, das Gut 2 für 60 EUR pro Stück. Welche Mengen maximieren den Gewinn? Wie hoch ist dieser?

8.4 Gegeben sei die folgende Funktion

$$f(x, y) = -x^2 + 2axy - y^2 + 4x - 4y$$

wobei a ein konstanter Parameter ist.

(a) Berechnen Sie die stationären Punkte von f, die von a abhängen.
(b) Welchen Wert muss a annehmen, damit der stationäre Punkt ein Maximum, ein Minimum oder ein Sattelpunkt ist?
(c) Der Funktionswert für die Punkte aus (b) hängt vom Parameter a ab, d. h. $f(x, y) = f(a)$. Wie ändert sich dieser Funktionswert, wenn a sich ändert?

Lösungen

8.1 Zur Bestimmung von Hoch-, Tief- und Sattelpunkten gehen wir in zwei Schritten vor. Zunächst bestimmen wir stationäre Punkte der Funktion und untersuchen anschließend die Bedingungen zweiter Ordnung mit den zweiten Ableitungen.

(a) Notwendige Bedingung, d. h. Berechnung von stationären Punkten:
– Wir berechnen die partiellen Ableitungen erster Ordnung der Funktion

$$f'_x(x, y) = 2x \quad \text{und} \quad f'_y(x, y) = 2y$$

8.1 Berechnung von Extrempunkten

- Wir setzen diese Ableitungen gleich Null. Dies sind die Bedingungen für einen stationären Punkt.

$$f'_x(x, y) = 0 = 2x \tag{8.1}$$
$$f'_y(x, y) = 0 = 2y \tag{8.2}$$

- Wir lösen die zwei Gl. (8.1) und (8.2) nach den zwei Unbekannten x und y auf. In diesem Fall ist die Lösung $(x, y) = (0, 0)$.

Hinreichende Bedingung, d. h. Untersuchung der zweiten Ableitungen:

- Wir berechnen die partiellen Ableitungen zweiter Ordnung der Funktion

$$A = f''_{xx}(x, y) = 2 \quad B = f''_{xy}(x, y) = 0$$
$$B = f''_{yx}(x, y) = 0 \quad C = f''_{yy}(x, y) = 2$$

- Wir untersuchen das Vorzeichen des folgenden Ausdrucks: $AC - B^2 = 4 > 0$. Außerdem ist $A > 0$.
  Wenn $AC - B^2 > 0$ und $A > 0$, dann ist der stationäre Punkt ein **Minimum.**
  Abb. 8.1 zeigt die Funktion.

(b) Notwendige Bedingung, d. h. Berechnung von stationären Punkten:

- Die Bedingungen für einen stationären Punkt sind

$$f'_x(x, y) = 0 = -2x$$
$$f'_y(x, y) = 0 = -2y$$

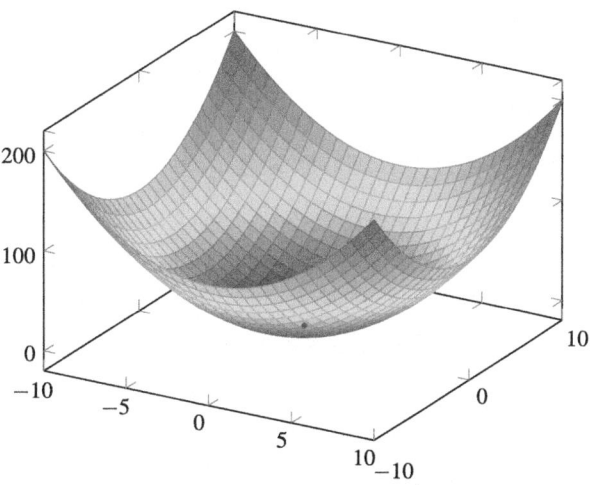

Abb. 8.1 Die Funktion $f(x, y) = x^2 + y^2$ und ihr stationärer Punkt $(0, 0)$

- Die Lösung des Gleichungssystems ist $(x, y) = (0, 0)$.

Hinreichende Bedingung, d.h. Untersuchung der zweiten Ableitungen:

- Wir berechnen die partiellen Ableitungen zweiter Ordnung der Funktion

$$A = f''_{xx}(x, y) = -2 \quad B = f''_{xy}(x, y) = 0$$
$$B = f''_{yx}(x, y) = 0 \quad C = f''_{yy}(x, y) = -2$$

- Wir untersuchen das Vorzeichen des folgenden Ausdrucks: $AC - B^2 = 4 > 0$. Außerdem ist $A = -2 < 0$.
  Wenn $AC - B^2 > 0$ und $A < 0$, dann ist der stationäre Punkt ein **Maximum.**
  Abb. 8.2 zeigt die Funktion.

(c) Notwendige Bedingung, d.h. Berechnung von stationären Punkten:

- Die Bedingungen für einen stationären Punkt sind

$$f'_x(x, y) = 0 = 2x$$
$$f'_y(x, y) = 0 = -2y$$

- Die Lösung des Gleichungssystems ist $(x, y) = (0, 0)$.

Hinreichende Bedingung, d.h. Untersuchung der zweiten Ableitungen:

- Wir berechnen die partiellen Ableitungen zweiter Ordnung der Funktion

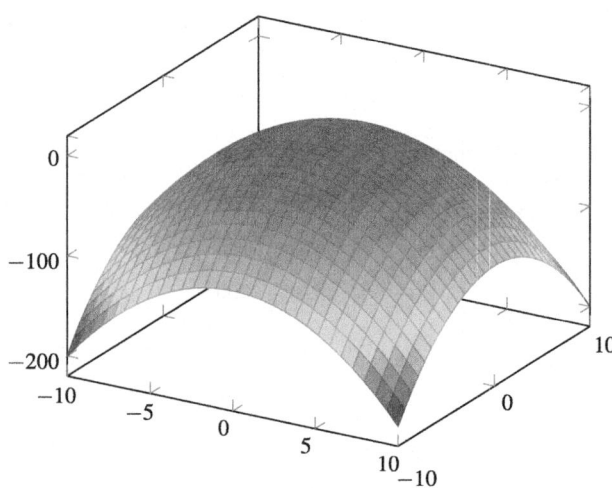

Abb. 8.2 Die Funktion $f(x, y) = -x^2 - y^2$ und ihr stationärer Punkt $(0, 0)$

8.1 Berechnung von Extrempunkten

$$A = f''_{xx}(x, y) = 2 \quad B = f''_{xy}(x, y) = 0$$
$$B = f''_{yx}(x, y) = 0 \quad C = f''_{yy}(x, y) = -2$$

- Wir untersuchen das Vorzeichen des folgenden Ausdrucks: $AC - B^2 = -4 < 0$. Wenn $AC - B^2 < 0$, dann ist der stationäre Punkt ein **Sattelpunkt.** Abb. 8.3 zeigt die Funktion.

(d) Notwendige Bedingung, d. h. Berechnung von stationären Punkten:
- Die Bedingungen für einen stationären Punkt sind

$$f'_x(x, y) = x^2 - 1 = 0$$
$$f'_y(x, y) = 2y = 0$$

- Die Lösung der zweiten Gleichung ist $y = 0$. Die erste Gleichung hat zwei Lösungen: $x = \pm 1$. Es gibt somit zwei stationäre Punkte: $(x_1, y_1) = (-1, 0)$ und $(x_2, y_2) = (1, 0)$.

Hinreichende Bedingung, d. h. Untersuchung der zweiten Ableitungen:
- Wir berechnen die partiellen Ableitungen zweiter Ordnung der Funktion

$$f''_{xx}(x, y) = 2x \quad f''_{xy}(x, y) = 0$$
$$f''_{yx}(x, y) = 0 \quad f''_{yy}(x, y) = 2$$

- Wir stellen fest, dass eine der Ableitungen noch von den Variablen abhängt. Deshalb müssen wir zunächst den stationären Punkt in die zweiten Ableitungen einsetzen.
- Für den Punkt $(x_1, y_1) = (-1, 0)$ erhalten wir:

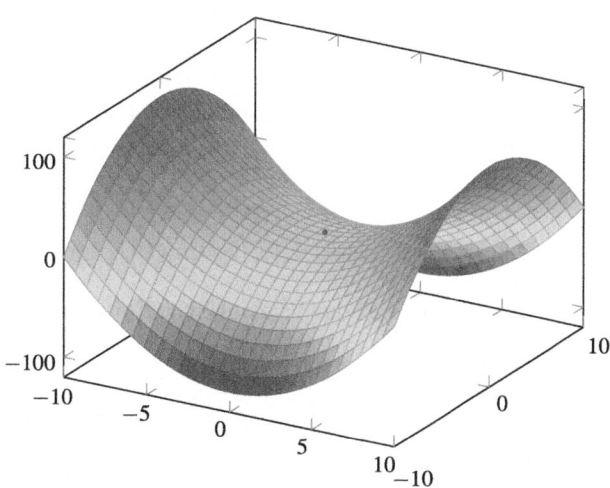

Abb. 8.3 Die Funktion $f(x, y) = x^2 - y^2$ und ihr stationärer Punkt $(0, 0)$

$$A = f''_{xx}(-1, 0) = -2 \quad B = f''_{xy}(-1, 0) = 0$$
$$B = f''_{yx}(-1, 0) = 0 \quad C = f''_{yy}(-1, 0) = 2$$

- Wir untersuchen das Vorzeichen des Ausdrucks $AC - B^2 = -4 < 0$. Demnach ist dieser stationäre Punkt ein Sattelpunkt.
- Für den Punkt $(x_1, y_1) = (-1, 0)$ erhalten wir:

$$A = f''_{xx}(1, 0) = 2 \quad B = f''_{xy}(1, 0) = 0$$
$$B = f''_{yx}(1, 0) = 0 \quad C = f''_{yy}(1, 0) = 2$$

- Wir untersuchen das Vorzeichen des Ausdrucks $AC - B^2 = 4 > 0$. Da $A = 2 > 0$, ist dieser stationäre Punkt ein Minimum.

Es liegt somit ein Minimum in $(1, 0)$ und ein Sattelpunkt in $(-1, 0)$ vor.

(e) Notwendige Bedingung, d. h. Berechnung von stationären Punkten:
- Die Bedingungen für einen stationären Punkt sind

$$f'_x(x, y) = 3x^2 - 2x = 0$$
$$f'_y(x, y) = -2y = 0$$

- Die Lösung der zweiten Gleichung ist $y = 0$. Die erste Gleichung lässt sich umformen zu $x(3x - 2) = 0$. Dies wird erfüllt, falls $x = 0$ und $x = 2/3$.[1]
Somit sind $(0, 0)$ und $(2/3, 0)$ die stationären Punkte.

Hinreichende Bedingung, d. h. Untersuchung der zweiten Ableitungen:
- Wir berechnen die partiellen Ableitungen zweiter Ordnung der Funktion

$$f''_{xx}(x, y) = 6x - 2 \quad f''_{xy}(x, y) = 0$$
$$f''_{yx}(x, y) = 0 \quad f''_{yy}(x, y) = -2$$

- Wir stellen fest, dass die Ableitungen noch von den Variablen abhängt. Deshalb müssen wir zunächst den stationären Punkt in die zweiten Ableitungen einsetzen.
- Für den Punkt $(x_1, y_1) = (0, 0)$ erhalten wir:

$$A = f''_{xx}(0, 0) = -2 \quad B = f''_{xy}(0, 0) = 0$$
$$B = f''_{yx}(0, 0) = 0 \quad C = f''_{yy}(0, 0) = -2$$

- Wir untersuchen das Vorzeichen des Ausdrucks $AC - B^2 = 4 > 0$.

---

[1] Das Resultat folgt aus dem Satz vom Nullprodukt oder mit der Mitternachtsformel.

Da $A = -1 < 0$, ist dieser stationäre Punkt ein Maximum.
- Für den Punkt $(x_1, y_1) = (2/3, 0)$ erhalten wir:

$$A = f''_{xx}(2/3, 0) = 2 \quad B = f''_{xy}(2/3, 0) = 0$$
$$B = f''_{yx}(2/3, 0) = 0 \quad C = f''_{yy}(2/3, 0) = -2$$

- Wir untersuchen das Vorzeichen des Ausdrucks $AC - B^2 = -4 < 0$.
  Der stationäre Punkt ist ein Sattelpunkt.

Es liegt ein Maximum in $(0, 0)$ und ein Sattelpunkt in $(\frac{2}{3}, 0)$ vor.

(f) Notwendige Bedingung, d.h. Berechnung von stationären Punkten:
- Die Bedingungen für einen stationären Punkt sind

$$f'_x(x, y) = 2x - y = 0$$
$$f'_y(x, y) = y - x + 2 = 0$$

- Hier haben wir nun ein Gleichungssystem mit zwei Gleichungen und zwei Unbekannten. Dieses lösen wir mit dem Einsetzungsverfahren. Dazu lösen wir die erste Gleichung nach $y = 2x$ auf und setzen dies in die zweite Gleichung ein:

$$2x - x + 2 = 0 \implies x = -2 \implies y = -4$$

Somit sind $(-2, -4)$ der stationäre Punkt.

Hinreichende Bedingung, d.h. Untersuchung der zweiten Ableitungen:
- Wir berechnen die partiellen Ableitungen zweiter Ordnung der Funktion

$$A = f''_{xx}(x, y) = 2 \quad B = f''_{xy}(x, y) = -1$$
$$B = f''_{yx}(x, y) = -1 \quad C = f''_{yy}(x, y) = 1$$

- Wir untersuchen das Vorzeichen des Ausdrucks $AC - B^2 = 2 > 0$.
  Es liegt ein Minimum in $(-2, -4)$ vor.

(g) Notwendige Bedingung, d.h. Berechnung von stationären Punkten:
- Die Bedingungen für einen stationären Punkt sind

$$f'_x(x, y) = 16x^3 - 4x + 4y = 0$$
$$f'_y(x, y) = -2y^3 - 4y + 4x = 0$$

- Hier haben wir nun ein Gleichungssystem mit zwei Gleichungen und zwei Unbekannten. Dieses lösen wir mit dem Additionsverfahren. Wenn wir die Gleichungen nämlich addieren, dann fallen zwei Terme heraus und wir erhalten

$$16x^3 - 2y^3 = 0 \implies 16x^3 = 2y^3 \implies 8x^3 = y^3 \implies 2x = y$$

Im letzten Schritt haben wir die dritte Wurzel gezogen. Dies setzen wir in die erste Gleichung ein.

$$16x^3 - 4x + 8x = 0 \implies 16x^3 + 4x = 0 \implies 4x(4x^2 + 1) = 0$$

Nach dem Satz vom Nullprodukt ist die Lösung $x = 0$, da der Ausdruck in der Klammer nicht Null werden kann. Somit sind $(0, 0)$ der stationäre Punkt.
Hinreichende Bedingung, d.h. Untersuchung der zweiten Ableitungen:
- Wir berechnen die partiellen Ableitungen zweiter Ordnung der Funktion

$$f''_{xx}(x, y) = 48x^2 - 4 \qquad f''_{xy}(x, y) = 4$$
$$f''_{yx}(x, y) = 4 \qquad f''_{yy}(x, y) = -6y^2 - 4$$

- Wir stellen fest, dass die Ableitungen noch von den Variablen abhängen. Deshalb müssen wir zunächst den stationären Punkt in die zweiten Ableitungen einsetzen.

$$A = f''_{xx}(0, 0) = -4 \qquad B = f''_{xy}(0, 0) = 4$$
$$B = f''_{yx}(x, y) = 4 \qquad C = f''_{yy}(0, 0) = -4$$

- Wir untersuchen das Vorzeichen des Ausdrucks $AC - B^2 = (-4) \cdot (-4) - 4^2 = 0$. Wir können keine Aussage über die Art des Extremums treffen.

(h) Notwendige Bedingung, d.h. Berechnung von stationären Punkten:
- Die Bedingungen für einen stationären Punkt sind

$$f'_x(x, y) = 3x^2 - 3 = 0$$
$$f'_y(x, y) = 3y^2 - 2 = 0$$

- Die erste Gleichung hat die Lösungen $x = \pm 1$. Die zweite Gleichung hat die Lösungen $y = \pm\sqrt{2/3}$. Es gibt somit vier stationäre Punkte: $(x_1, y_1) = (1, \sqrt{2/3})$, $(x_2, y_2) = (1, -\sqrt{2/3})$, $(x_3, y_3) = (-1, \sqrt{2/3})$ und $(x_4, y_4) = (-1, -\sqrt{2/3})$.

Hinreichende Bedingung, d.h. Untersuchung der zweiten Ableitungen:
- Wir berechnen die partiellen Ableitungen zweiter Ordnung der Funktion

$$f''_{xx}(x, y) = 6x \qquad f''_{xy}(x, y) = 0$$
$$f''_{yx}(x, y) = 0 \qquad f''_{yy}(x, y) = 6y$$

- Wir stellen fest, dass die Ableitungen noch von den Variablen abhängen. Deshalb müssen wir zunächst den stationären Punkt in die zweiten Ableitungen einsetzen.

8.1 Berechnung von Extrempunkten

– Für den Punkt $(x_1, y_1) = (1, \sqrt{2/3})$ erhalten wir:

$$A = 6 \quad B = 0$$
$$B = 0 \quad C = 6\sqrt{2/3}$$

– Das Vorzeichen von Ausdrucks $AC - B^2 = 36 \cdot \sqrt{2/3}$ ist positiv. Da $A > 0$ ist dieser Punkt ein Minimum.
– Für den Punkt $(x_2, y_2) = (1, -\sqrt{2/3})$ erhalten wir:

$$A = 6 \quad B = 0$$
$$B = 0 \quad C = -6\sqrt{2/3}$$

– Das Vorzeichen von Ausdrucks $AC - B^2 = -36 \cdot \sqrt{2/3}$ ist negativ. Dieser Punkt ist ein Sattelpunkt.
– Für den Punkt $(x_3, y_3) = (-1, \sqrt{2/3})$ erhalten wir:

$$A = -6 \quad B = 0$$
$$B = 0 \quad C = 6\sqrt{2/3}$$

– Das Vorzeichen von Ausdrucks $AC - B^2 = -36 \cdot \sqrt{2/3}$ ist negativ. Dieser Punkt ist ein Sattelpunkt.
– Für den Punkt $(x_4, y_4) = (-1, -\sqrt{2/3})$ erhalten wir:

$$A = -6 \quad B = 0$$
$$B = 0 \quad C = -6\sqrt{2/3}$$

– Das Vorzeichen von Ausdrucks $AC - B^2 = 36 \cdot \sqrt{2/3}$ ist positiv. Da $A < 0$, ist dieser Punkt ein Maximum.

Die Funktion hat in $(1, \sqrt{2/3})$ ein Minimum, in $(-1, -\sqrt{2/3})$ ein Maximum und in $(1, -\sqrt{2/3})$ und $(-1, \sqrt{2/3})$ jeweils Sattelpunkte. Abb. 8.4 zeigt die Funktion.

8.2

(a)–(c) Diese Aufgaben haben wir bereits in Aufgabe 8.2 (e) gelöst.

(d) Die lineare Approximation von f im Punkt $(1, 1)$ ist gegeben durch die Formel

$$
\begin{aligned}
z &= f(x_0, y_0) + f'_x(x_0, y_0) \cdot (x - x_0) + f'_y(x_0, y_0) \cdot (y - y_0) \\
  &= f(1, 1) \quad + f'_x(1, 1) \cdot (x - 1) \quad + f'_y(1, 1) \cdot (y - 1) \\
  &= 7 \quad\quad\quad + 1 \cdot (x - 1) \quad\quad + (-2) \cdot (y - 1) \\
  &= 7 \quad\quad\quad + x - 1 \quad\quad\quad\quad -2y + 2 \\
  &= 8 \quad\quad\quad + x \quad\quad\quad\quad\quad\quad -2y
\end{aligned}
$$

Dies ist die Gleichung der Tangentialebene, die die Funktion im Punkt (1, 1) berührt.

8.3 Wir stellen die Gewinnfunktion auf, indem wir die Differenz aus Umsatz und Kosten bilden:

$$G(x, y) = 120x + 60y - (6x^2 - 24x + 12xy - 120y + 12y^2 + 344)$$
$$= -6x^2 + 144x - 12xy + 180y - 12y^2 - 344$$

Die Bedingungen erster Ordnung sind demnach

$$G'_x(x, y) = 144 - 12x - 12y = 0$$
$$G'_y(x, y) = 180 - 12x - 24y = 0$$

Wir multiplizieren die erste Gleichung mit (-1) und addieren die beiden Gleichungen:

$$-144 + 180 + 12x - 12x + 12y - 24y = 0 \implies 36 = 12y \implies y = 3$$

Die setzen wir in die erste Gleichung ein und erhalten

$$144 - 12x - 12 \cdot 3 = 0 \implies 108 = 12x \implies x = 9$$

Der stationäre Punkt der Gewinnfunktion ist demnach $(x, y) = (9, 3)$.

Abb. 8.4 Funktion (h) aus Aufgabe 8.1

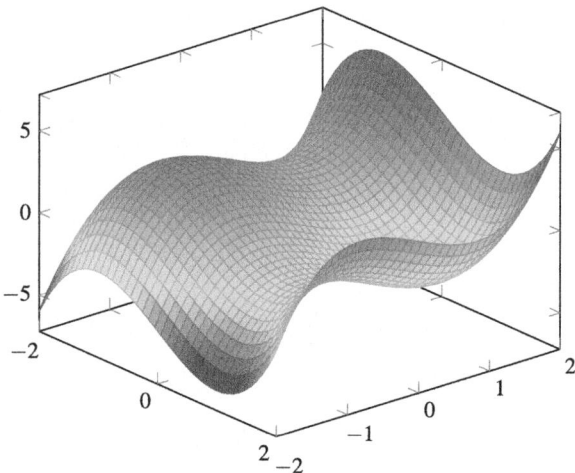

8.1 Berechnung von Extrempunkten

Um herauszufinden, ob dies tatsächlich ein Maximum ist, untersuchen wir die hinreichende Bedingung. Die partiellen Ableitungen zweiter Ordnung sind

$$G''_{xx} = -12 < 0 \qquad G''_{yy} = -24 < 0 \qquad G''_{xy} = -12$$
$$\implies G''_{xx} \cdot G''_{yy} - (G''_{xy})^2 > 0$$

Somit liegt ein Gewinnmaximum vor. Der maximale Gewinn beträgt $G(9, 3) = 574$.

8.4

(a) Stationäre Punkte von f erfüllen die folgenden Bedingungen

$$f'_x(x, y) = -2x + 2ay + 4 = 0$$
$$f'_y(x, y) = 2ax - 2y - 4 = 0$$

Wir lösen dieses Gleichungssystem mit dem Einsetzungsverfahren, indem wir die erste Gleichung nach $x = ay + 2$ auflösen und in die zweite Gleichung einsetzen:

$$
\begin{aligned}
& 0 = 2a(ay + 2) - 2y - 4 \\
\iff & = 2a^2 y + 4a - 2y - 4 \\
\iff & = y(2a^2 - 2) + 4a - 4 \qquad\qquad | + 4 - 4a \\
\iff & 4 - 4a = y(2a^2 - 2) \qquad\qquad\qquad | \div (2a^2 - 2) \\
\iff & y = \frac{4 - 4a}{(2a^2 - 2)} = \frac{2 - 2a}{(a^2 - 1)} \\
& = \frac{-2(a - 1)}{(a - 1)(a + 1)} = \qquad\qquad\text{|Bin. Formel} \\
& = \frac{-2}{a + 1} \\
\implies & x = a \cdot \frac{-2}{a + 1} + 2 = \frac{-2a}{a + 1} + \frac{2a + 2}{a + 1} \\
& = \frac{2}{a + 1}
\end{aligned}
$$

$$0 = 2a(ay + 2) - 2y - 4$$
$$= 2a^2 y + 4a - 2y - 4$$
$$= y(2a^2 - 2) + 4a - 4 \quad | + 4 - 4a$$
$$\implies 4 - 4a = y(2a^2 - 2) \quad | \div (2a^2 - 2)$$
$$\implies y = \frac{4 - 4a}{(2a^2 - 2)} = \frac{2 - 2a}{(a^2 - 1)} = \frac{-2(a - 1)}{(a - 1)(a + 1)} = \frac{-2}{a + 1}$$
$$\implies x = a \cdot \frac{-2}{a + 1} + 2 = \frac{-2a}{a + 1} + \frac{2a + 2}{a + 1} = \frac{2}{a + 1}$$

Eine Lösung für dieses System ist für $a \neq -1$ gegeben durch

$$x = \frac{2}{1 + a} \quad \text{und} \quad y = \frac{-2}{1 + a}$$

(b) Wir stellen die Hesse-Matrix mit den partiellen Ableitungen zweiter Ordnung auf und berechnen die Determinante:[2]

$$\mathbf{H} = \begin{pmatrix} -2 & 2a \\ 2a & -2 \end{pmatrix} \implies \det \mathbf{H} = 4 - 4a^2$$

Der stationäre Punkt ist ein Sattelpunkt, falls die Determinante von $\mathbf{H}$ negativ ist, d. h. falls

$$4 - 4a^2 < 0 \implies 4(1 - a^2) < 0 \implies 1 < a^2$$

Diese Ungleichung ist erfüllt, falls $a < -1$ oder $a > 1$.[3] Falls $-1 < a < 1$ ist, dann ist der stationäre Punkt ein Maximum. In dem Fall ist die Determinante der Hesse-Matrix positiv. Zudem ist $f''_{xx}(x.y) = A$ bei dieser Funktion positiv.

(c) Wir berechnen den Funktionswert $f(x, y)$ mit den Werten aus (a):

---

[2] Dies entspricht dem Kriterium $AC - B^2$.

[3] Das die Zahlenwerte 1 und -1 eine Rolle spielen, sehen wir an dem Quadrat. Durch das Wurzelziehen erhalten wir zwei Lösungen. Um das Ungleichheitszeichen richtig zu schreiben, setzen wir Zahlenwerte für a ein, die kleiner als -1 und größer als 1, und zwischen -1 und 1 liegen, um zu testen, wann $a^2 > 1$.

$$f(x,y) = f\left(\frac{2}{1+a}, \frac{-2}{1+a}\right)$$

$$= -\left(\frac{2}{1+a}\right)^2 + 2a \cdot \left(\frac{2}{1+a}\right)\left(\frac{-2}{1+a}\right) - \left(\frac{-2}{1+a}\right)^2$$

$$+ 4 \cdot \left(\frac{2}{1+a}\right) - 4 \cdot \left(\frac{-2}{1+a}\right)$$

$$= \frac{-4}{(1+a)^2} + \frac{-8a}{(1+a)^2} + \frac{-4}{(1+a)^2} + \frac{16}{1+a}$$

$$= \frac{-8-8a}{(1+a)^2} + \frac{16}{1+a}$$

$$= \frac{-8(1+a)}{(1+a)^2} + \frac{16}{1+a}$$

$$= \frac{-8}{1+a} + \frac{16}{1+a}$$

$$= \frac{8}{1+a} = f(a)$$

Um zu untersuchen, wie sich $f(a)$ ändert, wenn sich a ändert, berechnen wir die Steigung der Funktion mit der Quotientenregel (5.3):

$$f'_a(a) = \frac{0 \cdot (1+a) - 8 \cdot 1}{(1+a)^2} = \frac{-8}{(1+a)^2}$$

Diese Ableitung ist für alle a negativ, da im Nenner das Quadrat steht und der Zähler negativ ist. Daraus folgern wir, dass $f(a)$ sinkt, wenn a größer wird.

8.2 Optimierung unter Nebenbedingungen

Aufgaben

8.5 Bestimmen Sie die Extremwerte der folgenden Funktionen. Beachten Sie die jeweils angegebenen Nebenbedingungen:

(a) $f(x,y) = xy$ mit der Nebenbedingung $2x + y = 4$
(b) $f(x,y) = -2x^2 - y^2 + xy$ mit der Nebenbedingung $y = 3x$
(c) $f(x,y) = x^2 y^3$ mit der Nebenbedingung $2x + 6y = 500$

8.6 Eine Konsumentin zieht Nutzen aus dem Konsum zweier Güter. Vom ersten Gut konsumiert sie die Menge x und vom zweiten Gut die Menge y. Der Nutzen kann durch folgende Nutzenfunktion beschrieben werden

$$u(x, y) = 5x^{\frac{3}{4}} y^{\frac{1}{4}}$$

Das erste Gut hat einen Preis von $p = 3$ und das zweite Gut einen Preis von $q = 4$. Das Einkommen ist gegeben durch $m = 160$.

(a) Wie lautet die Budgetrestriktion der Konsumentin?
(b) Berechnen Sie die Grenzrate der Substitution GRS. Welcher Wert ergibt sich für $x = 75$ und $y = 100$? Wie kann dieser Wert ökonomisch interpretiert werden?
(c) Berechnen Sie das Nutzenmaximum der Konsumentin unter der Nebenbedingung der Budgetrestriktion.

8.7 Ein Konsument zieht Nutzen aus zwei Gütermengen x und y gemäß der Nutzenfunktion

$$u(x, y) = 2x^{\frac{1}{2}} y^{\frac{1}{2}}$$

Gut x hat einen Preis von p und Gut 2 einen Preis von q. Das Einkommen ist gegeben durch m. (Hinweis: Die Werte sind bewusst nicht gegeben. Rechnen Sie mit den Variablen.)

(a) Wie lautet die Budgetrestriktion des Konsumenten?
(b) Berechnen Sie die Grenzrate der Substitution GRS. Welchen Wert nimmt diese für $x = 100$ und $y = 200$ an? Wie kann das Ergebnis ökonomisch interpretiert werden?
(c) Berechnen Sie die nutzenmaximierende Nachfrage nach Gut 1 und Gut 2 des Konsumenten unter der Nebenbedingung der Budgetrestriktion. Dies sind Funktionen, die von m, p und q abhängen. Zeigen Sie, dass diese optimalen Funktionen gegeben sind durch $x^* = \frac{m}{2p}$ und $y^* = \frac{m}{2q}$.
(d) Wie ändern sich die optimalen Mengen, wenn sich sowohl das Einkommen als auch die Preise verdoppeln?

8.8 Lösen Sie folgendes Optimierungsproblem mit der angegeben Nebenbedingung

$$\max(\min) f(x, y) = x^2 + y^2 - 2x + 1 \text{ unter der Nebenbedingung } \frac{1}{4}x^2 + y^2 = 1$$

(a) Finden Sie eine Lösung für das Problem. Hinweis: Es gibt insgesamt vier Kandidaten.
(b) Bestimmen Sie mit Hilfe der Formel 8.4 für die berandete Hesse-Matrix, welcher Punkt das Problem maximiert und welcher das Problem minimiert.
Dabei ist die berandete Hesse-Matrix für die Lagrange-Funktion:

$$\mathbf{H}_{\mathscr{L}} = \begin{pmatrix} 0 & -g'_x(x, y) & -g'_y(x, y) \\ -g'_x(x, y) & \mathscr{L}''_{xx} & \mathscr{L}''_{xy} \\ -g'_y(x, y) & \mathscr{L}''_{yx} & \mathscr{L}''_{yy} \end{pmatrix} \qquad (8.3)$$

Wir nennen die negative Determinante der berandeten Hesse-Matrix $D(x, y, \lambda)$, d. h.

8.2 Optimierung unter Nebenbedingungen

$$D(x, y, \lambda) = -\det \mathbf{H}_{\mathscr{L}}$$
$$= \left(g'_x\right)^2 \mathscr{L}''_{yy} - 2g'_x g'_y \mathscr{L}''_{xy} + \left(g'_y\right)^2 \mathscr{L}''_{xx} \tag{8.4}$$

Der Punkt (x_0, y_0) erfülle die Bedingungen erster Ordnung des Optimierungsproblems unter Nebenbedingungen, d. h. der Punkt ist ein Kandidat für ein Extremum.
- Falls $D(x_0 y_0, \lambda) < 0$, dann ist (x_0, y_0) ein lokales Maximum.
- Falls $D(x_0 y_0, \lambda) > 0$, dann ist (x_0, y_0) ein lokales Minimum.

8.9 Gegeben sei folgendes Maximierungsproblem:

$$\max\ U(x_1, x_2) = \frac{1}{2}\ln(1 + x_1) + \frac{1}{4}\ln(1 + x_2)\ \text{unter der Nebenbedingung } 2x_1 + 3x_2 = m$$

wobei der Parameter $m \geq 4$ ist.

(a) Berechnen Sie die Lösungen für dieses Maximierungsproblem. Diese hängen von dem Parameter m ab. Die Lösungen seien $x_1^*(m)$ und $x_2^*(m)$.
(b) Berechnen Sie den zur Lösung gehörenden Lagrange-Multiplikator.
(c) Berechnen Sie den Funktionswert U^* von $U(x_1, x_2)$, der auch von m abhängt. Zeigen Sie, dass $dU^*/dm = \lambda$.

8.10 Lösen Sie das Gleichungssystem des Beispiels über zwei oder mehr Nebenbedingungen:

$$x + y + z = 0$$
$$2x - y + z = 14$$
$$2x + y - 3z = 0$$

Lösungen

8.5 Um die die Extremwerte der Funktionen unter Beachtung der Nebenbedingung zu berechnen, gibt es verschiedene Lösungswege:

- Durch Einsetzen der Nebenbedingung in die Zielfunktion wird das Problem zurückgeführt auf ein Problem ohne Nebenbedingungen, das mit den üblichen Methoden gelöst werden kann.
- Das Problem wird mit Hilfe der Lagrange-Methode gelöst.
- Falls das Problem äquivalent ist zur Nutzenmaximierung eines Haushaltes, kann die Optimalitätsbedingung „Preisverhältnis = Grenzrate der Substitution" herangezogen werden.

Wir werden in dieser Aufgabe alle drei Lösungswege beschreiben.

(a) **1. Lösungsweg:** Wir lösen die Nebenbedingung nach $y = 4 - 2x$ auf und setzen dies in die Funktion ein

$$f(x, y) = f(x, 4 - 2x) = x(4 - 2x) = 4x - 2x^2 = h(x)$$

Die Funktion $h(x)$ untersuchen wir auf Hoch- und Tiefpunkte:

$$h'(x) = 4 - 4x = 0 \implies x = 1$$
$$h''(x) = -4 < 0$$

Die Funktion hat ein Maximum an der Stelle $x = 1$ mit Wert $h(1) = 2$. Aus der Nebenbedingung folgt $y = 2$.

2. Lösungsweg: Wir stellen die Lagrange-Funktion auf:

$$\mathscr{L}(x, y) = f(x, y) - \lambda g(x, y) = xy - \lambda(2x + y - 4)$$

und untersuchen die Lagrange-Funktion auf stationäre Punkte:

$$\mathscr{L}'_x(x, y) = y - \lambda \cdot 2 = 0$$
$$\mathscr{L}'_y(x, y) = x - \lambda = 0$$

Diese zwei Gleichungen lösen wir jeweils nach λ auf:

$$\lambda = \frac{y}{2}$$
$$\lambda = x$$

und setzen das Ergebnis gleich:

$$\frac{y}{2} = x \implies y = 2x$$

Das Zwischenergebnis setzen wir nun in die Nebenbedingung ein:

$$2x + y = 4 \implies 2x + 2x = 4x = 4 \implies x = 1 \implies y = 2$$

3. Lösungsweg: Da die Nebenbedingung linear ist, können wir das Problem als Nutzenmaximierungsproblem mit einer linearen Budgetrestriktion interpretieren. Die Optimalitätsbedingung lautet dann

8.2 Optimierung unter Nebenbedingungen

$$GRS = \frac{f'_x(x, y)}{f'_y(x, y)} = \frac{p}{q}$$

$$\implies \frac{y}{x} = \frac{2}{1}$$

$$\implies y = 2x$$

Das Zwischenergebnis setzen wir nun in die Nebenbedingung ein:

$$2x + y = 4 \implies 2x + 2x = 4x = 4 \implies x = 1 \implies y = 2$$

(b) **1. Lösungsweg:** Wir setzen die Nebenbedingung $y = 3x$ in die Funktion ein

$$f(x, y) = f(x, 3x) = -8x^2 = h(x)$$

Die Funktion $h(x)$ untersuchen wir auf Hoch- und Tiefpunkte:

$$h'(x) = -16x = 0 \implies x = 0$$
$$h''(x) = -16 < 0$$

Die Funktion hat ein Maximum an der Stelle $x = 0$ mit Wert $h(0) = 0$. Aus der Nebenbedingung folgt $y = 0$.

2. Lösungsweg: Wir stellen die Lagrange-Funktion auf:

$$\mathcal{L}(x, y) = f(x, y) - \lambda g(x, y) = -2x^2 - y^2 + xy - \lambda(y - 3x)$$

und untersuchen die Lagrange-Funktion auf stationäre Punkte:

$$\mathcal{L}'_x(x, y) = -4x + y + 3\lambda = 0$$
$$\mathcal{L}'_y(x, y) = -2y + x - \lambda = 0$$

Diese zwei Gleichungen lösen wir jeweils nach λ auf:

$$\lambda = \frac{4}{3}x - \frac{1}{3}y$$
$$\lambda = -2y + x$$

und setzen das Ergebnis gleich:

$$\frac{4}{3}x - \frac{1}{3}y = -2y + x \implies x = -5y$$

Das Zwischenergebnis setzen wir nun in die Nebenbedingung ein:

$$y = 3x = -15y \implies y = 0 \implies x = 0$$

3. Lösungsweg: Wenn wir die Nebenbedingung umformen zu: $0 = -3x + y$, können wir sie als lineare Budgetrestriktion interpretieren (zwar mit einem Einkommen von Null und einem negativen Preis, aber die Form stimmt). Die Optimalitätsbedingung lautet dann

$$GRS = \frac{f'_x(x,y)}{f'_y(x,y)} = \frac{p}{q}$$
$$\implies \frac{-4x+y}{-2y+x} = \frac{-3}{1}$$
$$\implies 6y - 3x = -4x + y$$
$$\implies x = -5y$$

Das Zwischenergebnis setzen wir nun in die Nebenbedingung ein:

$$y = 3x = 3 \cdot (-5y) = -15y \implies y = 0 \implies x = 0$$

(c) In diesem Fall verzichten wir auf den ersten Lösungsweg. Zwar können wir die lineare Nebenbedingung leicht nach einer Variablen auflösen, allerdings haben wir in der Zielfunktion Potenzen in den Variablen, die höher als 2 sind. Entweder müssen wir dann mit der Produktregel differenzieren, oder die Klammern ausmultiplizieren. Das scheint alles kompliziert zu sein. Deshalb lösen wir dieses Problem mit der Methode von Lagrange:
– Wir stellen die Lagrange-Funktion auf:

$$\mathscr{L}(x,y) = u(x,y) - \lambda\,(g(x,y) - c)$$
$$= x^2 y^3 - \lambda\,(2x + 6y - 500)$$

– und berechnen die Bedingungen erster Ordnung für die Lagrange-Funktion und setzen diese gleich Null:

$$\mathscr{L}'_x(x,y) = 2xy^3 - \lambda \cdot 2 = 0 \tag{8.5}$$
$$\mathscr{L}'_y(x,y) = 3x^2 y^2 - \lambda \cdot 6 = 0 \tag{8.6}$$
$$\mathscr{L}'_\lambda(x,y) = -(2x + 6y - 500) = 0 \tag{8.7}$$

– Dieses Gleichungssystem lösen wir nach x, y und λ, indem wir zunächst (8.5) und (8.6) nach λ umstellen:

$$(8.5) \implies 2\lambda = 2xy^3 \implies \lambda = xy^3$$
$$(8.6) \implies 6\lambda = 3x^2 y^2 \implies \lambda = 0{,}5x^2 y^2$$

und anschließend die beiden Resultate gleichsetzen:

$$xy^3 = 0{,}5x^2 y^2 \implies 2y = x \tag{8.8}$$

– Das Zwischenergebnis (8.8) setzen wir in die Nebenbedingung (8.7) ein:

$$2x + 6y = 500 \implies 2 \cdot 2y + 6y = 10y = 500 \implies y = 50$$

– Mit der Nebenbedingung oder mit (8.8) berechnen wir $x = 100$.

8.6

(a) Die Budgetrestriktion stellen wir mit der Bedingung auf, dass die Summe der Ausgaben gleich dem Einkommen ist. Somit ist die Budgetrestriktion gegeben durch $3x + 4y = 160$.

(b) Die Grenzrate der Substitution GRS ist gegeben durch

$$\begin{aligned} GRS(x, y) &= \frac{u'_x(x, y)}{u'_y(x, y)} \\ &= \frac{5 \cdot \frac{3}{4} x^{(3/4)-1} \cdot y^{1/4}}{5 \cdot \frac{1}{4} x^{(3/4)} \cdot y^{(1/4)-1}} \\ &= \frac{3}{4} \cdot \frac{4}{1} \cdot x^{(3/4)-1-(3/4)} \cdot y^{(1/4)-((1/4)-1)} \\ &= 3 \cdot x^{-1} \cdot y^1 \\ &= \frac{3y}{x} \end{aligned}$$

Somit ergibt sich für $x = 75$ und $y = 100$ eine $GRS = 4$. Die ökonomische Interpretation lautet: Wenn man eine Einheit von Gut 1 mehr konsumieren möchte, muss man auf 4 Einheiten von Gut 2 verzichten, um auf dem selben Nutzenniveau zu bleiben.

(c) Im Nutzenmaximum der Konsumentin unter der Nebenbedingung der Budgetrestriktion gilt, dass die GRS gleich dem Preisverhältnis ist, also

$$\frac{3y}{x} = \frac{3}{4} \implies x = 4y$$

Dieses Zwischenergebnis setzen wir in die Budgetrestriktion ein und berechnen

$$160 = 3x + 4y = 12y + 4y = 16y \implies y = 10 \implies x = 40$$

8.7

(a) Die Budgetrestriktion des Konsumenten ist gegeben durch:

$$m = px + qy$$

(b) Die Grenzrate der Substitution GRS berechnen wir durch

$$GRS(x, y) = \frac{u'_x(x, y)}{u'_y(x, y)}$$
$$= \frac{2 \cdot \frac{1}{2} \cdot x^{-1/2} \cdot y^{1/2}}{2 \cdot \frac{1}{2} \cdot x^{1/2} \cdot y^{-1/2}}$$
$$= x^{-1/2-1/2} \cdot y^{1/2-(-1/2)}$$
$$= x^{-1} \cdot y^1$$
$$= \frac{y}{x}$$
$$\implies GRS(100, 200) = 2$$

Wenn man eine Einheit von x mehr konsumieren möchte, dann muss man zwei Einheiten von y weniger konsumieren, damit man auf dem gleichen Nutzenniveau bleibt.

(c) Die nutzenmaximierenden Nachfrage nach Gut 1 und Gut 2 unter der Nebenbedingung der Budgetrestriktion berechnen wir mit folgendem Ansatz:

$$GRS = \frac{p}{q} \implies \frac{p}{q} = \frac{y}{x} \implies y = \frac{p}{q}x$$

Dies setzen wir in die Budgetrestriktion ein:

$$m = px + qy = px + q\frac{p}{q}x = px + px = 2px \implies x = \frac{m}{2p}$$

Jetzt noch y berechnen:

$$y = \frac{p}{q}x = \frac{p}{q}\frac{m}{2p} = \frac{m}{2q}$$

(d) Wenn sich sowohl das Einkommen als auch die Preise verdoppeln, ändern sich die optimalen Mengen nicht, z. B. für y:

$$\frac{2 \cdot m}{2 \cdot 2q} = \frac{m}{2q} = y$$

8.8

(a) Das Problem wird mit der Lagrange-Funktion gelöst:

$$\mathscr{L} = x^2 + y^2 - 2x + 1 - \lambda\left(\frac{1}{4}x^2 + y^2 - 1\right)$$

wobei λ der Lagrange-Multiplikator ist.
Der stationäre Punkt der Lagrange-Funktion löst die Gleichungen:

8.2 Optimierung unter Nebenbedingungen

$$\mathscr{L}'_x(x, y) = 2x - 2 - \lambda \cdot \frac{x}{2} = 0 \qquad (8.9)$$

$$\mathscr{L}'_y(x, y) = 2y - \lambda 2y = 0 \qquad (8.10)$$

Aus Gl. (8.10) folgern wir $2y - \lambda 2y = 2y(1 - \lambda) = 0$. Lösungen erhalten wir mit dem Satz vom Nullprodukt.

Erster Fall: $y = 0$. Dann berechnen wir den Wert für x mit der Nebenbedingung:

$$\frac{1}{4}x^2 + 0 = 1 \quad \Longrightarrow \quad x^2 = 4 \quad \Longrightarrow \quad x = \pm 2$$

Somit ergibt sich aus (8.9) für $\lambda = 2$, falls $x = 2$ und $\lambda = 6$, falls $x = -2$.
Zweiter Fall: $\lambda = 1$. Dann bestimmen wir x mit Gl. (8.9):

$$2x - 2 - 1 \cdot \frac{x}{2} = 0 \quad \Longrightarrow \quad \frac{3}{2} \cdot x = 2 \quad \Longrightarrow \quad x = \frac{4}{3}$$

Mit der Nebenbedingung können wir dann den Wert für y bestimmen:

$$\frac{1}{4} \cdot \left(\frac{4}{3}\right)^2 + y^2 = 1$$

$$\frac{1}{4} \cdot \frac{16}{9} + y^2 = 1$$

$$y^2 = 1 - \frac{4}{9} = \frac{5}{9}$$

$$y = \pm\sqrt{\frac{5}{9}}$$

Also gibt es die vier Lösungen $(2, 0)$, $(-2, 0)$, $(4/3, \sqrt{5/9})$ und $(4/3, -\sqrt{-5/9})$.

(b) Wir berechnen die berandete Hesse-Matrix

$$\mathbf{H}_{\mathscr{L}} = \begin{pmatrix} 0 & -g'_x(x, y) & -g'_y(x, y) \\ -g'_x(x, y) & \mathscr{L}''_{xx} & \mathscr{L}''_{xy} \\ -g'_y(x, y) & \mathscr{L}''_{yx} & \mathscr{L}''_{yy} \end{pmatrix}$$

Dazu müssen wir die Lagrange-Funktion zweimal differenzieren. Aus der ersten Ableitung bezüglich x, die in Gl. (8.9) auf der linken Seite steht, folgen die zwei Ableitungen

$$\mathscr{L}''_{xx} = 2 - \lambda/2$$
$$\mathscr{L}''_{xy} = 0$$

und aus der linken Seite von Gl. (8.10) folgern wir

$$\mathscr{L}''_{yx} = 0$$
$$\mathscr{L}''_{yy} = 2 - 2\lambda$$

Es fehlen nur noch die „Ränder" der Hesse-Matrix. Dazu nehmen wir die Nebenbedingung und differenzieren diese wie in der Formel angegeben:

$$g(x, y) = 1 - \frac{1}{4}x^2 - y^2$$
$$\implies g'_x(x, y) = -x/2$$
$$g'_y(x, y) = -2y$$

Nun setzen wir alle Ableitungen in die Formel für die berandete Hesse-Matrix ein:

$$\mathbf{H}_{\mathscr{L}} = \begin{pmatrix} 0 & -g'_x(x,y) & -g'_y(x,y) \\ -g'_x(x,y) & \mathscr{L}''_{xx} & \mathscr{L}''_{xy} \\ -g'_y(x,y) & \mathscr{L}''_{yx} & \mathscr{L}''_{yy} \end{pmatrix} = \begin{pmatrix} 0 & x/2 & 2y \\ x/2 & 2 - \lambda/2 & 0 \\ 2y & 0 & 2 - 2\lambda \end{pmatrix}$$

Nun sollte man von der berandeten Hesse-Matrix die Determinante berechnen, was in Kap. 10 thematisiert wird. Aber Formel (8.4) gibt bereits das Ergebnis an und wir können die Ableitungen an entsprechender Stelle einfügen:

$$D(x, y, \lambda) = -\det \mathbf{H}_{\mathscr{L}}$$
$$= (g'_x)^2 \mathscr{L}''_{yy} - 2g'_x g'_y \mathscr{L}''_{xy} + (g'_y)^2 \mathscr{L}''_{xx}$$
$$= (-x/2)^2 \cdot (2 - 2\lambda) - 2(-x/2) \cdot (-2y) \cdot 0 + (-2y)^2 \cdot (2 - \lambda/2)$$
$$= \frac{x^2}{4}(2 - 2\lambda) + 4y^2(2 - \lambda/2)$$

Nun setzen wir die Punkte ein und überprüfen, welche Bedingung erfüllt ist.
Für den Punkt $(x, y) = (2, 0)$ mit $\lambda = 2$ folgt

$$D(2, 0, 2) = \frac{2^2}{4}(2 - 2 \cdot 2) + 4 \cdot 0^2(2 - 2/2) = -2 < 0$$

Somit ist dieser Punkt ein lokales Maximum.
Für den Punkt $(x, y) = (-2, 0)$ mit $\lambda = 6$ folgt

$$D(-2, 0, -2) = \frac{(-2)^2}{4}(2 - 2 \cdot 6) + 4 \cdot 0^2(2 - (-2)/2) = -10 < 0$$

Somit ist dieser Punkt ein lokales Maximum.
Für den Punkt $(x, y) = (4/3, \sqrt{5/9})$ mit $\lambda = 1$ folgt

$$D(4/3, \sqrt{5/9}, 1) = \frac{(4/3)^2}{4}(2 - 2 \cdot 1) + 4 \cdot \sqrt{5/9}^2 \cdot (2 - 1/2) = 10/3 > 0$$

8.2 Optimierung unter Nebenbedingungen

Somit ist dieser Punkt ein lokales Minimum.
Für den Punkt $(x, y) = (4/3, -\sqrt{5/9})$ mit $\lambda = 1$ folgt

$$D(4/3, -\sqrt{5/9}, 1) = \frac{(4/3)^2}{4}(2 - 2 \cdot 1) + 4 \cdot (-\sqrt{5/9})^2 \cdot (2 - 1/2) = 10/3 > 0$$

Somit ist dieser Punkt ein lokales Minimum.
Wir fassen zusammen: Die Punkte $(\pm 2, 0)$ sind lokale Maxima, während die Punkte $\left(\frac{4}{3}, \pm\sqrt{\frac{5}{9}}\right)$ lokale Minima sind.

8.9

(a) Die Lagrange-Funktion ist gegeben durch

$$\mathscr{L} = U(x_1, x_2) - \lambda(2x_1 + 3x_2 - m)$$

Die Bedingungen erster Ordnung für die Lagrange-Funktion berechnen wir mit der Kettenregel für die Logarithmusfunktion (5.8)

$$\mathscr{L}'_{x_1} = \frac{1}{2} \cdot \frac{1}{1 + x_1} - 2\lambda = 0$$

$$\mathscr{L}'_{x_2} = \frac{1}{4} \cdot \frac{1}{1 + x_2} - 3\lambda = 0$$

Beide Gleichungen lösen wir nach λ auf, setzen dies gleich und erhalten:

$$\lambda = \frac{1}{4} \cdot \frac{1}{1 + x_1} = \frac{1}{12} \cdot \frac{1}{1 + x_2}$$

$$\Longrightarrow \quad 12(1 + x_2) = 4(1 + x_1)$$

$$\Longrightarrow \quad 3(1 + x_2) = 1 + x_1$$

$$\Longrightarrow\Longrightarrow \quad x_1 = 2 + 3x_2$$

Dieses Zwischenergebnis setzen wir in die Nebenbedingung ein:

$$m = 2x_1 + 3x_2 = 2 \cdot (2 + 3x_2) + 3x_2 = 4 + 9x_2$$

$$\Longrightarrow \quad x_2 = \frac{m - 4}{9}$$

$$\Longrightarrow \quad x_1 = 2 + 3 \cdot \frac{m - 4}{9} = \frac{18 + 3m - 12}{9} = \frac{2 + m}{3}$$

(b) Der Lagrange-Multiplikator ist

$$\lambda = \frac{1}{4} \cdot \frac{1}{1+x_1} = \frac{3}{4} \cdot \frac{1}{1+\frac{2+m}{3}}$$

$$= \frac{1}{4} \cdot \frac{1}{\frac{3}{3}+\frac{2+m}{3}}$$

$$= \frac{1}{4} \cdot \frac{1}{\frac{5+m}{3}}$$

$$= \frac{1}{4} \cdot \frac{3}{5+m}$$

(c) Die Lösungen aus (a) für x_1 und x_2 setzen wir in die Funktion U ein:

$$U^* = U(x_1^*, x_2^*) = \frac{1}{2}\ln(1+x_1^*) + \frac{1}{4}\ln(1+x_2^*)$$

$$= \frac{1}{2}\ln(1+\frac{2+m}{3}) + \frac{1}{4}\ln(1+\frac{m-4}{9})$$

$$= \frac{1}{2}\ln\frac{5+m}{3} + \frac{1}{4}\ln\frac{5+m}{9}$$

Zum Schluss leiten wir diese Funktion nach m ab. Dazu verwenden wir die Kettenregel für die Logarithmusfunktion (5.8) und beachten, dass bei der inneren Ableitung noch ein Faktor vor m steht.

$$\frac{dU^*}{dm} = \frac{1}{2} \cdot \frac{\frac{1}{3}}{\frac{5+m}{3}} + \frac{1}{4} \cdot \frac{\frac{1}{9}}{\frac{5+m}{9}}$$

$$= \frac{1}{2} \cdot \frac{1}{3} \cdot \frac{3}{5+m} + \frac{1}{4} \cdot \frac{1}{9} \cdot \frac{9}{5+m}$$

$$= \frac{1}{2} \cdot \frac{1}{5+m} + \frac{1}{4} \cdot \frac{1}{5+m}$$

$$= \frac{3}{4} \cdot \frac{1}{5+m} = \lambda$$

8.10 Wir addieren die erste und die zweite Gleichung und anschließend die zweite und die dritte Gleichung:

$$3x + 2z = 14$$
$$4x - 2z = 14$$

Diese zwei Gleichungen werden wiederum miteinander addiert:

$$7x = 28 \implies x = 4 \implies z = 1 \implies y = -5$$

8.3 Weitere Aufgaben

Aufgaben

8.11 Untersuchen Sie für die folgenden Funktionen auf Hoch-, Tief- und Sattelpunkte.

(a) $f(x, y) = 2x^2 - 16x - 4xy - 8y + 4y^2 + 14$ (c) $f(x, y) = x^2 - y^2 - 2xy - \frac{4}{3}x^3$
(b) $f(x, y) = x^2 - 4xy + 8y^2 + 4x - 8y$ (d) $f(x, y) = 3xy - x^2 - y^2$

8.12 Ein Unternehmen produziert zwei Güter mit folgender Kostenfunktion:

$$K(x, y) = 60y^2 + x^2 - 2y^3$$

Das erste Produkt (Menge x) kann zu einem Preis von 60 EUR pro Stück, das zweite Produkt (Menge x) zu einem Preis von 114 EUR pro Stück verkauft werden. Welche Mengen x und y maximieren den Gewinn?

8.13 Ein Haushalt zieht Nutzen aus dem Konsum zweier Güter. Vom ersten Gut konsumiert er die Menge x und vom zweiten Gut die Menge y. Der Nutzen kann durch folgende Nutzenfunktion beschrieben werden

$$u(x, y) = 4x^{\frac{1}{3}} y^{\frac{2}{3}}$$

Das erste Gut hat einen Preis von $p = 5$ pro Stück und das zweite Gut einen Preis von $q = 4$ pro Stück. Das Einkommen ist gegeben durch $m = 300$.

(a) Wie lautet die Budgetrestriktion des Haushalts?
(b) Berechnen Sie die Grenzrate der Substitution GRS.
(c) Berechnen Sie das Nutzenmaximum des Haushaltes unter der Nebenbedingung der Budgetrestriktion.

8.14 Lösen Sie das Nutzenmaximierungsproblem für eine Cobb-Douglas-Nutzenfunktion

$$u(x, y) = A \cdot x^a \cdot y^b$$

wobei A, a und b Konstanten sind. Die Budgetrestriktion ist gegeben durch $px + qy = m$.

8.15 Bestimmen Sie mit dem Ergebnis aus Aufgabe 8.14 die Nachfragemengen nach den zwei Produkten für die folgenden Nutzenfunktionen und Budgetrestriktionen:

(a) $u(x, y) = 2 \cdot x^{1/2} \cdot y^{1/2}$ $4x + 8y = 400$
(b) $u(x, y) = x^{2/3} \cdot y^{1/3}$ $5x + 4y = 300$

(c) $u(x, y) = 5 \cdot x^{1/5} \cdot y^{4/5}$ $\qquad 3x + 4y = 720$
(d) $u(x, y) = x^{4/5} \cdot y^{1/5}$ $\qquad 4x + 2y = 640$

8.16 Finden Sie die Lösungen für das folgende Optimierungsproblem unter Berücksichtigung der Nebenbedingung:

$$f(x, y) = xy \quad \text{unter der NB} \quad x^2 + 4y^2 = 72$$

8.17 Analysieren Sie, welche der vier Lösungen aus Aufgabe 8.16 lokale Maxima und welche Minima sind.

8.18 Warum ist es sinnvoll, dass Problem aus Aufgabe 8.16 mit der Methode von Lagrange zu lösen?

8.19 Lösen Sie mit der Lagrange-Funktion folgendes Optimierungsproblem:

$$f(x, y) = \sqrt{x} \cdot \sqrt{y} \quad \text{unter der NB} \quad x + 5y = 2000$$

8.20 Finden Sie die Lösungen für das folgende Optimierungsproblem unter Berücksichtigung der Nebenbedingung:

$$f(x, y) = x^2 + 4y^2 + 3z^2 \quad \text{unter den NB} \quad x - 3y + 2z = 248 \quad \text{und} \, 2x + y - z = 0$$

Lösungen

8.11 Zunächst bestimmen wir jeweils den (die) stationären Punkt(e) der Funktionen, indem wir die ersten Ableitungen gleich Null setzen. Anschließend untersuchen wir mit Hilfe der zweiten Ableitungen die hinreichende Bedingung.

(a) Die partiellen Ableitungen erster und zweiter Ordnung sind gegeben durch

$$f'_x(x, y) = 4x - 16 - 4y$$
$$f'_y(x, y) = -4x - 8 + 8y$$
$$f''_{xx}(x, y) = 4$$
$$f''_{xy}(x, y) = -4 = f''_{yx}(x, y)$$
$$f''_{yy}(x, y) = 8$$

Der stationäre Punkt von f ist die Lösung des Gleichungssystems $f'_x = 0$ und $f'_y = 0$. Mit Hilfe des Additionsverfahrens erhalten wir die Lösung $(10, 6)$. Da $AC - B^2 = 4 \cdot 8 - (-4)^2 = 16 > 0$ und $A > 0$ sind, folgern wir, dass der stationäre Punkt ein Minimum ist.

(b) Die partiellen Ableitungen erster und zweiter Ordnung der Funktion f sind

$$f'_x(x, y) = 2x - 4y + 4$$
$$f'_y(x, y) = -4x + 16y - 8$$
$$f''_{xx}(x, y) = 2 = A$$
$$f''_{xy}(x, y) = -4 = B$$
$$f''_{yy}(x, y) = 16 = C$$

Wir lösen folgendes Gleichungssystem

$$f'_x(x, y) = 2x - 4y + 4 = 0$$
$$f'_y(x, y) = -4x + 16y - 8 = 0$$

indem wir die erste Gleichung mit 2 multiplizieren und dann beide Gleichungen addieren:

$$8y + 8 - 8 = 0 \implies y = 0 \implies x = -2$$

Der stationäre Punkt ist demnach $(x, y) = (-2, 0)$.
Aus $AC - B^2 = 2 \cdot 16 - (-4)^2 = 16 > 0$ und $A > 0$ folgern wir, dass es sich um ein Minimum handelt.

(c) Die partiellen Ableitungen sind

$$f'_x(x, y) = 2x - 2y - 4x^2$$
$$f'_y(x, y) = -2y - 2x$$
$$f''_{xx}(x, y) = 2 - 8x = A$$
$$f''_{xy}(x, y) = -2 = B$$
$$f''_{yy}(x, y) = -2 = C$$

Die stationären Punkte erfüllen folgendes Gleichungssystem

$$f'_x(x, y) = 2x - 2y - 4x^2 = 0$$
$$f'_y(x, y) = -2y - 2x = 0$$

Aus der zweiten Gleichung folgt $-2y = 2x$. Dies eingesetzt in die erste Gleichung ergibt:

$$2x + 2x - 4x^2 = 0 \implies 4x - 4x^2 = 4x(1 - x) = 0$$
$$\implies x_1 = 0 \text{ oder } x_2 = 1$$
$$\implies y_1 = 0 \text{ und } y_2 = -1$$

Stationäre Punkte sind $(x_1, y_1) = (0, 0)$ und $(x_2, y_2) = (1, -1)$.
Zu untersuchen ist das Vorzeichen von $AC - B^2 = (2-8x) \cdot (-2) - (-2)^2 = -8 + 16x$.
Für den Punkt $(x_1, y_1) = (0, 0)$ ist somit $AC - B^2 = -8 < 0$, also ist dies ein Sattelpunkt.
Für den Punkt $(x_2, y_2) = (1, -1)$ ist somit $AC - B^2 = 8 > 0$. Zusammen mit $A = -6 < 0$ folgt, das dieser stationäre Punkt ein lokales Maximum ist.

(d) Die partiellen Ableitungen erster und zweiter Ordnung sind gegeben durch

$$f'_x(x, y) = 3y - 2x \qquad f'_y(x, y) = 3x - 2y$$
$$f''_{xx}(x, y) = -2 \qquad f''_{xy}(x, y) = 3 = f''_{yx}(x, y) \qquad f''_{yy}(x, y) = -2$$

Der stationäre Punkt von f ist die Lösung des Gleichungssystems $f'_x = 0$ und $f'_y = 0$. Diese Lösung ist gegeben durch den Punkt $(0, 0)$. Da $AC - B^2 < 0$ ist der stationäre Punkt ein Sattelpunkt.

8.12 Wir stellen zunächst die Gewinnfunktion auf. Dabei beachten wir, dass sich bei Subtraktion der Kosten die Vorzeichen der Terme jeweils umdrehen:

$$G(x, y) = 60x + 114y - K(x, y)$$
$$= 60x + 114y - 60y^2 - x^2 + 2y^3$$

Als nächstes differenzieren wir die Funktion partiell und setzen die Ableitungen gleich Null (notwendige Bedingung erster Ordnung):

$$G'_x(x, y) = 60 - 2x = 0$$
$$G'_y(x, y) = 114 - 120y + 6y^2 = 0$$

Die stationären Punkte, d.h. die Kandidaten für Maximum oder Minimum erfüllen diese Gleichungen. Diese sind unabhängig voneinander, d.h. wir können sie getrennt nach den Variablen auflösen. Die erste Gleichung hat die Lösung $x = 30$.

Die Lösungen der zweiten quadratischen Gleichung erhalten wir mit der Mitternachtsformel: $y_1 = 1$ und $y_2 = 19$.

Das Unternehmen produziert vom ersten Produkt auf jeden Fall $x = 30$, muss sich aber entscheiden, wie viel vom zweiten Produkt produziert werden soll. Um diese Frage zu beantworten, untersuchen wir die hinreichenden Bedingungen zweiter Ordnung:

$$G''_{xx}(x, y) = -2$$
$$G''_{xy}(x, y) = 0$$
$$G''_{yx}(x, y) = 0$$
$$G''_{yy}(x, y) = -120 + 12y$$

Die partiellen Ableitungen zweiter Ordnung hängen von y ab. Wir müssen also die verschiedenen Werte einsetzen. Für $y = 1$ ist $G''_{yy} = -108$ und somit folgt für $AC - B^2 = (-2) \cdot (-108) = 216 > 0$. Da $A < 0$, haben wir hier ein Maximum gefunden.

Für $y = 19$ ist $G''_{yy} = 108$ und somit folgt für $AC - B^2 = (-2) \cdot 108 = -216 < 0$. Dies ist ein Sattelpunkt.

Die Mengen $(x, y) = (30, 1)$ maximieren den Gewinn des Unternehmens. Dieser beträgt $G(30, 1) = 956$ EUR.

Es ist sinnvoll, dass vom zweiten Produkt nur wenig hergestellt und verkauft wird, obwohl es zu einem relativ hohen Preis verkauft werden kann, da die Produktion des zweiten Produkts sehr kostenintensiv ist.

8.13

(a) Die Budgetrestriktion ist gegeben durch $5x + 4y = 300$.

(b) Die Grenzrate der Substitution GRS ist gegeben durch

$$\begin{aligned} GRS(x, y) &= \frac{u'_x(x, y)}{u'_y(x, y)} \\ &= \frac{4 \cdot \frac{1}{3} x^{(1/3)-1} \cdot y^{2/3}}{4 \cdot \frac{2}{3} x^{(1/3)} \cdot y^{(2/3)-1}} \\ &= \frac{1}{3} \cdot \frac{3}{2} \cdot x^{(1/3)-1-(1/3)} \cdot y^{(2/3)-((2/3)-1)} \\ &= \frac{1}{2} \cdot x^{-1} \cdot y^{1} \\ &= \frac{y}{2x} \end{aligned}$$

(c) Im Nutzenmaximum unter der Nebenbedingung der Budgetrestriktion gilt, dass die GRS gleich dem Preisverhältnis ist, also

$$\frac{y}{2x} = \frac{5}{4} \implies y = 5/2 \cdot x$$

Dieses Zwischenergebnis setzen wir in die Budgetrestriktion ein und berechnen

$$300 = 5x + 4 \cdot 5/2 \cdot x = 15x \implies x = 20 \implies y = 50$$

8.14 Wir berechnen zunächst die Grenzrate der Substitution GRS:

$$GRS(x, y) = \frac{u'_x(x, y)}{u'_y(x, y)}$$
$$= \frac{A \cdot a \cdot x^{a-1} \cdot y^b}{A \cdot b \cdot x^a \cdot y^{b-1}}$$
$$= \frac{a}{b} \cdot x^{a-1-a} \cdot y^{b-(b-1)}$$
$$= \frac{a}{b} \cdot x^{-1} \cdot y^1$$
$$= \frac{a}{b} \cdot \frac{y}{x}$$

Um das Nutzenmaximum unter der Nebenbedingung der Budgetrestriktion zu berechnen, setzen wir die GRS gleich dem Preisverhältnis:

$$\frac{a}{b} \cdot \frac{y}{x} = \frac{p}{q} \quad | \cdot b \cdot x \div a$$
$$\implies y = \frac{p}{q} \cdot \frac{b}{a} \cdot x$$

Dieses Zwischenergebnis setzen wir in die Budgetrestriktion ein und berechnen

$$m = px + q \cdot \frac{p}{q} \cdot \frac{b}{a} \cdot x$$
$$= px + \frac{p}{1} \cdot \frac{b}{a} \cdot x$$
$$= x \cdot \left(p + p \cdot \frac{b}{a}\right)$$
$$= x \cdot \left(\frac{pa}{a} + \frac{pb}{a}\right)$$
$$\implies x = m \cdot \frac{a}{p(a+b)}$$
$$\implies x = \frac{a}{a+b} \cdot \frac{m}{p}$$
$$\implies y = \frac{p}{q} \cdot \frac{b}{a} \cdot \frac{a}{a+b} \cdot \frac{m}{p}$$
$$= \frac{1}{q} \cdot \frac{b}{1} \cdot \frac{1}{a+b} \cdot \frac{m}{1}$$
$$= \frac{b}{a+b} \cdot \frac{m}{q}$$

Wir sehen, dass die Nachfragefunktionen nach x bzw. y jeweils positiv vom Einkommen und negativ von den Preisen der Produkte abhängen. Der Faktor A in der Funktion spielt für diese Nachfragemengen keine Rolle. Er skaliert den Gesamtnutzen.

8.3 Weitere Aufgaben

8.15 In Aufgabe 8.14 haben wir folgende Nachfragemengen ausgerechnet:

$$x = \frac{a}{a+b} \cdot \frac{m}{p} \quad \text{und} \quad y = \frac{b}{a+b} \cdot \frac{m}{q}$$

In diese Funktionen setzen wir die jeweiligen Werte für die Parameter ein und berechnen die optimalen Nachfragemengen.

(a) Mit $a = b = 1/2$ und $p = 4$ und $q = 8$ und $m = 400$ folgt:

$$x = \frac{1/2}{1/2 + 1/2} \cdot \frac{400}{4} = 50 \quad \text{und} \quad y = \frac{1/2}{1/2 + 1/2} \cdot \frac{400}{8} = 25$$

(b) Mit $a = 2/3$, $b = 1/3$ und $p = 5$ und $q = 4$ und $m = 300$ folgt:

$$x = \frac{2/3}{2/3 + 1/3} \cdot \frac{300}{5} = 40 \quad \text{und} \quad y = \frac{1/3}{2/3 + 1/3} \cdot \frac{300}{4} = 25$$

(c) Mit $a = 1/5$, $b = 4/5$ und $p = 3$ und $q = 4$ und $m = 720$ folgt:

$$x = \frac{1/5}{1/5 + 4/5} \cdot \frac{720}{3} = 48 \quad \text{und} \quad y = \frac{4/5}{1/5 + 4/5} \cdot \frac{720}{4} = 144$$

(d) Mit $a = 4/5$, $b = 1/5$ und $p = 4$ und $q = 2$ und $m = 640$ folgt:

$$x = \frac{4/5}{1/5 + 4/5} \cdot \frac{640}{4} = 128 \quad \text{und} \quad y = \frac{1/5}{1/5 + 4/5} \cdot \frac{640}{2} = 64$$

8.16 Wir lösen dieses Problem mit der Methode von Lagrange: Dazu stellen wir als ersten Schritt die Lagrange-Funktion auf:

$$\begin{aligned}\mathscr{L}(x, y) &= f(x, y) - \lambda \left(g(x, y) - c\right) \\ &= xy - \lambda \left(x^2 + 4y^2 - 72\right)\end{aligned}$$

Anschließend berechnen wir die partiellen Ableitungen der Lagrange-Funktion und setzen diese gleich Null:

$$\mathscr{L}'_x(x, y) = y - \lambda \cdot 2x = 0 \tag{8.11}$$
$$\mathscr{L}'_y(x, y) = x - \lambda \cdot 8y = 0 \tag{8.12}$$
$$\mathscr{L}'_\lambda(x, y) = -\left(x^2 + 4y^2 - 72\right) = 0 \tag{8.13}$$

Wir lösen dieses Gleichungssystem nach x, y und λ auf, indem wir (8.11) und (8.12) jeweils nach λ umstellen, d. h.

$$(8.11) \implies \lambda = \frac{y}{2x}$$
$$(8.12) \implies \lambda = \frac{x}{8y}$$

und dann die beiden Resultate gleichsetzen:

$$\frac{y}{2x} = \frac{x}{8y} \quad | \cdot 8y \cdot 2x$$
$$\implies 8y^2 = 2x^2$$
$$\implies 4y^2 = x^2$$
$$\implies x = \pm 2y \tag{8.14}$$

Dieses Zwischenergebnis (8.14) setzen wir in die Nebenbedingung (8.13) ein:

$$x^2 + 4y^2 = 72 \implies 4y^2 + 4y^2 = 8y^2 = 72 \implies y^2 = 9 \implies y = \pm 3$$

Mit der Nebenbedingung oder mit (8.14) berechnen wir $x = \pm 6$. Es gibt insgesamt vier Lösungen: $(-6, -3)$, $(-6, 3)$, $(6, -3)$ und $(6, 3)$.

8.17 Um diese Fragestellung zu untersuchen, müssen wir entweder die berandete Hesse-Matrix aufstellen oder gleich das Vorzeichen der Determinante der Hesse-Matrix analysieren, die durch Formel (8.4) gegeben ist und hier noch einmal wiederholt wird:

$$D(x, y, \lambda) = -\det \mathbf{H}_{\mathscr{L}}$$
$$= (g'_x)^2 \mathscr{L}''_{yy} - 2g'_x g'_y \mathscr{L}''_{xy} + (g'_y)^2 \mathscr{L}''_{xx}$$

Für den Punkt (x_0, y_0), der die Bedingungen erster Ordnung des Optimierungsproblems unter Nebenbedingungen erfüllt, gilt folgendes:

- Falls $D(x_0 y_0, \lambda) < 0$, dann ist (x_0, y_0) ein lokales Maximum.
- Falls $D(x_0 y_0, \lambda) > 0$, dann ist (x_0, y_0) ein lokales Minimum.

Wir müssen also zunächst die zweiten Ableitungen der Lagrange-Funktion berechnen. Dazu leiten wir die ersten Ableitungen aus (8.11) und (8.12) noch einmal ab:

$$\mathscr{L}''_{xx}(x, y) = -2 \cdot \lambda$$
$$\mathscr{L}''_{xy}(x, y) = 1$$
$$\mathscr{L}''_{yx}(x, y) = 1$$
$$\mathscr{L}''_{yy}(x, y) = -8 \cdot \lambda$$

Außerdem brauchen wir die Ableitungen der Nebenbedingungen:

8.3 Weitere Aufgaben

$$g'_x(x, y) = 2x$$
$$g'_y(x, y) = 8y$$

Jetzt können wir dies in den Ausdruck (8.4) einsetzen:

$$D(x, y, \lambda) = \left(g'_x\right)^2 \mathscr{L}''_{yy} - 2g'_x g'_y \mathscr{L}''_{xy} + \left(g'_y\right)^2 \mathscr{L}''_{xx}$$
$$= (2x)^2 (-8 \cdot \lambda) - 2(2x)(8y) \cdot 1 + (8y)^2 (-2 \cdot \lambda)$$

In dieses Ergebnis setzen wir nun alle Kandidaten der Reihe nach ein.

- Für den Punkt $(-6, -3)$ berechnen wir zunächst $\lambda = \frac{y}{2x} = \frac{1}{4}$ und erhalten somit

$$D(-6, -3, 1/4) = (2 \cdot (-6))^2 (-8 \cdot 1/4) - 2(2 \cdot (-6))(8 \cdot (-3))$$
$$\cdot 1 + (8 \cdot (-3))^2 (-2 \cdot 1/4)$$
$$= -1152 < 0$$

Es handelt sich um ein lokales Maximum. Der Funktionswert ist $f(-6, -3) = 18$.

- Für den Punkt $(-6, 3)$ berechnen wir zunächst $\lambda = \frac{y}{2x} = \frac{-1}{4}$ und erhalten somit

$$D(-6, 3, -1/4) = (2 \cdot (-6))^2 (-8 \cdot (-1/4)) - 2(2 \cdot (-6))(8 \cdot 3)$$
$$\cdot 1 + (8 \cdot 3)^2 (-2 \cdot (-1/4))$$
$$= 1152 > 0$$

Es handelt sich um ein lokales Minimum. Der Funktionswert ist $f(-6, 3) = -18$.

- Für den Punkt $(6, -3)$ berechnen wir zunächst $\lambda = \frac{y}{2x} = \frac{-1}{4}$ und erhalten somit

$$D(6, -3, -1/4) = (2 \cdot 6)^2 (-8 \cdot (-1/4)) - 2(2 \cdot 6)(8 \cdot (-3))$$
$$\cdot 1 + (8 \cdot (-3))^2 (-2 \cdot (-1/4))$$
$$= 1152 > 0$$

Es handelt sich um ein lokales Minimum. Der Funktionswert ist $f(6, -3) = -18$.

- Für den Punkt $(6, 3)$ berechnen wir zunächst $\lambda = \frac{y}{2x} = \frac{1}{4}$ und erhalten somit

$$D(6, 3, 1/4) = (2 \cdot 6)^2 (-8 \cdot 1/4) - 2(2 \cdot 6)(8 \cdot 3) \cdot 1 + (8 \cdot 3)^2 (-2 \cdot 1/4)$$
$$= -1152 < 0$$

Es handelt sich um ein lokales Maximum. Der Funktionswert ist $f(6, 3) = 18$.

8.18 Die Methode von Lagrange bietet sich hier an, da die Nebenbedingung keine lineare Funktion ist. Wenn man diese nach einer der Variablen auflösen möchte, dann muss man beachten, dass es zwei mögliche Lösungen gibt, da man $\pm\sqrt{\cdots}$ rechnen muss. Somit hat man durch Einsetzen der Nebenbedingung in die Zielfunktion zwei Möglichkeiten, die zu zwei verschiedenen Funktionen führen.

8.19 Wir lösen dieses Problem mit der Methode von Lagrange. Dazu stellen wir als ersten Schritt die Lagrange-Funktion auf:

$$\mathscr{L}(x, y) = f(x, y) - \lambda \left(g(x, y) - c\right)$$
$$= \sqrt{x} \cdot \sqrt{y} - \lambda \left(x + 5y - 2000\right)$$

Anschließend berechnen wir die partiellen Ableitungen der Lagrange-Funktion und setzen diese gleich Null:

$$\mathscr{L}'_x(x, y) = \frac{\sqrt{y}}{2\sqrt{x}} - \lambda \cdot 1 = 0 \tag{8.15}$$

$$\mathscr{L}'_y(x, y) = \frac{\sqrt{x}}{2\sqrt{y}} - \lambda \cdot 5 = 0 \tag{8.16}$$

$$\mathscr{L}'_\lambda(x, y) = -(x + 5y - 2000) = 0 \tag{8.17}$$

Wir lösen dieses Gleichungssystem nach x, y und λ auf, indem wir (8.15) und (8.16) jeweils nach λ umstellen, d. h.

$$(8.15) \implies \lambda = \frac{\sqrt{y}}{2\sqrt{x}}$$
$$(8.16) \implies \lambda = \frac{\sqrt{x}}{10\sqrt{y}}$$

und dann die beiden Resultate gleichsetzen:

$$\frac{\sqrt{y}}{2\sqrt{x}} = \frac{\sqrt{x}}{10\sqrt{y}} \quad | \cdot 10\sqrt{y} \cdot 2\sqrt{x}$$
$$\implies 10\sqrt{y} \cdot \sqrt{y} = 2\sqrt{x} \cdot \sqrt{x}$$
$$\implies 10y = 2x$$
$$\implies x = 5y \tag{8.18}$$

Dieses Zwischenergebnis (8.18) setzen wir in die Nebenbedingung (8.17) ein:

$$x + 5y = 5y + 5y = 2000 \Rightarrow y = 200 \Rightarrow x = 1000$$

Das Problem wird von $(x, y) = (1000, 200)$ gelöst.

8.20 Wir stellen die Lagrange-Funktion auf:

$$\mathscr{L} = x^2 + 4y^2 + 3z^2 - \lambda(x - 3y + 2z - 248) - \mu(2x + y - z)$$

8.3 Weitere Aufgaben

wobei wir zwei Lagrange-Multiplikatoren λ und μ haben, da wir jede Nebenbedingung einzeln behandeln.[4] Die Bedingungen erster Ordnung für die Lagrange-Funktion lauten:

$$\mathscr{L}'_x = 2x - \lambda - 2\mu = 0 \tag{8.19}$$

$$\mathscr{L}'_y = 8y + 3\lambda - \mu = 0 \tag{8.20}$$

$$\mathscr{L}'_z = 6z - 2\lambda + \mu = 0 \tag{8.21}$$

$$\mathscr{L}'_\lambda = -(x - 3y + 2z - 248) = 0 \tag{8.22}$$

$$\mathscr{L}'_\mu = -(2x + y - z) = 0 \tag{8.23}$$

Die Gl. (8.22) und (8.23) sind die Nebenbedingungen. Die übrigen Gleichungen sind nach den Unbekannten x, y und z zu lösen. Allerdings sind auch noch die Hilfsvariablen λ und μ vorhanden. Diese müssen wir zunächst eliminieren.

Auch hier ist ein möglicher Lösungsweg, die Gleichungen nach λ und μ aufzulösen und in einer Gleichung zu ersetzen. Hier können wir Gl. (8.20) und (8.21) addieren und nach

$$\lambda = -8y - 6z$$

auflösen. Des Weiteren multiplizieren wir (8.19) mit 3 und addieren das Ergebnis zu (8.20) und erhalten

$$\mu = \frac{6}{7}x + \frac{8}{7}y$$

Diese zwei Bedingungen für λ und μ setzen wir nun in Gl. (8.21) ein:

$$0 = 6z - 2 \cdot (-8y - 6z) + \frac{6}{7}x + \frac{8}{7}y$$

$$= 6z + 16y + 12z + \frac{6}{7}x + \frac{8}{7}y$$

$$= 18z + \frac{6}{7}x + \frac{120}{7}y$$

$$\implies 0 = 126z + 6x + 120y$$

Dieses Ergebnis lösen wir zusammen mit den Nebenbedingungen (8.22) und (8.23) nach den Unbekannten auf:

$$0 = 6x + 120y + 126z$$

$$248 = x - 3y + 2z$$

$$0 = 2x + y - z$$

Das Ziel ist es, dieses System mit drei Gleichungen und drei Unbekannten erstens so umzuformen, dass wir nur noch zwei Gleichungen mit zwei Unbekannten haben. Um dies zu

---

[4] Der griechische Buchstabe μ wird „mü" ausgesprochen.

erreichen, wenden wir zweimal das Additionsverfahren an, um die Variable z zu eliminieren: Wir addieren die zweite Gleichung mit dem doppelten der dritten Gleichung:

$$248 + 0 = x + 4x - 3y + 2y + 2z - 2z = 5x - y$$

Zusätzlich multiplizieren wir die erste Gleichung mit (-63) und addieren dies zur zweiten Gleichung:

$$0 - 15.624 = 6x - 63x + 120y + 189y + 126z - 126z = -57x + 309y$$

Wir haben das System reduziert auf

$$248 = 5x - y$$
$$-15.624 = -57x + 309y$$

Hier multiplizieren wir die erste Gleichung mit 309 und addieren die beiden Gleichungen:

$$76.632 - 15.624 = 1545x - 57x - 309y + 309y$$
$$\implies 61.008 = 1488x$$
$$\implies x = 41$$
$$\implies y = 5x - 248 = -43$$
$$\implies z = 2x + y = 39$$

Die Lösung ist somit gegeben durch $(x, y, z) = (41, -43, 39)$.

Integralrechnung 9

In diesem Kapitel üben wir

1. einfache Integrationsregeln, insbesondere die Berechnung von unbestimmten Integralen von Potenzfunktionen, einfachen Exponential- und Logarithmusfunktionen,
2. die Berechnung von bestimmten Integralen zur Bestimmung von Flächeninhalten,
3. die Analyse von Produzenten- und Konsumentenrente im Marktgleichgewicht als Beispiel aus der Mikroökonomik.

9.1 Einfache Integrationsregeln

Aufgaben

9.1 Berechnen Sie die folgenden Integrale:

(a) $\int (5x^2 - x^3 + 6x)\, dx$

(b) $\int (ax^2 + bx + c)\, dx$

(c) $\int \left(\frac{1}{x^4} - 5\ln x\right) dx$

(d) $\int \frac{10}{\sqrt{x^3}}\, dx$

(e) $\int \sqrt{x\sqrt{x\sqrt{x}}}\, dx$

(f) $\int \frac{-2}{x}\, dx$

(g) $\int 2e^{10x}\, dx$

(h) $\int \frac{f'(x)}{f(x)}\, dx$

© Der/die Autor(en), exklusiv lizenziert durch Springer Fachmedien Wiesbaden GmbH, ein Teil von Springer Nature 2021
S. Flotho, *Übungsbuch Wirtschaftsmathematik*,
https://doi.org/10.1007/978-3-658-34658-4_9

9.2 Bei der Herstellung eines Produkts sind die Grenzkosten der Herstellung von x Einheiten gleich $K'(x) = 3x + 4$. Bestimmen Sie die Gesamtkostenfunktion $K(x)$, wenn die Fixkosten 40 sind.

Lösungen

9.1

(a) Zur Integration von Potenzfunktionen $f(x) = x^k$ für $k \neq -1$ gibt es die Regel (9.1), dass der Exponent der Funktion um Eins erhöht und die Funktion mit dem Kehrwert dieses neuen Exponenten multipliziert wird:

$$\int f(x)dx = \int x^k \, dx = \frac{1}{k+1} x^{k+1} + C \tag{9.1}$$

wobei C eine Konstante ist. Diese Regel wenden wir auf die einzelnen Terme der Funktion an:

$$\int (5x^2 - x^3 + 6x) = \frac{5}{3}x^3 - \frac{1}{4}x^4 + 3x^2 + C$$

(b) Auch hier integrieren wir die einzelnen Terme mit Formel (9.1):

$$\int (ax^2 + bx + c) \, dx = \frac{a}{3}x^3 + \frac{b}{2}x^2 + cx + C$$

(c) Den ersten Summanden der Funktion schreiben wir x^{-4} und wenden auch Formel (9.1) an. Der zweite Summand ist die Logarithmusfunktion. Die Stammfunktion dieser Funktion ist durch Regel (9.2) gegeben:

$$\int f(x)dx = \int \ln x \, dx = x \ln x - x + C \tag{9.2}$$

wobei C eine Konstante ist. Die Lösung ist demnach

$$\int \left(\frac{1}{x^4} - 5 \ln x \right) = -\frac{1}{3x^3} - 5x \ln x - 5x + C$$

(d) Auch hier schreiben wir die Funktion um und bilden die Stammfunktion mit (9.1):

$$\int \frac{10}{\sqrt{x^3}} dx = 10 \int x^{-\frac{3}{2}} dx = 10 \cdot \frac{1}{-1/2} \cdot x^{-\frac{1}{2}} + C = -20 \cdot \frac{1}{\sqrt{x}}$$

(e) Der erste Schritt besteht darin, die Funktion als Potenzfunktion zu schreiben. Dazu wenden wir die Regeln für das Rechnen mit Potenzen mehrfach an:

9.1 Einfache Integrationsregeln

$$\sqrt{x\sqrt{x\sqrt{x}}} = \sqrt{x\sqrt{x \cdot x^{1/2}}} = \sqrt{x\sqrt{x^{3/2}}}$$
$$= \sqrt{x \cdot (x^{3/2})^{1/2}} = \sqrt{x \cdot (x^{3/4})}$$
$$= \sqrt{x^{7/4}} = (x^{7/4})^{1/2}$$
$$= x^{7/8}$$
$$\implies \int \sqrt{x\sqrt{x\sqrt{x}}}\, dx = \int x^{7/8}\, dx$$
$$= \frac{8}{15} x^{15/8} + C$$

(f) Hier stellen wir fest, dass wir Regel (9.1) nicht anwenden können, da $k = -1$. Die Funktion $f(x) = \frac{1}{x}$ wird mit der Formel (9.3) integriert:

$$\int f(x)\,dx = \int \frac{1}{x}\, dx = \ln |x| + C \qquad (9.3)$$

wobei C eine Konstante ist. Somit folgern wir, dass

$$\int \frac{-2}{x}\, dx = \int -2x^{-1}\, dx = -2 \ln |x| + C$$

(g) Die Funktion $f(x) = e^{ax}$ wird mit Formel (9.4) integriert:

$$\int f(x)\,dx = \int e^{ax}\, dx = \frac{1}{a} e^{ax} + C \qquad (9.4)$$

wobei C eine Konstante ist. Also hier

$$\int 2e^{10x}\, dx = \frac{1}{5} e^{10x} + C$$

(h) Die Idee bei dieser Funktion besteht darin, zu überlegen, wo man die Funktion als Ableitung gesehen hat. Dies ist bei der Ableitung von Logarithmusfunktionen der Fall. Die Stammfunktion lautet demnach

$$\int \frac{f'(x)}{f(x)}\, dx = \ln |f(x)| + C$$

Wir können dies kontrollieren, indem wir die rechte Seite differenzieren.

9.2 Die Grenzkosten sind die Ableitung der Kostenfunktion. Die Kostenfunktion finden wir, indem wir die Ableitung umkehren, d. h. die Grenzkostenfunktion integrieren. Die Aufgabenstellung bestimmt die Konstante C genauer, nämlich durch die Fixkosten. Zusammenfassend lautet die Gesamtkostenfunktion $K(x) = 1{,}5x^2 + 4x + 40$.

9.2 Integralrechnung und Flächen

Aufgaben

9.3 Berechnen Sie die folgenden Integrale:

(a) $\quad \int_{-1}^{4} \left(2x^2 + x^3 - 6\right) dx$

(b) $\quad \int_{0}^{2} -5e^{-x} dx$

(c) $\quad \int_{1}^{2} \left(ax^3 - bx\right) dx$

(d) $\quad \int_{-5}^{-1} \frac{1}{x} dx$

(e) $\quad \int_{0}^{10} (x^3 - 19x^2 + 55x + 75) dx$

9.4 Berechnen Sie den Inhalt der Flächen, die von $f(x)$, der x−Achse und den Grenzen $a = 0$ und $b = 10$ eingeschlossen wird.

(a) $f(x) = x^4$

(b) $f(x) = x^2 - 10x$

(c) $f(x) = x^3 - 19x^2 + 55x + 75$

9.5 Wie groß ist der Flächeninhalt der Fläche, die von den Funktionen $f(x)$ und $g(x)$ in den Grenzen von $a = -1$ bis $b = 1$ eingeschlossen ist?

(a) $f(x) = -x^2 + 4$ und $g(x) = x^2$

(b) $f(x) = -x - 1$ und $g(x) = 2 + 0{,}5x$

9.6 Wie groß ist der Flächeninhalt der Fläche, die komplett von den Funktionen $f(x)$ und $g(x)$ eingeschlossen ist (d. h. die Fläche, die keinen offenen Rand hat)?

(a) $f(x) = x^4 - 3$ und $g(x) = -2x^2$

(b) $f(x) = x^3 - 15x^2 + 50x$ und $g(x) = x^2 - 15x + 50$

9.2 Integralrechnung und Flächen

Lösungen

9.3 Die bestimmten Integrale rechnen wir mit folgender Formel aus

$$\int_a^b f(x)\,dx = [F(x)]_a^b = F(b) - F(a) \tag{9.5}$$

Konkret bedeutet dies im Einzelnen:

1. Wir bestimmen die Stammfunktion $F(x)$ der Funktion.
2. Anschließend setzen wir in die Stammfunktion $F(x)$ die Werte für die Grenzen $x = a$ und $x = b$ ein und berechnen $F(a)$ und $F(b)$.
3. Zum Schluss bilden wir die Differenz aus diesen Werten $F(b) - F(a)$.

(a) Um die Stammfunktion zu bestimmen, wenden wir Regel (9.1) an:

$$\int_{-1}^{4} (2x^2 + x^3 - 6)\,dx = \left[\frac{2}{3}x^3 + \frac{1}{4}x^4 - 6x\right]_{-1}^{4}$$
$$= \frac{2}{3} \cdot (4)^3 + \frac{1}{4} \cdot (4)^4 - 6 \cdot (4)$$
$$- \left(\frac{2}{3} \cdot (-1)^3 + \frac{1}{4} \cdot (-1)^4 - 6 \cdot (-1)\right)$$
$$= \frac{925}{12} = 77{,}08\overline{3}$$

(b) Die Stammfunktion bestimmen wir mit Regel (9.4) und passen mit dem Minuszeichen auf:

$$\int_0^2 -5e^{-x}\,dx = \left[5e^{-x}\right]_0^2$$
$$= 5e^{-2} - \left(5e^{-0}\right)$$
$$= 5e^{-2} - 5 \approx -4{,}3233$$

(c) Wir stellen fest, dass die Stammfunktion noch von a und b abhängt:

$$\int_1^2 (ax^3 - bx)\,dx = \left[\frac{a}{4}x^4 - \frac{b}{2}x^2\right]_1^2$$
$$= \frac{a}{4} \cdot 2^4 - \frac{b}{2} \cdot 2^2 - \left(\frac{a}{4} \cdot 1^4 - \frac{b}{2} \cdot 1^2\right)$$
$$= 4a - 2b - \frac{a}{4} + \frac{b}{2}$$
$$= \frac{15}{4}a - \frac{3}{2}b$$

(d) Die Stammfunktion dieser Funktion ist nach Regel (9.3) die Logarithmusfunktion. Da die Grenzen negativ sind, ist es wichtig, dass auch die Betragszeichen in der Stammfunktion gesetzt werden:

$$\int_{-5}^{-1} \frac{1}{x} dx = [\ln |x|]_{-5}^{-1}$$
$$= \ln|-1| - (\ln|-5|)$$
$$= \ln 1 - \ln 5 = -\ln 5$$

(e) Die Funktion integrieren wir mit Regel (9.1):

$$\int_0^{10} (x^3 - 19x^2 + 55x + 75) \, dx = \left[\frac{1}{4}x^4 - \frac{19}{3}x^3 + \frac{55}{2}x^2 + 75x\right]_0^{10}$$
$$= \frac{1}{4} \cdot 10^4 - \frac{19}{3} \cdot 10^3 + \frac{55}{2} \cdot 10^2 + 75 \cdot 10$$
$$- \left(\frac{1}{4} \cdot 0^4 - \frac{19}{3} \cdot 0^3 + \frac{55}{2} \cdot 0^2 + 75 \cdot 0\right)$$
$$= -\frac{1000}{3} = -333,\overline{3}$$

9.4

(a) Die Funktion liegt oberhalb der x-Achse, da durch den Exponenten 4 auch negative Werte für x positiv werden. Den Flächeninhalt einer Fläche, die oberhalb der x-Achse und unterhalb der Funktion liegt, können wir mit (9.5) berechnen:

$$A = \int_0^{10} x^4 \, dx = \left[\frac{1}{5}x^5\right]_0^{10}$$
$$= \frac{1}{5} \cdot 10^5 - \left(\frac{1}{5} \cdot 0^5\right)$$
$$= 20.000$$

Abb. 9.1 zeigt die Fläche.

(b) Wir untersuchen zunächst, ob die Funktion oberhalb oder unterhalb der x-Achse liegt. Dazu betrachten wir

$$f(x) = x^2 - 10x = x \cdot (x - 10) \geq 0$$

Dies ist erfüllt, falls beide Faktoren positiv sind: $x \geq 0$ und $x \geq 10$, d. h. für alle $x \geq 10$. Es ist aber auch erfüllt, falls beide Faktoren negativ sind: $x \leq 0$ und $x \leq 10$, d. h. für alle $x \leq 0$. Im Bereich von $a = 0$ bis $b = 10$ ist die Funktion somit negativ. Das

Abb. 9.1 Abbildung zu Aufgabe 9.4 (a)

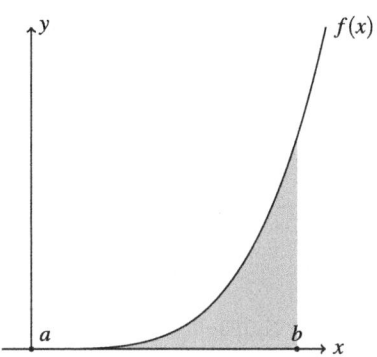

Abb. 9.2 Abbildung zu Aufgabe 9.4 (b)

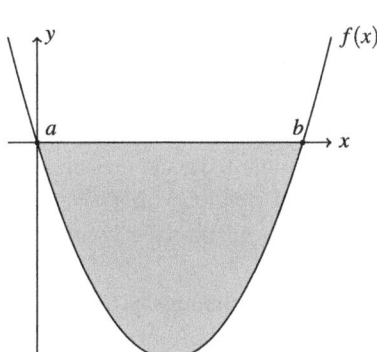

Integral nach (9.5) ist dann negativ. Um den Flächeninhalt zu bestimmen, nehmen wir den Betrag des bestimmten Integrals:[1]

$$A = \left| \int_0^{10} (x^2 - 10x)\, dx \right| = \left[\frac{1}{3}x^3 - \frac{10}{2}x^2 \right]_0^{10}$$
$$= \frac{1}{3} \cdot 10^3 - 5 \cdot 10^2 - \left(\frac{1}{3} \cdot 0^3 - 5 \cdot 0^2 \right)$$
$$= \frac{500}{3}$$

Abb. 9.2 zeigt die Fläche.

(c) Zunächst untersuchen wir, in welchem Bereich die Funktion oberhalb und unterhalb der x-Achse liegt. Dazu bestimmen wir die Nullstellen der Funktion. Da es ein Polynom dritten Grades ist, finden wir eine Nullstelle durch Probieren. Diese ist $x_1 = -1$. Anschließend führen wir die Polynomdivision durch, um den Grad des Polynoms zu verringern:

---

[1] Wir können auch die Grenzen vertauschen. Dann erhalten wir auch den Flächeninhalt.

$$\begin{array}{r}\left(x^3-19x^2+55x+75\right):\left(x+1\right)=x^2-20x+75\\\underline{-x^3-x^2}\\-20x^2+55x\\\underline{20x^2+20x}\\75x+75\\\underline{-75x-75}\\0\end{array}$$

Die Nullstellen des Ergebnispolynoms können wir mit der Mitternachtsformel (4.1) bestimmen: $x_2 = 5$ und $x_3 = 15$.

Als nächstes wählen wir jeweils einen Wert aus, der zwischen den Nullstellen liegt, setzen diesen in die Funktion ein und bestimmen das Vorzeichen des Funktionswertes:

- Im Bereich von $x_1 = -1$ bis $x_2 = 5$ untersuchen wir $f(0) = 75 > 0$. Wir können folgern, dass in diesem Bereich $f(x) \geq 0$.
- Im Bereich von $x_2 = 5$ bis $x_3 = 15$ untersuchen wir $f(10) = -275 < 0$. Wir folgern, dass die Funktion in diesem Bereich $f(x) \leq 0$.

Zur Berechnung des Flächeninhalts hat das Zwischenergebnis folgende Konsequenzen: Wir teilen das Integral anhand der Nullstellen der Funktion auf. Von der unteren Grenze a bis zur ersten Nullstelle x_1 berechnen wir den Flächeninhalt mit (9.5), da die Funktion oberhalb der x-Achse liegt. Im Bereich von der Nullstelle bis zur oberen Grenze b nehmen wir den Betrag des bestimmten Integrals:

$$A = \int_0^5 f(x)\,dx + \left|\int_5^{10} f(x)\,dx\right|$$
$$= [F(x)]_0^5 + \left|[F(x)]_5^{10}\right|$$
$$= F(5) - F(0) + |F(10) - F(5)|$$

Wir bestimmen nun die Stammfunktion. Diese haben wir bereits in Aufgabe 9.3 (e) bestimmt:

$$F(x) = \frac{1}{4}x^4 - \frac{19}{3}x^3 + \frac{55}{2}x^2 + 75x$$
$$\implies F(0) = 0$$
$$F(5) = \frac{5125}{12}$$
$$F(10) = -\frac{1000}{3}$$

Jetzt können wir endlich den Flächeninhalt ausrechnen:

9.2 Integralrechnung und Flächen

$$A = F(5) - F(0) + |F(10) - F(5)|$$
$$= \frac{5125}{12} - 0 + \left| -\frac{1000}{3} - \frac{5125}{12} \right|$$
$$= 1187{,}5$$

Abb. 9.3 zeigt die Fläche. In Aufgabe 9.3 (e) haben wir das Integral in den Grenzen von a bis b ausgerechnet, ohne zu beachten, ob die Fläche oberhalb oder unterhalb der x-Achse liegt. Die Flächeninhalte heben sich dann auf.

9.5 Der Flächeninhalt zwischen zwei Funktionen wird mit Formel

$$A = \int_a^b (f(x) - g(x))\, dx \tag{9.6}$$

berechnet, wobei gilt, dass $f(x) \geq g(x)$ ist.

(a) Wir untersuchen zunächst, welche Funktion oberhalb der anderen liegt. Dazu bestimmen wir die Schnittpunkte der Funktionen:

$$f(x) = g(x)$$
$$\implies -x^2 + 4 = x^2$$
$$\implies 4 = 2x^2$$
$$\implies x^2 = 2$$
$$\implies x = \pm\sqrt{2}$$

Diese zwei Werte liegen außerhalb der Grenzen von a bis b. Wir wählen einen Wert zwischen den Grenzen aus, z. B. $x = 0$ und setzen dies in die Funktionen ein. Da

$$f(0) = 4 > g(0) = 0$$

Abb. 9.3 Abbildung zu Aufgabe 9.4 (c)

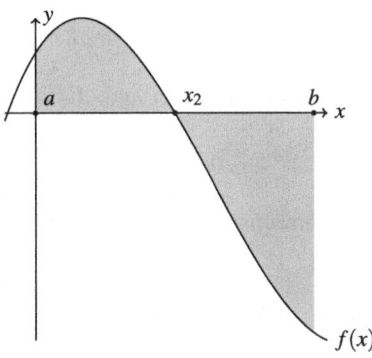

ist, folgern wir, dass im angegeben Bereich $f(x) \geq g(x)$. Mit Regel (9.6) berechnen wir

$$A = \int_{-1}^{1} (f(x) - g(x))\,dx = \int_{-1}^{1} (-2x^2 + 4)\,dx$$
$$= \left[-\frac{2}{3}x^3 + 4x\right]_{-1}^{1}$$
$$= -\frac{2}{3} \cdot 1^3 + 4 \cdot 1 - \left(-\frac{2}{3} \cdot (-1)^3 + 4 \cdot (-1)\right)$$
$$= \frac{20}{3}$$

Abb. 9.4 (links) zeigt die Funktionen und die zu berechnende Fläche.

(b) Die Funktionen schneiden sich, falls

$$f(x) = g(x)$$
$$\implies -x - 1 = 2 + 0{,}5x$$
$$\implies 1{,}5x = -3$$
$$\implies x = -2$$

Dies ist außerhalb der betrachteten Grenzen. Um zu überprüfen, welche Funktion größer ist, wählen wir wieder einen Wert, z. B. $x = 0$ und setzen dies in die Funktionen ein. Hier ist $f(0) = -1 < g(0) = 2$, also gilt im angegebenen Bereich $g(x) \geq f(x)$. Regel (9.6) wird dann

$$A = \int_{-1}^{1} (g(x) - f(x)\,dx = \int_{-1}^{1} \left(3 + \frac{3}{2}x\right) dx$$
$$= \left[3x + \frac{3}{4}x\right]_{-1}^{1}$$
$$= 3 \cdot 1 + \frac{3}{4} \cdot 1 - \left(3 \cdot (-1) + \frac{3}{4} \cdot (-1)\right)$$
$$= 6$$

Abb. 9.4 (rechts) zeigt die Funktionen und die zu berechnende Fläche.

9.6

(a) Zunächst bestimmen wir die Schnittpunkte der Funktionen.

$$f(x) = g(x)$$
$$\implies x^4 - 3 = -2x^2$$
$$\implies x^4 - 3 + 2x^2 = 0$$

9.2 Integralrechnung und Flächen

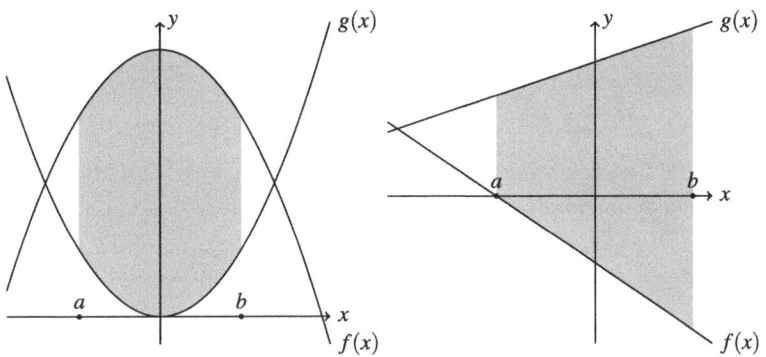

Abb. 9.4 Abbildungen zu Aufgabe 9.5

Dies ist eine Gleichung vierten Grades, für die wir keine Formel haben. Entweder wenden wir zweimal die Polynomdivision an, oder wir verwenden folgenden Trick: Wir ersetzen $x^2 = a$ und erhalten somit eine quadratische Gleichung:

$$a^2 + 2a - 3 = 0$$

Mit der Mitternachtsformel (4.1) erhalten wir die Lösungen von $a = -3$ und $a = 1$. Jetzt bestimmen wir x: $x^2 = a = -3$ ergibt keine reellen Lösungen, da das Quadrat einer rellen Zahl nicht negativ werden kann. Aus $x^2 = a = 1$ folgern wir, dass $x = \pm 1$. Somit sind sind $x_1 = -1$ und $x_2 = 1$ die Schnittstellen der beiden Funktionen.

Nun untersuchen wir, welche Funktion größer als die anderen ist, indem wir z.B. $x = 0$ in die Funktionen einsetzen. Da $f(0) = -3 < g(0) = 0$, gilt zwischen x_1 und x_2, dass $g(x) \geq f(x)$. Somit ergibt sich für den Flächeninhalt nach Regel (9.6):

$$A = \int_{-1}^{1} (g(x) - f(x))\, dx = \int_{-1}^{1} (-2x^2 - x^4 + 3)\, dx$$
$$= \left[-\frac{2}{3}x^3 - \frac{1}{5}x^5 + 3x \right]_{-1}^{1}$$
$$= -\frac{2}{3} \cdot 1^3 - \frac{1}{5} \cdot 1^5 + 3 \cdot 1 - \left(-\frac{2}{3} \cdot (-1)^3 - \frac{1}{5} \cdot (-1)^5 + 3 \cdot (-1) \right)$$
$$= \frac{64}{15}$$

Die linke Seite von Abb. 9.5 zeigt die Funktionen und die Fläche.

(b) Zunächst bestimmen wir die Schnittpunkte der Funktionen.

$$f(x) = g(x)$$
$$\implies x^3 - 15x^2 + 50x = x^2 - 15x + 50$$
$$\implies x^3 - 16x^2 + 65x - 50 = 0$$

Eine Nullstelle finden wir durch Probieren und zwar $x_1 = 1$. Anschließend führen wir die Polynomdivision durch:

$$\begin{array}{r}
\left(x^3 - 16x^2 + 65x - 50\right) : \left(x - 1\right) = x^2 - 15x + 50 \\
\underline{-x^3 + x^2} \\
-15x^2 + 65x \\
\underline{15x^2 - 15x} \\
50x - 50 \\
\underline{-50x + 50} \\
0
\end{array}$$

Die Nullstellen des Ergebnispolynoms können wir mit der Mitternachtsformel (4.1) bestimmen: $x_2 = 5$ und $x_3 = 10$.

Die zwei Funktionen schneiden sich bei $x_1 = 1$, $x_2 = 5$ und $x_3 = 10$. Im Bereich von x_1 bis x_2 gilt $f(x) \geq g(x)$. Im Bereich von x_2 bis x_3 gilt $g(x) \geq f(x)$. Wir spalten also das Integral folgendermaßen auf, um Regel (9.6) anzuwenden:

$$A = \int_1^5 (f(x) - g(x))\, dx + \int_5^{10} (g(x) - f(x))\, dx$$
$$= F(5) - G(5) - (F(1) - G(1)) + G(10) - F(10) - (G(5) - F(5))$$
$$= F(5) - G(5) - F(1) + G(1) + G(10) - F(10) - G(5) + F(5)$$
$$= 2(F(5) - G(5)) - (F(1) - G(1)) - (F(10) - G(10)) \frac{2521}{12}$$

Wir berechnen nun

$$f(x) - g(x) = x^3 - 16x^2 + 65x - 50$$
$$\implies F(x) - G(x) = \frac{1}{4}x^4 - \frac{16}{3}x^3 + \frac{65}{2}x^2 - 50x$$
$$\implies F(1) - G(1) = -\frac{271}{12}$$
$$F(5) - G(5) = \frac{625}{12}$$
$$F(10) - G(10) = -\frac{250}{3}$$

Endlich können wir den Flächeninhalt berechnen:

Abb. 9.5 Abbildung zu Aufgabe 9.6

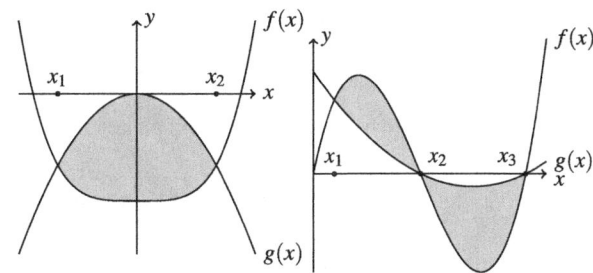

$$A = 2(F(5) - G(5)) - (F(1) - G(1)) - (F(10) - G(10))$$
$$= 2 \cdot \frac{625}{12} - \left(-\frac{271}{12}\right) - \left(-\frac{250}{3}\right)$$
$$= \frac{2521}{12}$$

Die rechte Seite von Abb. 9.5 zeigt die Funktionen und die Fläche.

9.3 Konsumenten- und Produzentenrente

Aufgaben

9.7 Nehmen Sie an, dass die Nachfrage- und Angebotsfunktion gegeben seien durch

$$f(Q) = 200 - 0{,}2Q, \qquad g(Q) = 20 + 0{,}1Q$$

Bestimmen Sie den Gleichgewichtspreis und berechnen Sie die Konsumentenrente und die Produzentenrente im Marktgleichgewicht.

9.8 Ermitteln Sie für die Angebotsfunktion

$$g(Q) = 11{,}25 + 0{,}6Q^2$$

und die Nachfragefunktion

$$f(Q) = 30 - 0{,}15Q^2$$

die Konsumentenrente und die Produzentenrente im Marktgleichgewicht.

9.9 Nehmen Sie an, dass die Nachfrage- und Angebotsfunktion gegeben seien durch

$$f(Q) = \frac{6000}{Q + 50}, \qquad g(Q) = Q + 10.$$

Bestimmen Sie den Gleichgewichtspreis und berechnen Sie die Konsumenten- und Produzentenrente.

9.10 Die Nachfrage nach einem Produkt ist gegeben durch die folgende Nachfragefunktion

$$f(Q) = \frac{50}{Q+5}$$

wobei Q die Menge bezeichnet. Die Angebotsfunktion ist gegeben durch

$$g(Q) = \frac{9}{2} + \frac{1}{10}Q$$

(a) Berechnen Sie den gleichgewichtigen Preis P^* und die Menge Q^*.
(b) Skizzieren Sie die Angebots- und Nachfragefunktion in einem geeigneten Diagramm. Wie lassen sich Konsumenten- und Produzentenrente in dem Schaubild darstellen?
(c) Berechnen Sie die Konsumentenrente als numerischen Wert, indem Sie folgende Näherung benutzen: $\ln 2 \approx 0{,}7$.
(d) Geben Sie eine kurze ökonomische Definition der Konsumenten- und Produzentenrente.

Lösungen

9.7 Das Gleichgewicht wird bestimmt durch Gleichsetzen der zwei Funktionen

$$f(Q) = 200 - 0{,}2Q = g(Q) = 20 + 0{,}1Q$$

Wir lösen dies nach

$$Q^* = 600 \implies P^* = f(600) = g(600) = 80$$

Konsumenten- und Produzentenrente berechnen wir mit Hilfe der elementaren Dreiecksformel, da die Angebots- und Nachfragefunktionen linear sind. Abb. 9.6 zeigt die Funktionen und die Flächen für die Berechnung der Konsumenten- bzw. Produzentenrente.

$$KR = 0{,}5 \cdot \text{Grundseite} \cdot \text{Höhe}$$
$$= 0{,}5 \cdot Q^* \cdot (200 - P^*) = 36.000$$
$$PR = 0{,}5 \cdot \text{Grundseite} \cdot \text{Höhe}$$
$$= 0{,}5 \cdot Q^* \cdot (P^* - 20) = 18.000$$

9.3 Konsumenten- und Produzentenrente

Abb. 9.6 Marktgleichgewicht und Konsumenten- und Produzentenrente

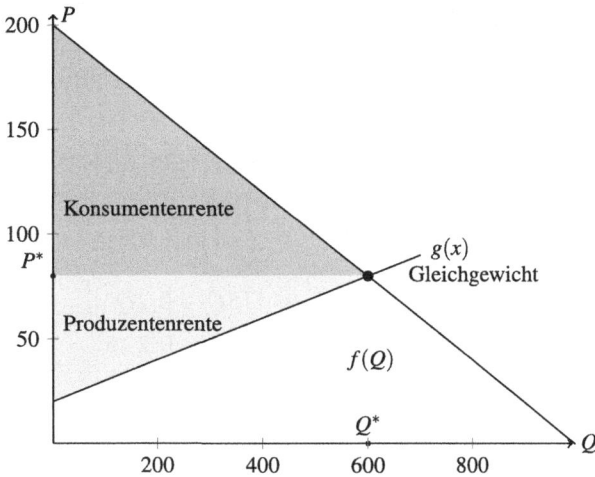

9.8 Das Marktgleichgewicht erhalten wir durch Gleichsetzen der zwei Funktionen

$$g(Q) = f(Q)$$
$$\implies 11{,}25 + 0{,}6Q^2 = 30 - 0{,}15Q^2$$
$$\implies 0{,}75Q^2 = 18{,}75$$
$$\implies Q^2 = 25$$
$$\implies Q = \pm 5$$

Also ist die gesuchte Lösung (keine negativen Mengen)

$$Q^* = 5 \implies P^* = 26{,}25$$

Da die beiden Funktionen quadratisch sind, müssen wir folgende Formeln anwenden, um die Konsumenten- und Produzentenrente zu bestimmen:

Die Konsumentenrente **KR** wird berechnet durch

$$KR = \int_0^{Q^*} \left(f(Q) - P^*\right) dQ \quad (9.7)$$
$$= \int_0^5 \left(30 - 0{,}15Q^2 - 26{,}25\right) dQ$$
$$= \int_0^5 \left(3{,}75 - 0{,}15Q^2\right) dQ$$
$$= \left[3{,}75Q - 0{,}05Q^3\right]_0^5$$
$$= 3{,}75 \cdot 5 - 0{,}05 \cdot 5^3 - 0$$
$$= 12{,}5$$

Die Produzentenrente **PR** wird berechnet durch

$$PR = \int_0^{Q^*} \left(P^* - g(Q)\right) dQ \qquad (9.8)$$
$$= \int_0^5 \left(26{,}25 - 11{,}25 - 0{,}6Q^2\right) dQ$$
$$= \int_0^5 \left(15 - 0{,}6Q^2\right) dQ$$
$$= \left[15Q - 0{,}2Q^3\right]_0^5$$
$$= 15 \cdot 5 - 0{,}2 \cdot 5^3$$
$$= 50$$

9.9 Um das Gleichgewicht zu berechnen, müssen Angebot und Nachfrage gleich sein:

$$f(Q) = \frac{6000}{Q+50} = g(Q) = Q + 10$$
$$\implies 6000 = (Q+10) \cdots (Q+50)$$
$$\implies 6000 = Q^2 + 10Q + 50Q + 500$$
$$\implies 0 = Q^2 + 60Q - 5500$$
$$\implies Q_1 = 50 \quad \text{und} \quad Q_2 = -110$$

mit der Mitternachtsformel (4.1). Da Mengen nicht negativ sein können, ist $Q_1 = Q^*$ die gesuchte Lösung mit einem Gleichgewichtspreis von

$$P^* = f(50) = g(50) = 60$$

Die Konsumentenrente KR berechnen wir mit Formel (9.7):

$$KR = \int_0^{Q^*} f(Q) - P^* \, dQ = \int_0^{Q^*} f(Q) \, dQ - \int_0^{Q^*} P^* \, dQ$$
$$= \int_0^{Q^*} f(Q) \, dQ - P^* \cdot Q^*$$
$$= \int_0^{50} \frac{6000}{Q+50} \, dQ - 3000$$
$$= 6000 \left[\ln|Q+50|\right]_0^{50} - 3000$$
$$= 6000 \left[\ln 100 - \ln 50\right] - 3000$$
$$= 6000 \ln \frac{100}{50} - 3000 = 6000 \ln 2 - 3000$$
$$\approx 6000 \cdot 0{,}7 - 3000 = 1200$$

Die Produzentenrente PR berechnen wir mit Formel (9.8):

9.3 Konsumenten- und Produzentenrente

$$PR = \int_0^{Q^*} P^* - g(Q)\,dQ = \int_0^{Q^*} P^*\,dQ - \int_0^{Q^*} g(Q)\,dQ$$
$$= 3000 - \int_0^{50} (Q+10)\,dQ$$
$$= 3000 - \left[0,5Q^2 + 10Q\right]_0^{50}$$
$$= 3000 - [1250 + 500] = 1250$$

9.10

(a) Das Gleichgewicht lässt sich berechnen durch

$$f(Q) = g(Q)$$
$$\Longrightarrow \quad \frac{50}{Q+5} = 4,5 + 0,1Q$$
$$\Longrightarrow \quad 50 = (4,5 + 0,1Q) \cdot (Q+5)$$
$$\Longrightarrow \quad 50 = 4,5Q + 0,1Q^2 + 22,5 + 0,5Q$$
$$\Longrightarrow \quad 0 = 0,1Q^2 + 5Q - 27,5$$
$$\Longrightarrow \quad Q = -55 \quad \text{und} \quad Q = 5$$

Erste Lösung für Q ist ökonomisch nicht sinnvoll, also ist $Q^* = 5$ die gesuchte gleichgewichtige Menge. Dies ergibt einen gleichgewichtigen Preis von

$$P^* = f(5) = g(5) = 5$$

(b) Abb. 9.7 zeigt den Zusammenhang.

(c) Die Konsumentenrente KR wird mit folgender Formel berechnet:

$$KR = \int_0^{Q^*} (f(Q) - P^*)\,dQ = \int_0^{Q^*} f(Q)\,dQ - \int_0^{Q^*} P^*\,dQ$$
$$= \int_0^5 \frac{50}{Q+5}\,dQ - 25$$
$$= 50\left[\ln|Q+5|\right]_0^5 - 25$$
$$= 50\left[\ln 10 - \ln 5\right] - 25$$
$$= 50 \ln \frac{10}{5} - 25 = 50 \ln 2 - 25$$
$$\approx 50 \cdot 0,7 - 25 = 10$$

(d) Der Gesamtbetrag, der von allen Konsumenten „gespart" wird, wenn sie das Gut zu einem Preis kaufen können, der niedriger ist als der, den sie maximal zu zahlen bereit sind, wird als Konsumentenrente bezeichnet.

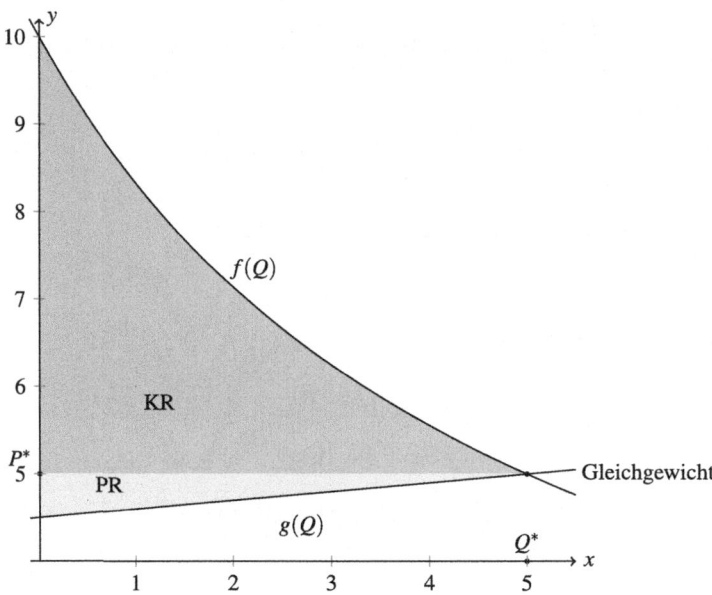

Abb. 9.7 Aufgabe 9.10: Marktgleichgewicht und Konsumenten- und Produzentenrente

9.4 Weitere Aufgaben

Aufgaben

9.11 Integrieren Sie die folgenden Funktionen:

(a) $f(x) = \sqrt{2x}$
(b) $f(x) = -6 \cdot e^{-2x}$
(c) $f(x) = px + 3x^2 - 4\sqrt[5]{x}$
(d) $f(x) = \frac{20}{x^4}$

9.12 Berechnen Sie die folgenden bestimmten Integrale:

(a) $\int_4^{16} \frac{1}{\sqrt{x}} dx$
(b) $\int_a^{2a} (6x^5 - a \cdot 10x^4) dx$
(c) $\int_0^{\infty} e^{-3x} dx$
(d) $\int_{-\infty}^{1} -\frac{1}{x^3} dx$

9.4 Weitere Aufgaben

9.13 Berechnen Sie den Flächeninhalt der Flächen, die zwischen x-Achse, der Funktion und den angegebenen Grenzen a und b liegt.

(a) $f(x) = 5$ mit $a = -2$ und $b = 3$

(b) $f(x) = -4x - 8$ mit $a = -4$ und $b = 2$

(c) $f(x) = e^x$ mit $a = 0$ und $b = 2$

(d) $f(x) = (x - 5)^2 - 10$ mit $a = 2$ und $b = 8$

9.14 Berechnen Sie für die folgenden Angebots- und Nachfragefunktionen jeweils die Konsumenten- und Produzentenrente. Dabei bezeichnet x die Menge, $f(x)$ die Zahlungsbereitschaft der Konsumenten und $g(x)$ den gewünschten Preis der Unternehmen.

(a) $f(x) = 150 - 4x$
$g(x) = 30 + 2x$

(b) $f(x) = 26.250 - 50x$
$g(x) = \frac{1}{2}x^2 - 150x + 11.250$

(c) $f(x) = -\frac{1}{2}x^2 + 1610$
$g(x) = \frac{1}{2}x^2 + 10$

(d) $f(x) = \frac{3300}{x+100}$
$g(x) = x + 20$

Lösungen

9.11

(a) Wir schreiben die Funktion als Potenzfunktion und integrieren diese mit Regel (9.1):

$$\int \sqrt{2x}\,dx = \int \sqrt{2} \cdot \sqrt{x}\,dx = \sqrt{2} \int \sqrt{x}\,dx$$
$$= \sqrt{2} \int x^{\frac{1}{2}}\,dx$$
$$= \sqrt{2} \cdot \frac{1}{3/2} x^{\frac{3}{2}} + C$$
$$= \sqrt{2} \cdot \frac{2}{3} x^{\frac{3}{2}} + C$$

(b) Diese Funktion integrieren wir mit Regel (9.4):

$$\int -6 \cdot e^{-2x}\,dx = -6 \cdot \frac{1}{-2} \cdot e^{-2x} + C = 3 \cdot e^{-2x} + C$$

(c) Zunächst schreiben wir den letzten Term als Potenzfunktion und wenden dann Regel (9.1) an:

$$\int (px + 3x^2 - 4\sqrt[5]{x})dx = \int (px + 3x^2 - 4x^{1/5})dx$$
$$= \frac{p}{2}x^2 + x^3 - \frac{4}{6/5}x^{6/5} + C$$
$$= \frac{p}{2}x^2 + x^3 - \frac{10}{3}x^{6/5} + C$$

(d) Hier können wir Regel (9.1) nicht anwenden, da $k = -1$. Deshalb integrieren wir die Funktion mit Regel (9.3):

$$\int \frac{20}{x}dx = 20 \cdot \ln|x| + C$$

9.12 Wir bestimmen die Stammfunktion, setzen die Grenzen ein und bilden die Differenz nach Regel (9.5).

(a)
$$\int_4^{16} \frac{1}{\sqrt{x}}dx = \int_4^{16} x^{-1/2}dx$$
$$= \left[\frac{1}{1/2} \cdot x^{1/2}\right]_4^{16} = \left[2 \cdot \sqrt{x}\right]_4^{16}$$
$$= 2 \cdot \sqrt{16} - 2 \cdot \sqrt{4}$$
$$= 4$$

(b)
$$\int_a^{2a} (6x^5 - a \cdot 10x^4)dx = \left[x^6 - a \cdot \frac{10}{5}x^5\right]_a^{2a}$$
$$= \left[x^6 - 2 \cdot a \cdot x^5\right]_a^{2a}$$
$$= (2a)^6 - 2 \cdot a \cdot (2a)^5 - \left(a^6 - 2 \cdot a \cdot a^5\right)$$
$$= 64a^6 - 64a^6 - a^6 + 2a^6$$
$$= a^6$$

(c) Wir stellen fest, dass die obere Grenze keine Zahl ist, sondern unendlich. Zunächst ersetzen wir diese Grenze durch den Wert n, berechnen das bestimmte Integral und überlegen am Ende, wie sich das Ergebnis ändert, wenn n sehr sehr groß wird, d.h. gegen ∞ läuft:

9.4 Weitere Aufgaben

$$\int_0^n e^{-3x}dx = \left[\frac{1}{-3}e^{-3x}\right]_0^n$$
$$= \frac{1}{-3}e^{-3n} - \frac{1}{-3}e^0$$
$$= \frac{1}{-3}e^{-3n} + \frac{1}{3}$$

Jetzt überlegen wir, wie sich der erste Summand verhält, wenn n sehr große Werte annimmt. Dann ist der Exponent $-3n$ negativ und zwar sehr sehr klein. Für solche Werte wird die Exponentialfunktion sehr klein bzw. fast Null. Wenn wir n gegen ∞ gehen lassen, dann geht der erste Ausdruck gegen Null. Wir folgern, dass

$$\int_0^\infty e^{-3x}dx = \frac{1}{3}$$

(d) Wir analysieren diese Aufgabe wie die vorherige Teilaufgabe und betrachten zunächst

$$\int_{-n}^1 -\frac{1}{x^3}dx = \int_{-n}^1 -x^{-3}dx$$
$$= \left[-\frac{1}{-2} \cdot x^{-2}\right]_{-n}^1$$
$$= \left[\frac{1}{2} \cdot \frac{1}{x^2}\right]_{-n}^1$$
$$= \frac{1}{2} \cdot \frac{1}{1^2} - \frac{1}{2} \cdot \frac{1}{(-n)^2}$$
$$= \frac{1}{2} - \frac{1}{2n^2}$$

Wenn die Zahlen n sehr groß werden, dann wird n^2 noch größer. Der Kehrwert davon wird allerdings sehr klein, d.h. der erste Summand geht gegen Null, wenn n gegen ∞ geht. Wir folgern, dass

$$\int_{-\infty}^1 -\frac{1}{x^3}dx = \frac{1}{2}$$

9.13

(a) Die Funktion liegt auf jeden Fall oberhalb der x-Achse, weshalb der Flächeninhalt mit Regel (9.5) berechnet werden kann:

$$A = \int_{-2}^3 5\,dx = [5x]_{-2}^3 = 5 \cdot 3 - 5 \cdot (-2) = 25$$

Wir können allerdings auch auf das Integral verzichten, indem wir kurz überlegen, wie die Funktion aussieht. Diese ist eine horizontale Gerade. Die eingeschlossene Fläche ist ein Quadrat mit Seitenlänge 5.

(b) Bei dieser Funktion handelt es sich um eine Gerade, deren Nullstelle $0 = -4x - 8$ durch $x = -2$ gegeben ist, d.h. dort schneidet die Gerade die x-Achse. Die Funktion hat eine negative Steigung, ist somit fallend, d.h. für Werte $x < -2$ ist $f(x)$ positiv und für $x > -2$ ist die Funktion negativ. Den Flächeninhalt der Fläche können wir nun berechnen, indem wir das Integral nach Regel (9.6) aufteilen:

$$A = \int_{-4}^{-2}(-4x-8)dx + \left|\int_{-2}^{2}(-4x-8)dx\right|$$
$$= \left[-2x^2 - 8x\right]_{-4}^{-2} + \left|\left[-2x^2 - 8x\right]_{-2}^{2}\right|$$
$$= -2\cdot(-2)^2 - 8\cdot(-2) - (-2\cdot(-4)^2 - 8\cdot(-4))$$
$$\quad + \left|-2\cdot 2^2 - 8\cdot 2 - (-2\cdot(-2)^2 - 8\cdot(-2))\right|$$
$$= 8 + |-32|$$
$$= 40$$

Auch bei dieser Funktion können wir auf elementare Geometrieformeln zur Berechnung des Flächeninhalts zurückgreifen. Wir sehen in Abb. 9.8, dass die Fläche aus zwei Dreiecken besteht, deren Flächeninhalt wir folgendermaßen berechnen:

$$A = \frac{1}{2}\cdot 2\cdot 8 + \frac{1}{2}\cdot 4\cdot 16 = 40$$

(c) Da die Exponentialfunktion oberhalb der x-Achse liegt und diese nicht schneidet, wenden wir Regel (9.5) an, um den Flächeninhalt zu berechnen:

Abb. 9.8 Abbildung zu Aufgabe 9.13

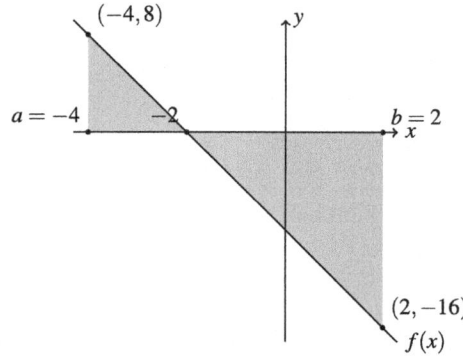

$$A = \int_0^2 e^x dx = \left[e^x\right]_0^2 = e^2 - e^0 = e^2 - 1$$

(d) Diese Funktion schreiben wir durch Anwendung der binomischen Formel um:

$$f(x) = (x-5)^2 - 10 = x^2 - 10x + 25 - 10 = x^2 - 10x + 15$$

Diese quadratische Funktion ist eine nach oben geöffnete Parabel mit den Nullstellen $x_{1,2} = 5 \pm \sqrt{10}$. Für Werte zwischen den Nullstellen ist die Funktion negativ. Nun ist $a = 2 > x_1$ und $b = 8 < x_2$, d. h. wir berechnen den Flächeninhalt mit Hilfe von (9.5), nehmen allerdings den Betrag:

$$\begin{aligned}
A &= \left|\int_2^8 x^2 - 10x + 15 \int_2^8\right| \\
&= \left|\left[\frac{1}{3}x^3 - 5x^2 + 15x\right]_2^8\right| \\
&= \left|\frac{1}{3} \cdot 8^3 - 5 \cdot 8^2 + 15 \cdot 8 - \left(\frac{1}{3} \cdot 2^3 - 5 \cdot 2^2 + 15 \cdot 2\right)\right| \\
&= |-42| \\
&= 42
\end{aligned}$$

9.14 Da die Funktionen $f(x)$ eine negative Steigung haben, handelt es sich um die Nachfragefunktionen, da wir davon ausgehen können, dass üblicherweise die nachgefragte Menge und der Preis negativ voneinander abhängen. Die Funktionen $g(x)$ sind folglich die Angebotsfunktionen.

(a) Zunächst berechnen wir das Gleichgewicht, in dem Angebot und Nachfrage übereinstimmen:

$$150 - 4x = 30 + 2x$$
$$\implies x = 20 \implies p = f(20) = g(20) = 70$$

Beide Funktionen sind linear, weshalb sowohl die Konsumenten- als auch die Produzentenrente mit der Formel für den Flächeninhalt des Dreiecks berechnet werden können. Zur Bestimmung der Seitenlänge skizzieren wir die Funktionen und die Flächen. Abb. 9.9 zeigt die Flächen. Die Renten sind gegeben durch

$$KR = \frac{1}{2} \cdot (150 - 70) \cdot 20 = 800$$
$$PR = \frac{1}{2} \cdot (70 - 30) \cdot 20 = 400$$

Abb. 9.9 Marktgleichgewicht und Konsumenten- und Produzentenrente aus Aufgabe 9.14 (a)

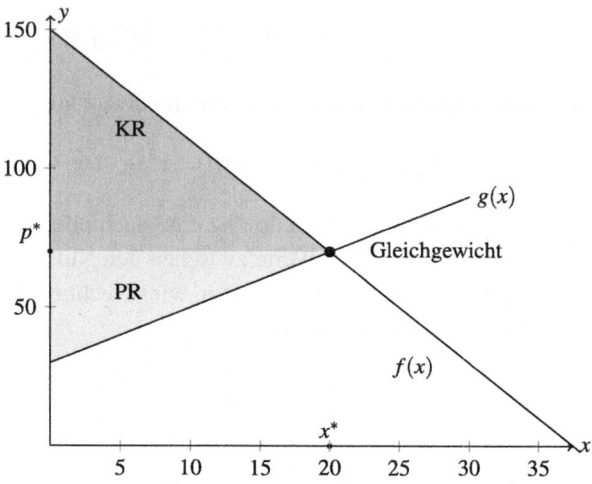

(b) Das Gleichgewicht in diesem Fall bestimmen wir mit Hilfe der Mitternachtsformel (4.1):

$$26.250 - 50x = \frac{1}{2}x^2 - 150x + 11.250$$
$$\implies 0 = \frac{1}{2}x^2 - 100x - 15.000$$
$$\implies x_1 = 300 \quad \text{und} \quad (x_2 = -100)$$
$$\implies p = 11.250$$

Da die Nachfragefunktion linear ist, können wir die Konsumentenrente wie in Teilaufgabe (a) berechnen:

$$KR = \frac{1}{2} \cdot (26.250 - 11.250) \cdot 300 = 2.250.000$$

Die Produzentenrente berechnen wir mit Hilfe des Integrals:

$$\begin{aligned} PR &= \int_0^{300} \left(11.250 - \frac{1}{2}x^2 + 150x - 11.250\right) dx \\ &= \int_0^{300} \left(-\frac{1}{2}x^2 + 150x\right) dx \\ &= \left[-\frac{1}{6}x^3 + 75x^2\right]_0^{300} \\ &= 2.250.000 \end{aligned}$$

(c) Auch hier ist die Gleichgewichtsbedingung eine quadratische Gleichung, die wir allerdings ohne Formel lösen können:

$$-\frac{1}{2}x^2 + 1610 = \frac{1}{2}x^2 + 10$$
$$\implies x^2 = 1600$$
$$\implies x_1 = 40 \text{ und } x_2 = -40$$
$$\implies p = 810$$

Sowohl Konsumenten- als auch Produzentenrente berechnen wir mit Hilfe des Integrals:

$$KR = \int_0^{40} \left(-\frac{1}{2}x^2 + 1610 - 810\right) dx$$
$$= \int_0^{40} \left(-\frac{1}{2}x^2 + 800\right) dx$$
$$= \left[-\frac{1}{6}x^3 + 800x\right]_0^{40}$$
$$= 21333,\overline{3}$$
$$PR = \int_0^{40} \left(810 - \frac{1}{2}x^2 - 10\right) dx$$
$$= \int_0^{40} \left(800 - \frac{1}{2}x^2\right) dx$$
$$= \left[800x - \frac{1}{6}x^3\right]_0^{40}$$
$$= 21333,\overline{3}$$

(d) Das Gleichgewicht erhalten wir durch

$$\frac{3300}{x+100} = x + 20$$
$$\implies 3300 = (x+20) \cdot (x+100)$$
$$\implies 0 = x^2 + 20x + 100x + 2000 - 3300$$
$$\implies 0 = x^2 + 120x - 1300$$
$$\implies x_1 = 10 \text{ und } x_2 = -130$$
$$\implies p = 30$$

Zur Berechnung der Konsumentenrente untersuchen wir das Integral

$$KR = \int_0^{10} \left(\frac{3300}{x+100} - 30 \right) dx$$
$$= [3300 \cdot \ln |x+100| - 30x]_0^{10}$$
$$= 3300 \cdot \ln(110) - 300 - (3300 \cdot \ln(100) - 0)$$
$$= 3300 \cdot \ln(110) - 3300 \ln(100) - 300$$
$$= 14{,}524$$

Die Angebotsfunktion ist linear, weshalb wir zur Berechnung der Produzentenrente auf das Integral verzichten:

$$PR = \frac{1}{2} \cdot (30 - 20) \cdot 10 = 50$$

Matrizenrechnung 10

In diesem Kapitel üben wir

1. Addition und Subtraktion von Matrizen,
2. das Skalarprodukt und die Matrixmultiplikation,
3. die Bestimmung der Inverse einer quadratischen (2 × 2)-Matrix mit einer Formel,
4. und für Matrizen größerer Ordnung mit dem Gaußschen Algorithmus,
5. die Regel von Sarrus zur Bestimmung der Determinanten einer (3 × 3)-Matrix,
6. die Berechnung der Determinanten mit Hilfe von Kofaktoren,
7. die Lösung eines linearen Gleichungssystems unter Anwendung der Inversen.

10.1 Begriffe und Definitionen

Aufgaben zu diesem Bereich finden sich im Abschn. 10.7 mit den weiteren Aufgaben.

10.2 Rechenregeln für Matrizen

Aufgaben

10.1 Gegeben seien die folgenden Matrizen

$$\mathbf{A} = \begin{pmatrix} 2 & 0 \\ -1 & 1 \end{pmatrix} \quad \mathbf{B} = \begin{pmatrix} -1 & 2 \\ 1 & -1 \end{pmatrix} \quad \mathbf{C} = \begin{pmatrix} 2 & 3 \\ 1 & 4 \end{pmatrix} \quad \mathbf{D} = \begin{pmatrix} 1 & 1 & 1 \\ 1 & 3 & 4 \end{pmatrix}$$

Berechnen Sie

(a) $\mathbf{A} - \mathbf{B}$
(b) $5\mathbf{D}$
(c) $\mathbf{A}^T + \mathbf{C}$
(d) $\mathbf{A} + \mathbf{B} - 2\mathbf{C}$

10.2 Gegeben seien die folgenden Matrizen

$$\mathbf{A} = \begin{pmatrix} 0 & 1 & -2 \\ 3 & 4 & 5 \\ -6 & 7 & 15 \end{pmatrix} \quad \mathbf{B} = \begin{pmatrix} 0 & -5 & 3 \\ 5 & 2 & -1 \\ -4 & 2 & 0 \end{pmatrix}$$

Berechnen Sie

(a) $\mathbf{A} + \mathbf{B}$
(b) $\mathbf{A} - 2\mathbf{B}$

10.3 Führen Sie, wenn möglich, die folgenden Berechnungen aus. Begründen Sie, warum die Berechnung gegebenenfalls nicht möglich ist.

(a) $$-3 \cdot \begin{pmatrix} 5 & -3 & -2 \\ 0 & 1 & 1 \\ 0 & 2 & 0 \end{pmatrix} + 5 \cdot \begin{pmatrix} -2 & 0 & -1 \\ -4 & 5 & 0 \\ 1 & -5 & 3 \end{pmatrix}$$

(b) $$\begin{pmatrix} 2 & 0 & -3 & 5 \\ 1 & 2 & 2 & -4 \\ 4 & 7 & 1 & -2 \end{pmatrix} + \begin{pmatrix} -2 & 0 \\ -4 & 5 \\ 1 & -5 \\ 2 & 0 \end{pmatrix}$$

(c) $$5 \cdot \begin{pmatrix} 4 \\ 3 \\ 2 \end{pmatrix}^T - 4 \begin{pmatrix} 5 & 4 & 3 \end{pmatrix} + 2 \cdot \begin{pmatrix} 0 \\ 1 \\ 1 \end{pmatrix}^T$$

(d) $$\begin{pmatrix} 2 & -2 \\ 3 & 4 \end{pmatrix}^T + 3 \cdot \begin{pmatrix} 4 & 3 \\ 1 & -2 \end{pmatrix}$$

10.2 Rechenregeln für Matrizen

Lösungen

10.1 Addition und Subtraktion von Matrizen, ebenso wie die Multiplikation mit einer Zahl sind elementweise definiert.

$$(a) \quad \mathbf{A} - \mathbf{B} = \begin{pmatrix} 2-(-1) & 0-2 \\ -1-1 & 1-(-1) \end{pmatrix} = \begin{pmatrix} 3 & -2 \\ -2 & 2 \end{pmatrix}$$

$$(b) \quad 5\mathbf{D} = \begin{pmatrix} 5 & 5 & 5 \\ 5 & 15 & 20 \end{pmatrix}$$

$$(c) \quad \mathbf{A}^T + \mathbf{C} = \begin{pmatrix} 2 & -1 \\ 0 & 1 \end{pmatrix} + \begin{pmatrix} 2 & 3 \\ 1 & 4 \end{pmatrix} = \begin{pmatrix} 4 & 2 \\ 1 & 5 \end{pmatrix}$$

$$(d) \quad \mathbf{A} + \mathbf{B} - 2\mathbf{C} = \begin{pmatrix} 2-1-4 & 0+2-6 \\ -1+1-2 & 1-1-8 \end{pmatrix} = \begin{pmatrix} -3 & -4 \\ -2 & -8 \end{pmatrix}$$

10.2

$$(a) \quad \mathbf{A} + \mathbf{B} = \begin{pmatrix} 0+0 & 1-5 & -2+3 \\ 3+5 & 4+2 & 5-1 \\ -6-4 & 7+2 & 15+0 \end{pmatrix} = \begin{pmatrix} 0 & -4 & 1 \\ 8 & 6 & 4 \\ -10 & 9 & 15 \end{pmatrix}$$

$$(b) \quad \mathbf{A} - 2\mathbf{B} = \begin{pmatrix} 0-2\cdot 0 & 1-2\cdot(-5) & -2-2\cdot 3 \\ 3-2\cdot 5 & 4-2\cdot 2 & 5-2\cdot(-1) \\ -6-2\cdot(-4) & 7-2\cdot 2 & 15-2\cdot 0 \end{pmatrix} = \begin{pmatrix} 0 & 11 & -8 \\ -7 & 0 & 7 \\ 2 & 3 & 15 \end{pmatrix}$$

10.3

$$(a) \quad = \begin{pmatrix} -15-10 & 9+0 & 6-5 \\ 0-20 & -3+25 & -3+0 \\ 0+5 & -6-25 & 0+15 \end{pmatrix} = \begin{pmatrix} -25 & 9 & 1 \\ -20 & 22 & -3 \\ 5 & -31 & 15 \end{pmatrix}$$

(b) Summe ist nicht definiert.

$$(c) \quad = 5\cdot \begin{pmatrix} 4 & 3 & 2 \end{pmatrix} - \begin{pmatrix} 20 & 16 & 12 \end{pmatrix} + 2\cdot \begin{pmatrix} 0 & 1 & 1 \end{pmatrix}$$
$$= \begin{pmatrix} 0 & 1 & 0 \end{pmatrix}$$

$$(d) \quad = \begin{pmatrix} 2 & 3 \\ -2 & 4 \end{pmatrix} + \begin{pmatrix} 12 & 9 \\ 3 & -6 \end{pmatrix} = \begin{pmatrix} 14 & 12 \\ 1 & -2 \end{pmatrix}$$

Im Falle von (b) ist die Summe aufgrund der unterschiedlichen Größen der Matrizen nicht definiert.

10.3 Multiplikation zweier Matrizen

Aufgaben

10.4 Führen Sie, wenn möglich, für die Matrizen aus Aufgabe 10.1 die folgenden Berechnungen aus. Begründen Sie, warum die Berechnung gegebenenfalls nicht möglich ist.

(a) **AB**   (c) **AD**
(b) **CAB**   (d) **DC**

10.5 Führen Sie, wenn möglich, für die Matrizen aus Aufgabe 10.2 die folgenden Berechnungen aus. Begründen Sie, warum die Berechnung gegebenenfalls nicht möglich ist.

(a) **AB**   (b) **BA**

10.6 Untersuchen Sie, ob für die folgenden Matrizen das Kommutativgesetz gilt:

$$\mathbf{A} = \begin{pmatrix} 1 & 2 \\ 3 & 4 \end{pmatrix} \quad \mathbf{B} = \begin{pmatrix} 5 & 6 \\ 7 & 8 \end{pmatrix}$$

10.7 Sind die folgenden Multiplikationen definiert? Falls ja, berechnen Sie die Ergebnismatrix. Begründen Sie, warum die Berechnung gegebenenfalls nicht möglich ist.

$$(a) \quad \begin{pmatrix} 5 & -3 & -2 \\ 0 & 1 & 1 \\ 0 & 2 & 0 \end{pmatrix} \begin{pmatrix} -2 & 0 & -1 \\ -4 & 5 & 0 \\ 1 & -5 & 3 \end{pmatrix}$$

$$(b) \quad \begin{pmatrix} 2 & 0 & -3 & 5 \\ 1 & 2 & 2 & -4 \\ 4 & 7 & 1 & -2 \end{pmatrix} \begin{pmatrix} -2 & 0 \\ -4 & 5 \\ 1 & -5 \\ 2 & 0 \end{pmatrix}$$

$$(c) \quad \begin{pmatrix} -2 & 0 \\ -4 & 5 \\ 1 & -5 \\ 2 & 0 \end{pmatrix} \begin{pmatrix} 2 & 0 & -3 & 5 \\ 1 & 2 & 2 & -4 \\ 4 & 7 & 1 & -2 \end{pmatrix}$$

10.3 Multiplikation zweier Matrizen

Lösungen

10.4 Die Multiplikation zweier Matrizen ist über das **Skalarprodukt** definiert. Für einen Zeilenvektor **x** und einen Spaltenvektor **y** berechnen wir das Skalarprodukt $\mathbf{x} \cdot \mathbf{y}$, indem wir die Elemente paarweise multiplizieren und anschließend addieren.

$$\begin{pmatrix} a_1 & a_2 & \ldots & a_n \end{pmatrix} \cdot \begin{pmatrix} b_1 \\ b_2 \\ \vdots \\ b_n \end{pmatrix} = a_1 b_1 + a_2 b_2 + \cdots + a_n b_n = \sum_{k=1}^{n} a_k b_k \qquad (10.1)$$

Konkret bedeutet das in Worten: Wir multiplizieren das erste Element von **x** mit dem ersten Element von **y**. Dann addieren wir dazu das Produkt aus dem zweiten Element von **x** und dem zweiten Element von **y**. Dazu addieren wir das Produkt der jeweils dritten Elemente usw. Die **Multiplikation zweier Matrizen A** und **B** ergibt eine neue Matrix **C**, in der jedes Element an der Stelle ij, also c_{ij} das Resultat des Skalarprodukts der i-ten Zeile a_i von A mit der j-ten Spalte b_j von B ist.

$$\mathbf{AB} = \mathbf{C} = (c_{ij}) = \left(\sum_{k=1}^{n} a_{ik} b_{kj} \right). \qquad (10.2)$$

(a) $\mathbf{AB} = \begin{pmatrix} 2 \cdot (-1) + 0 \cdot 1 & 2 \cdot 2 + 0 \cdot (-1) \\ -1 \cdot (-1) + 1 \cdot 1 & -1 \cdot 2 + 1 \cdot (-1) \end{pmatrix} = \begin{pmatrix} -2 & 4 \\ 2 & -3 \end{pmatrix}$

(b) $\mathbf{CAB} = \mathbf{C}(\mathbf{AB})$
$= \begin{pmatrix} 2 & 3 \\ 1 & 4 \end{pmatrix} \begin{pmatrix} -2 & 4 \\ 2 & -3 \end{pmatrix} = \begin{pmatrix} 2 \cdot (-2) + 3 \cdot 2 & 2 \cdot 4 + 3 \cdot (-3) \\ 1 \cdot (-2) + 4 \cdot 2 & 1 \cdot 4 + 4 \cdot (-3) \end{pmatrix}$
$= \begin{pmatrix} 2 & -1 \\ 6 & -8 \end{pmatrix}$

(c) $\mathbf{AD} = \begin{pmatrix} 2 \cdot 1 + 0 \cdot 1 & 2 \cdot 1 + 0 \cdot 3 & 2 \cdot 1 + 0 \cdot 4 \\ -1 \cdot 1 + 1 \cdot 1 & -1 \cdot 1 + 1 \cdot 3 & -1 \cdot 1 + 1 \cdot 4 \end{pmatrix} = \begin{pmatrix} 2 & 2 & 2 \\ 0 & 2 & 3 \end{pmatrix}$

(d) **DC** ist nicht definiert.

Im letzten Fall stimmt die Anzahl der Spalten von **D** nicht mit der Anzahl der Zeilen von **C** überein. Somit ist die Multiplikation nicht definiert. Wir können dies folgendermaßen überprüfen. Wir notieren die Größe beider Matrizen. Wenn die „inneren" Zahlen übereinstimmen, ist die Multiplikation definiert:

$$(m \times \mathbf{n}) \cdot (\mathbf{n} \times r)$$

Die „äußeren" Zahlen geben die Größe der Ergebnismatrix an:

$$(\mathbf{m} \times n) \cdot (n \times \mathbf{r}) = (\mathbf{m} \times \mathbf{r})$$

10.5 Die Matrizen sind hier größer als in den vorherigen Aufgaben. Da hilft folgendes Schema zur Matrixmultiplikation, die Übersicht zu behalten, welche Zeile mit welcher Spalte multipliziert werden soll: Wir schreiben beide Matrizen in eine Tabelle mit vier Feldern. Den ersten Faktor **A** schreiben wir unten links und den zweiten Faktor **B** oben rechts auf. Wir müssen immer eine Zeile von **A** mit einer Spalte von **B** multiplizieren. Das Ergebnis schreiben wir dorthin, wo sich die folgenden zwei Linien schneiden. Wir ziehen (in Gedanken) eine Linie von der relevanten Zeile von **A** nach rechts und gleichzeitig eine Linie von der relevanten Spalte von **B** nach unten. Diese beiden Linien schneiden sich an der Stelle rechts unten, an der das Ergebnis des Skalarproduktes steht.

	0	−5	3
	5	2	−1
	−4	2	0
0 1 −2	$0 \cdot 0 + 1 \cdot 5 - 2 \cdot (-4)$	$0 \cdot (-5) + 1 \cdot 2 - 2 \cdot 2$	$0 \cdot 3 + 1 \cdot (-1) - 2 \cdot 0$
3 4 5	$3 \cdot 0 + 4 \cdot 5 + 5 \cdot (-4)$	$3 \cdot (-5) + 4 \cdot 2 + 5 \cdot 2$	$3 \cdot 3 + 4 \cdot (-1) + 5 \cdot 0$
−6 7 15	$-6 \cdot 0 + 7 \cdot 5 + 15 \cdot (-4)$	$-6 \cdot (-5) + 7 \cdot 2 + 15 \cdot 2$	$-6 \cdot 3 + 7 \cdot (-1) + 15 \cdot 0$

Dieses Schema führt im Fall von (a) zu folgendem Endergebnis:

$$\mathbf{AB} = \begin{pmatrix} 13 & -2 & -1 \\ 0 & 3 & 5 \\ -25 & 74 & -25 \end{pmatrix}$$

Für Teilaufgabe (b) berechnen wir:

	0	1	−2
	3	4	5
	−6	7	15
0 −5 3	$0 \cdot 0 - 5 \cdot 3 + 3 \cdot (-6)$	$0 \cdot 1 - 5 \cdot 4 + 3 \cdot 7$	$0 \cdot (-2) - 5 \cdot 5 + 3 \cdot 15$
5 2 −1	$5 \cdot 0 + 2 \cdot 3 - 1 \cdot (-6)$	$5 \cdot 1 + 2 \cdot 4 - 1 \cdot 7$	$5 \cdot (-2) + 2 \cdot 5 - 1 \cdot 15$
−4 2 0	$-4 \cdot 0 + 2 \cdot 3 + 0 \cdot (-6)$	$-4 \cdot 1 + 0 \cdot 4 + 0 \cdot 7$	$-4 \cdot (-2) + 2 \cdot 5 + 0 \cdot 15$

mit dem Ergebnis

$$\mathbf{BA} = \begin{pmatrix} -33 & 1 & 20 \\ 12 & 6 & -15 \\ 6 & 4 & 18 \end{pmatrix}$$

Wir sehen, dass die Multiplikation nicht kommutativ ist.

10.3 Multiplikation zweier Matrizen

10.6 Wir berechnen jeweils **AB** und **BA** und überprüfen, ob die Ergebnisse gleich sind:

$$\mathbf{AB} = \begin{pmatrix} 19 & 22 \\ 43 & 50 \end{pmatrix} \quad \text{und} \quad \mathbf{BA} = \begin{pmatrix} 23 & 34 \\ 31 & 46 \end{pmatrix}$$

Die Ergebnisse stimmen nicht überein: $\mathbf{AB} \neq \mathbf{BA}$. Das Kommutativgesetz gilt nicht.

10.7 Auch hier wenden wir der Übersichtlichkeit halber das obige Schema an:

(a)

$$\begin{array}{c|ccc}
 & \begin{matrix} -2 \\ -4 \\ 1 \end{matrix} & \begin{matrix} 0 \\ 5 \\ -5 \end{matrix} & \begin{matrix} -1 \\ 0 \\ 3 \end{matrix} \\
\hline
\begin{matrix} 5 & -3 & -2 \\ 0 & 1 & 1 \\ 0 & 2 & 0 \end{matrix} & \begin{matrix} 5 \cdot (-2) - 3 \cdot (-4) - 2 \cdot 1 \\ 0 \cdot (-2) + 1 \cdot (-4) + 1 \cdot 1 \\ 0 \cdot (-2) + 2 \cdot (-4) + 0 \cdot 1 \end{matrix} & \begin{matrix} 5 \cdot 0 - 3 \cdot 5 - 2 \cdot (-5) \\ 0 \cdot 0 + 1 \cdot 5 + 1 \cdot (-5) \\ 0 \cdot 0 + 2 \cdot 5 + 0 \cdot (-5) \end{matrix} & \begin{matrix} 5 \cdot (-1) - 3 \cdot 0 - 2 \cdot 3 \\ 0 \cdot (-1) + 1 \cdot 0 + 1 \cdot 3 \\ 0 \cdot (-1) + 2 \cdot 0 + 0 \cdot 3 \end{matrix}
\end{array}$$

mit dem Ergebnis

$$\begin{pmatrix} 0 & -5 & -11 \\ -3 & 0 & 3 \\ -8 & 10 & 0 \end{pmatrix}$$

(b)

$$\begin{array}{c|cc}
 & \begin{matrix} -2 \\ -4 \\ 1 \\ 2 \end{matrix} & \begin{matrix} 0 \\ 5 \\ -5 \\ 0 \end{matrix} \\
\hline
\begin{matrix} 2 & 0 & -3 & 5 \\ 1 & 2 & 2 & -4 \\ 4 & 7 & 1 & -2 \end{matrix} & \begin{matrix} 2 \cdot (-2) + 0 \cdot (-4) - 3 \cdot 1 + 5 \cdot 2 \\ 1 \cdot (-2) + 2 \cdot (-4) + 2 \cdot 1 - 4 \cdot 2 \\ 4 \cdot (-2) + 7 \cdot (-4) + 1 \cdot 1 - 2 \cdot 2 \end{matrix} & \begin{matrix} 2 \cdot 0 + 0 \cdot 5 - 3 \cdot (-5) + 5 \cdot 0 \\ 1 \cdot 0 + 2 \cdot 5 + 2 \cdot (-5) - 4 \cdot 0 \\ 4 \cdot 0 + 7 \cdot 5 + 1 \cdot (-5) - 2 \cdot 0 \end{matrix}
\end{array}$$

mit dem Ergebnis

$$\begin{pmatrix} 3 & 15 \\ -16 & 0 \\ -39 & 30 \end{pmatrix}$$

(c) Die Multiplikation ist nicht definiert, da die Anzahl der Spalten des ersten Faktors nicht mit der Anzahl der Zeilen des zweiten Faktors übereinstimmt. Es wird eine (4×2)-Matrix mit einer (3×4)-Matrix multipliziert. Wir sehen, dass $2 \neq 3$.

10.4 Inverse einer quadratischen Matrix

Aufgaben

10.8 Berechnen Sie für die folgenden Matrizen, falls möglich, jeweils die Inverse. Begründen Sie gegebenenfalls, warum die Inverse nicht existiert.

$$\mathbf{A} = \begin{pmatrix} 3 & 2 \\ 2 & 1 \end{pmatrix} \quad \mathbf{B} = \begin{pmatrix} 1 & 0 \\ -1 & 2 \end{pmatrix} \quad \mathbf{C} = \begin{pmatrix} 3 & 2 & -1 & 0 \\ 0 & 1 & -2 & 1 \\ 1 & 0 & -3 & 4 \end{pmatrix}$$

$$\mathbf{D} = \begin{pmatrix} -1 & 2 & 0 \\ 1 & 1 & 1 \\ 1 & 0 & 1 \end{pmatrix} \quad \mathbf{E} = \begin{pmatrix} 1 & 2 \\ -1 & -2 \end{pmatrix} \quad \mathbf{F} = \begin{pmatrix} 1 & 3 & 3 \\ 1 & 3 & 4 \\ 1 & 4 & 3 \end{pmatrix}$$

10.9 Überprüfen Sie anhand der Matrizen $\mathbf{A}$ und $\mathbf{B}$, ob für diese Matrizen die Gleichung $(\mathbf{AB})^{-1} = \mathbf{B}^{-1}\mathbf{A}^{-1}$ richtig ist, indem Sie jeweils die linke und rechte Seite berechnen und vergleichen. (Hinweis: Die Gleichung stimmt auch allgemein, nicht nur für die konkreten Beispiele.)

$$\mathbf{A} = \begin{pmatrix} -2 & 4 \\ 2 & -5 \end{pmatrix} \quad \mathbf{B} = \begin{pmatrix} 3 & 6 \\ 4 & 9 \end{pmatrix}$$

10.10 Für eine Matrix $\mathbf{A}$, die Transponierte $\mathbf{A}^T$ und die Inverse $\mathbf{A}^{-1}$ gilt folgender Zusammenhang: $\left(\mathbf{A}^T\right)^{-1} = \left(\mathbf{A}^{-1}\right)^T$. Überprüfen Sie, ob dies auch für die Matrix $\mathbf{A}$ aus Aufgabe 10.9 gilt.

Lösungen

10.8 Die Inverse ist nur für quadratische Matrizen definiert. Deshalb hat die Matrix $\mathbf{C}$ keine Inverse.

Für eine (2×2)-Matrix $\mathbf{A}$ gibt es folgende Formel zur Berechnung der Inversen $\mathbf{A}^{-1}$:

$$\mathbf{A} = \begin{pmatrix} a_{11} & a_{12} \\ a_{21} & a_{22} \end{pmatrix} \implies \mathbf{A}^{-1} = \frac{1}{a_{11}a_{22} - a_{21}a_{12}} \begin{pmatrix} a_{22} & -a_{12} \\ -a_{21} & a_{11} \end{pmatrix} \qquad (10.3)$$

Diese Formel wenden wir bei den folgenden Matrizen an:

10.4 Inverse einer quadratischen Matrix

$$\mathbf{A}^{-1} = \frac{1}{3 \cdot 1 - 2 \cdot 2} \begin{pmatrix} 1 & -2 \\ -2 & 3 \end{pmatrix} = \frac{1}{-1} \begin{pmatrix} 1 & -2 \\ -2 & 3 \end{pmatrix}$$
$$= \begin{pmatrix} -1 & 2 \\ 2 & -3 \end{pmatrix}$$
$$\mathbf{B}^{-1} = \frac{1}{1 \cdot 2 - (-1) \cdot 0} \begin{pmatrix} 2 & 0 \\ 1 & 1 \end{pmatrix} = \frac{1}{2} \begin{pmatrix} 2 & 0 \\ 1 & 1 \end{pmatrix}$$
$$\mathbf{E}^{-1} = \frac{1}{1 \cdot (-2) - (-1) \cdot 2} \begin{pmatrix} -2 & -2 \\ 1 & 1 \end{pmatrix} = \frac{1}{0} \begin{pmatrix} -2 & -2 \\ 1 & 1 \end{pmatrix}$$

Die Inverse von **E** ist nicht definiert, da die Division durch Null nicht erlaubt ist.

Für die Herleitung der Inversen für die Matrix **D** wenden wir den Gauß-Algorithmus an:

$$(\mathbf{D}|\mathbf{I}) = \begin{pmatrix} -1 & 2 & 0 & | & 1 & 0 & 0 \\ 1 & 1 & 1 & | & 0 & 1 & 0 \\ 1 & 0 & 1 & | & 0 & 0 & 1 \end{pmatrix}$$

Wir schreiben die erste Zeile ab. Außerdem addieren wir die erste und zweite Zeile und ersetzen die zweite Zeile. Zusätzlich addieren wir die erste und dritte Zeile und ersetzen die dritte Zeile:

$$\begin{pmatrix} -1 & 2 & 0 & | & 1 & 0 & 0 \\ 0 & 3 & 1 & | & 1 & 1 & 0 \\ 0 & 2 & 1 & | & 1 & 0 & 1 \end{pmatrix}$$

Wir rechnen Zeile 1 minus Zeile 3 und ersetzen die erste Zeile. Wir rechnen Zeile 2 minus Zeile 3 und ersetzen die zweite Zeile. Wir schreiben die dritte Zeile ab.

$$\begin{pmatrix} -1 & 0 & -1 & | & 0 & 0 & -1 \\ 0 & 1 & 0 & | & 0 & 1 & -1 \\ 0 & 2 & 1 & | & 1 & 0 & 1 \end{pmatrix}$$

Wir rechnen Zeile 3 minus zweimal Zeile 2 und ersetzen die dritte Zeile. Die ersten beiden Zeilen bleiben erhalten:

$$\begin{pmatrix} -1 & 0 & -1 & | & 0 & 0 & -1 \\ 0 & 1 & 0 & | & 0 & 1 & -1 \\ 0 & 0 & 1 & | & 1 & -2 & 3 \end{pmatrix}$$

Wir addieren die dritte Zeile zur ersten und ersetzen mit dem Ergebnis die erste Zeile:

$$\begin{pmatrix} -1 & 0 & 0 & | & 1 & -2 & 2 \\ 0 & 1 & 0 & | & 0 & 1 & -1 \\ 0 & 0 & 1 & | & 1 & -2 & 3 \end{pmatrix}$$

Wir dividieren die erste Zeile durch (-1):

$$\begin{pmatrix} 1 & 0 & 0 & | & -1 & 2 & -2 \\ 0 & 1 & 0 & | & 0 & 1 & -1 \\ 0 & 0 & 1 & | & 1 & -2 & 3 \end{pmatrix} = (\mathbf{I}|\mathbf{D}^{-1})$$

Somit folgt für die Inverse von **D**

$$\mathbf{D}^{-1} = \begin{pmatrix} -1 & 2 & -2 \\ 0 & 1 & -1 \\ 1 & -2 & 3 \end{pmatrix}$$

Auch mit dem Gauß-Algorithmus erhalten wir die Inverse von **F**. Dazu bezeichnen wir die Zeilen mit $Z1$, $Z2$ und $Z3$:

$$(\mathbf{F}|\mathbf{I}) = \begin{pmatrix} 1 & 3 & 3 & | & 1 & 0 & 0 \\ 1 & 3 & 4 & | & 0 & 1 & 0 \\ 1 & 4 & 3 & | & 0 & 0 & 1 \end{pmatrix}$$

Wir rechnen $Z2 - Z1$ und schreiben das Ergebnis in $Z2$. Zudem rechnen wir $Z3 - Z2$ und ersetzen $Z3$:

$$\begin{pmatrix} 1 & 3 & 3 & | & 1 & 0 & 0 \\ 0 & 0 & 1 & | & -1 & 1 & 0 \\ 0 & 1 & -1 & | & 0 & -1 & 1 \end{pmatrix}$$

Wir addieren $Z2 + Z3$ und ersetzen $Z3$:

$$\begin{pmatrix} 1 & 3 & 3 & | & 1 & 0 & 0 \\ 0 & 0 & 1 & | & -1 & 1 & 0 \\ 0 & 1 & 0 & | & -1 & 0 & 1 \end{pmatrix}$$

Wir vertauschen $Z2$ und $Z3$:

$$\begin{pmatrix} 1 & 3 & 3 & | & 1 & 0 & 0 \\ 0 & 1 & 0 & | & -1 & 0 & 1 \\ 0 & 0 & 1 & | & -1 & 1 & 0 \end{pmatrix}$$

Wir ersetzen $Z1$ mit $Z1 - 3Z2$:

$$\begin{pmatrix} 1 & 0 & 3 & | & 4 & 0 & -3 \\ 0 & 1 & 0 & | & -1 & 0 & 1 \\ 0 & 0 & 1 & | & -1 & 1 & 0 \end{pmatrix}$$

10.4 Inverse einer quadratischen Matrix

Wir rechnen $Z1 - 3Z3$ und ersetzen $Z1$:

$$\begin{pmatrix} 1 & 0 & 0 & | & 7 & -3 & -3 \\ 0 & 1 & 0 & | & -1 & 0 & 1 \\ 0 & 0 & 1 & | & -1 & 1 & 0 \end{pmatrix}$$

Da nun die vordere Hälfte aus der Einheitsmatrix besteht, können wir folgern, dass

$$\mathbf{F}^{-1} = \begin{pmatrix} 7 & -3 & -3 \\ -1 & 0 & 1 \\ -1 & 1 & 0 \end{pmatrix}$$

10.9 Zu überprüfen ist die Gleichung $(\mathbf{AB})^{-1} = \mathbf{B}^{-1}\mathbf{A}^{-1}$. Wir berechnen zunächst die linke Seite, indem wir das Produkt ausrechnen und dann mit Formel (10.3) die Inverse des Ergebnisses berechnen:

$$\mathbf{AB} = \begin{pmatrix} 10 & 24 \\ -14 & -33 \end{pmatrix} \implies (\mathbf{AB})^{-1} = \frac{1}{6}\begin{pmatrix} -33 & -24 \\ 14 & 10 \end{pmatrix} \tag{10.4}$$

Anschließend berechnen wir mit Formel (10.3) die Inversen von $\mathbf{A}$ und $\mathbf{B}$

$$\mathbf{A}^{-1} = \frac{1}{2}\begin{pmatrix} -5 & -4 \\ -2 & -2 \end{pmatrix} \quad \text{und} \quad \mathbf{B}^{-1} = \frac{1}{3}\begin{pmatrix} 9 & -6 \\ -4 & 3 \end{pmatrix}$$

und bilden das Produkt

$$\mathbf{B}^{-1}\mathbf{A}^{-1} = \frac{1}{6}\begin{pmatrix} -33 & -24 \\ 14 & 10 \end{pmatrix} \tag{10.5}$$

Wie wir sehen, stimmen die Ergebnisse (10.4) und (10.5) überein. Die zu überprüfende Gleichung stimmt für die gegebenen Matrizen.

10.10 Zu überprüfen ist folgender Zusammenhang $(\mathbf{A}^T)^{-1} = (\mathbf{A}^{-1})^T$. Wir berechnen im ersten Schritt die linke Seite der Gleichung. Dazu transponieren wir zunächst die Matrix $\mathbf{A}$, bevor wir mit Formel (10.3) die Inverse berechnen:

$$\mathbf{A}^T = \begin{pmatrix} -2 & 2 \\ 4 & -5 \end{pmatrix} \implies (\mathbf{A}^T)^{-1} = \frac{1}{2}\begin{pmatrix} -5 & -2 \\ -4 & -2 \end{pmatrix}$$

Im zweiten Schritt berechnen wir die rechte Seite der Gleichung. Dazu invertieren wir zunächst $\mathbf{A}$ und bilden dann die Transponierte von der Inversen:

$$\mathbf{A}^{-1} = \frac{1}{2}\begin{pmatrix} -5 & -4 \\ -2 & -2 \end{pmatrix} \implies (\mathbf{A}^{-1})^T = \frac{1}{2}\begin{pmatrix} -5 & -2 \\ -4 & -2 \end{pmatrix}$$

Da die Ergebnisse übereinstimmen, gilt der zu überprüfende Zusammenhang für die Matrix **A**.

10.5 Determinante einer quadratischen Matrix

Aufgaben

10.11 Berechnen Sie für die folgenden Matrizen, falls möglich, jeweils die Determinante. Begründen Sie gegebenenfalls, warum die Determinante nicht berechnet werden kann:

$$\mathbf{A} = \begin{pmatrix} 3 & 2 \\ 2 & 1 \end{pmatrix} \qquad \mathbf{B} = \begin{pmatrix} 1 & 0 \\ -1 & 2 \end{pmatrix} \quad \mathbf{C} = \begin{pmatrix} 3 & 2 & -1 & 0 \\ 0 & 1 & -2 & 1 \\ 1 & 0 & -3 & 4 \end{pmatrix}$$

$$\mathbf{D} = \begin{pmatrix} -1 & 2 & 0 \\ 1 & 1 & 1 \\ 1 & 0 & 1 \end{pmatrix} \quad \mathbf{E} = \begin{pmatrix} 1 & 2 \\ -1 & -2 \end{pmatrix} \quad \mathbf{F} = \begin{pmatrix} 1 & 3 & 3 \\ 1 & 3 & 4 \\ 1 & 4 & 3 \end{pmatrix}$$

10.12 Für Determinante und das Produkt zweier quadratischer Matrizen gibt es folgenden Zusammenhang: $\det(\mathbf{AB}) = \det \mathbf{A} \cdot \det \mathbf{B}$.

Zeigen Sie diese Eigenschaft für die Matrizen

$$\mathbf{A} = \begin{pmatrix} -2 & 4 \\ 2 & -5 \end{pmatrix} \quad \mathbf{B} = \begin{pmatrix} 3 & 6 \\ 4 & 9 \end{pmatrix}$$

10.13 Zeigen Sie für die Matrizen aus Aufgabe 10.12, dass die Matrix und die Transponierte die gleiche Determinante haben: $\det \mathbf{A} = \det \mathbf{A}^T$.

10.14 Die Determinante einer Dreiecksmatrix lässt sich durch das Produkt der Diagonalelemente berechnen. Überprüfen Sie diese Behauptung mit Hilfe der Matrix

$$\mathbf{A} = \begin{pmatrix} -4 & 12 & 20 & -3 \\ 0 & 1 & 1 & 2 \\ 0 & 0 & -0{,}5 & 6 \\ 0 & 0 & 0 & 5 \end{pmatrix}$$

10.5 Determinante einer quadratischen Matrix

Lösungen

10.11 Für (2×2)-Matrizen gibt es die Formel:

$$\det \mathbf{A} = |\mathbf{A}| = \begin{vmatrix} a_{11} & a_{12} \\ a_{21} & a_{22} \end{vmatrix} = a_{11}a_{22} - a_{21}a_{12} \qquad (10.6)$$

Für (3×3)-Matrizen können wir die Regel von Sarrus anwenden.

(a) Wir wenden Formel (10.6) an:

$$\det \mathbf{A} = |\mathbf{A}| = \begin{vmatrix} 3 & 2 \\ 2 & 1 \end{vmatrix} = 3 \cdot 1 - 2 \cdot 2 = -1$$

(b)
$$\det \mathbf{B} = 1 \cdot 2 - (-1) \cdot 0 = 2$$

(c) Die Determinante ist nur für quadratische Matrizen definiert. Somit hat Matrix **C** keine Determinante.

(d) Die Determinante von **D** berechnen wir mit der **Regel von Sarrus:** Dazu schreiben wir die beiden ersten Spalten noch einmal neben die Matrix.

$$\begin{array}{ccccc} -1 & 2 & 0 & -1 & 2 \\ & \searrow & \searrow & \searrow & \\ 1 & 1 & 1 & 1 & 1 \\ & \searrow & \searrow & \searrow & \\ 1 & 0 & 1 & 1 & 0 \end{array}$$

Anschließend multiplizieren wir entlang der drei vollständigen Diagonalen, die von links oben nach rechts unten verlaufen. Die jeweiligen Produkte erhalten ein positives Vorzeichen:

$$-1 \cdot 1 \cdot 1 + 2 \cdot 1 \cdot 1 + 0 \cdot 1 \cdot 0$$

Anschließend multiplizieren wir entlang der drei vollständigen Diagonalen, die von links unten nach rechts verlaufen.

$$\begin{array}{ccccc} -1 & 2 & 0 & -1 & 2 \\ & \nearrow & \nearrow & \nearrow & \\ 1 & 1 & 1 & 1 & 1 \\ \nearrow & \nearrow & \nearrow & & \\ 1 & 0 & 1 & 1 & 0 \end{array}$$

Die jeweiligen Produkte erhalten ein negatives Vorzeichen:

$$-1 \cdot 1 \cdot 0 - 0 \cdot 1 \cdot (-1) - 1 \cdot 1 \cdot 2$$

Die Determinante ist die Summe aller dieser Terme:

$$\det \mathbf{D} = -1 + 2 + 0 - 0 - 0 - 2 = 3$$

(e)

$$\det \mathbf{E} = 1 \cdot (-2) - (-1) \cdot 2 = 0$$

(f) Die Determinante von **D** berechnen wir mit der **Regel von Sarrus:** Dazu schreiben wir die beiden ersten Spalten noch einmal neben die Matrix.

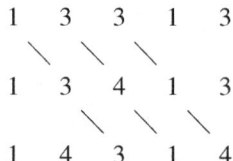

Anschließend multiplizieren wir entlang der drei vollständigen Diagonalen, die von links oben nach rechts unten verlaufen. Die jeweiligen Produkte erhalten ein positives Vorzeichen:

$$1 \cdot 3 \cdot 3 + 3 \cdot 4 \cdot 1 + 3 \cdot 1 \cdot 4$$

Anschließend multiplizieren wir entlang der drei vollständigen Diagonalen, die von links unten nach rechts verlaufen.

$$\begin{array}{ccccc} 1 & 3 & 3 & 1 & 3 \\ & \diagup & \diagup & \diagup & \\ 1 & 3 & 4 & 1 & 3 \\ & \diagup & \diagup & \diagup & \\ 1 & 4 & 3 & 1 & 4 \end{array}$$

Die jeweiligen Produkte erhalten ein negatives Vorzeichen:

$$-1 \cdot 3 \cdot 3 - 4 \cdot 4 \cdot 1 - 3 \cdot 1 \cdot 3$$

Die Determinante ist die Summe aller dieser Terme:

$$\det \mathbf{F} = 9 + 12 + 12 - 9 - 16 - 9 = -1$$

10.12 Zu überprüfen ist folgende Gleichung: $\det(\mathbf{AB}) = \det \mathbf{A} \cdot \det \mathbf{B}$. Im ersten Schritt berechnen wir die linke Seite, indem wir das Produkt bilden und die Determinante des Ergebnisses berechnen:

10.5 Determinante einer quadratischen Matrix

$$\mathbf{AB} = \begin{pmatrix} 10 & 24 \\ -14 & -33 \end{pmatrix} \implies \det \mathbf{AB} = -330 - (-336) = 6$$

Im zweiten Schritt berechnen wir jeweils die Determinante von $\mathbf{A}$ und $\mathbf{B}$ und multiplizieren die Ergebnisse miteinander:

$$\det \mathbf{A} = 10 - 8 = 2 \quad \text{und} \quad \det \mathbf{B} = 27 - 24 = 3 \implies \det \mathbf{A} \cdot \det \mathbf{B} = 2 \cdot 3 = 6$$

Da die beiden Ergebnisse übereinstimmen, gilt die zu überprüfende Behauptung für die gegebenen Matrizen.

10.13 Wir transponieren jeweils die Matrizen und berechnen dann die Determinanten:

$$\mathbf{A}^T = \begin{pmatrix} -2 & 2 \\ 4 & -5 \end{pmatrix} \implies \det \mathbf{A}^T = 10 - 8 = 2$$

Aus Aufgabe 10.12 wissen wir, dass $\det \mathbf{A} = 2$. Also stimmt die Behauptung für die Matrix $\mathbf{A}$.

Für die Matrix $\mathbf{B}$ gehen wir genauso vor:

$$\mathbf{B}^T = \begin{pmatrix} 3 & 4 \\ 6 & 9 \end{pmatrix} \implies \det \mathbf{B}^T = 27 - 24 = 3$$

Aus Aufgabe 10.12 wissen wir, dass $\det \mathbf{B} = 3$. Also stimmt die Behauptung für die Matrix $\mathbf{B}$.

10.14 Die Determinante der Matrix $\mathbf{A}$ müssen wir mit Hilfe der Kofaktoren berechnen, da es sich um eine (4×4)-Matrix handelt. Wenn wir nach der ersten Zeile entwickeln, dann lautet die Formel:

$$\det \mathbf{A} = |\mathbf{A}| = \begin{vmatrix} a_{11} & a_{12} & a_{13} & a_{14} \\ a_{21} & a_{22} & a_{23} & a_{24} \\ a_{31} & a_{32} & a_{33} & a_{34} \\ a_{41} & a_{42} & a_{43} & a_{44} \end{vmatrix} \qquad (10.7)$$

$$= a_{11} \begin{vmatrix} a_{22} & a_{23} & a_{24} \\ a_{32} & a_{33} & a_{34} \\ a_{42} & a_{43} & a_{44} \end{vmatrix} - a_{12} \begin{vmatrix} a_{21} & a_{23} & a_{24} \\ a_{31} & a_{33} & a_{34} \\ a_{41} & a_{43} & a_{44} \end{vmatrix} + a_{13} \begin{vmatrix} a_{21} & a_{22} & a_{24} \\ a_{31} & a_{32} & a_{34} \\ a_{41} & a_{42} & a_{44} \end{vmatrix} - a_{14} \begin{vmatrix} a_{21} & a_{22} & a_{23} \\ a_{31} & a_{32} & a_{33} \\ a_{41} & a_{42} & a_{43} \end{vmatrix}$$

Analoge Formeln gelten, wenn wir nach einer anderen Zeile oder Spalte entwickeln. In diesem Fall entwickeln wir nach der ersten Spalte, da dort bis auf den ersten Eintrag alle anderen Elemente Null sind:

$$\det \mathbf{A} = -4 \cdot \begin{vmatrix} 1 & 1 & 2 \\ 0 & -\frac{1}{2} & 6 \\ 0 & 0 & 5 \end{vmatrix} - 0 \cdot |\cdots| + 0 \cdot |\cdots| - 0 \cdot |\cdots|$$

$$= -4 \cdot 1 \cdot \begin{vmatrix} -\frac{1}{2} & 6 \\ 0 & 5 \end{vmatrix} - 0 \cdot |\cdots|$$

$$= -4 \cdot 1 \cdot \left(-\frac{1}{2}\right) \cdot 5 = 10$$

Dies ist aber genau das Produkt der Diagonalelemente.

10.6 Anwendung der Matrizenrechnung: Lösen von Gleichungssystemen

Aufgaben

10.15 Das Gleichungssystem

$$4 - 4y = 3x$$
$$2x - 3 = 6y$$

kann auf verschiedene Arten und Weisen als eine Matrixgleichung geschrieben werden. Überprüfen Sie, ob die verschiedenen Gleichungen zum gleichen Ergebnis für x und y führen.

(a)
$$\begin{pmatrix} -3 & -4 \\ 2 & -6 \end{pmatrix} \begin{pmatrix} x \\ y \end{pmatrix} = \begin{pmatrix} -4 \\ 3 \end{pmatrix}$$

(b)
$$\begin{pmatrix} -4 & -3 \\ -6 & 2 \end{pmatrix} \begin{pmatrix} y \\ x \end{pmatrix} = \begin{pmatrix} -4 \\ 3 \end{pmatrix}$$

(c)
$$\begin{pmatrix} 3 & 4 \\ -2 & 6 \end{pmatrix} \begin{pmatrix} x \\ y \end{pmatrix} = \begin{pmatrix} 4 \\ -3 \end{pmatrix}$$

10.16 Stellen Sie die folgenden Gleichungssysteme in der Form $\mathbf{Ax} = \mathbf{b}$ dar und lösen Sie die entsprechende Matrixgleichung:

10.6 Anwendung der Matrizenrechnung: Lösen von Gleichungssystemen

(a) $2x - 3y = 3$ (b) $-3y + 5x = 3$ (c) $2 - x_2 = 2x_1$
       $3x - 4y = 5$ $3x + 3y = 21$ $x_2 = 7x_1$

(d) $-x = -2y$
       $x + y + z = 2$
       $x = 5 - z$

Lösungen

10.15 Falls die Koeffizientenmatrix **A** invertierbar ist, können wir die Inverse von links an die Gleichung multiplizieren und nach **x** auflösen:

$$\mathbf{x} = \mathbf{A}^{-1}\mathbf{b} \tag{10.8}$$

(a) Wir können den Faktor vor der Inversen stehenlassen. Das vereinfacht die anschließende Matrixmultiplikation.

$$\mathbf{A} = \begin{pmatrix} -3 & -4 \\ 2 & -6 \end{pmatrix} \implies \mathbf{A}^{-1} = \frac{1}{18+8}\begin{pmatrix} -6 & 4 \\ -2 & -3 \end{pmatrix}$$

$$\implies \begin{pmatrix} x \\ y \end{pmatrix} = \frac{1}{26}\begin{pmatrix} -6 & 4 \\ -2 & -3 \end{pmatrix}\begin{pmatrix} -4 \\ 3 \end{pmatrix} = \frac{1}{26}\begin{pmatrix} 24 + 12 \\ 8 - 9 \end{pmatrix}$$

Also lösen $x = 36/26 = 18/13$ und $y = -1/26$ das Gleichungssystem.

(b)
$$\mathbf{B} = \begin{pmatrix} -4 & -3 \\ -6 & 2 \end{pmatrix} \implies \mathbf{B}^{-1} = \frac{1}{-8-18}\begin{pmatrix} 2 & 3 \\ 6 & -4 \end{pmatrix}$$

$$\implies \begin{pmatrix} y \\ x \end{pmatrix} = \frac{1}{-26}\begin{pmatrix} 2 & 3 \\ 6 & -4 \end{pmatrix}\begin{pmatrix} -4 \\ 3 \end{pmatrix} = \frac{1}{-26}\begin{pmatrix} -8 + 9 \\ -24 - 12 \end{pmatrix}$$

Wir folgern, dass $y = 1/(-26) = -1/26$ und $x = -36/(-26) = 18/13$ das Gleichungssystem lösen.

(c)
$$\mathbf{C} = \begin{pmatrix} 3 & 4 \\ -2 & 6 \end{pmatrix} \implies \mathbf{C}^{-1} = \frac{1}{26}\begin{pmatrix} 6 & -4 \\ 2 & 3 \end{pmatrix}$$

$$\implies \begin{pmatrix} x \\ y \end{pmatrix} = \frac{1}{26}\begin{pmatrix} 6 & -4 \\ 2 & 3 \end{pmatrix}\begin{pmatrix} 4 \\ -3 \end{pmatrix} = \frac{1}{26}\begin{pmatrix} 24 + 12 \\ 8 - 9 \end{pmatrix}$$

Wir folgern, dass $x = 36/26 = 18/13$ und $y = -1/26$ das Gleichungssystem lösen.

10.16 Wir bestimmen jeweils die Koeffizientenmatrix **A**, invertieren diese, multiplizieren die Inverse von links an die Gleichung und berechnen das Ergebnis.

(a) Das Gleichungssystem ist äquivalent zu folgender Matrixgleichung:
$$\begin{pmatrix} 2 & -3 \\ 3 & -4 \end{pmatrix} \begin{pmatrix} x \\ y \end{pmatrix} = \begin{pmatrix} 3 \\ 5 \end{pmatrix}$$

Die Inverse von **A** ist:
$$\mathbf{A}^{-1} = \begin{pmatrix} -4 & 3 \\ -3 & 2 \end{pmatrix}$$
$$\Longrightarrow \begin{pmatrix} x \\ y \end{pmatrix} = \begin{pmatrix} -4 & 3 \\ -3 & 2 \end{pmatrix} \begin{pmatrix} 3 \\ 5 \end{pmatrix} = \begin{pmatrix} 3 \\ 1 \end{pmatrix}$$

(b) Das Gleichungssystem ist äquivalent zu folgender Matrixgleichung:
$$\begin{pmatrix} 5 & -3 \\ 3 & 3 \end{pmatrix} \begin{pmatrix} x \\ y \end{pmatrix} = \begin{pmatrix} 3 \\ 21 \end{pmatrix}$$

Die Inverse von **B** ist:
$$\mathbf{B}^{-1} = \frac{1}{24} \begin{pmatrix} 3 & 3 \\ -3 & 5 \end{pmatrix}$$
$$\Longrightarrow \begin{pmatrix} x \\ y \end{pmatrix} = \frac{1}{24} \begin{pmatrix} 3 & 3 \\ -3 & 5 \end{pmatrix} \begin{pmatrix} 3 \\ 21 \end{pmatrix} = \begin{pmatrix} 3 \\ 4 \end{pmatrix}$$

(c) Das Gleichungssystem ist äquivalent zu folgender Matrixgleichung:
$$\begin{pmatrix} 2 & 1 \\ 7 & -1 \end{pmatrix} \begin{pmatrix} x_1 \\ x_2 \end{pmatrix} = \begin{pmatrix} 2 \\ 0 \end{pmatrix}$$

Die Inverse von **C** ist:
$$\mathbf{C}^{-1} = \frac{1}{-9} \begin{pmatrix} -1 & -1 \\ -7 & 2 \end{pmatrix}$$
$$\Longrightarrow \begin{pmatrix} x_1 \\ x_2 \end{pmatrix} = \frac{1}{-9} \begin{pmatrix} -1 & -1 \\ -7 & 2 \end{pmatrix} \begin{pmatrix} 2 \\ 0 \end{pmatrix} = \begin{pmatrix} 2/9 \\ 14/9 \end{pmatrix}$$

(d) Das Gleichungssystem ist äquivalent zu folgender Matrixgleichung:

$$\begin{pmatrix} -1 & 2 & 0 \\ 1 & 1 & 1 \\ 1 & 0 & 1 \end{pmatrix} \begin{pmatrix} x \\ y \\ z \end{pmatrix} = \begin{pmatrix} 0 \\ 2 \\ 5 \end{pmatrix}$$

Die Inverse von **D** haben wir bereits in Aufgabe 10.8 berechnet:

$$\mathbf{D}^{-1} = \begin{pmatrix} -1 & 2 & -2 \\ 0 & 1 & -1 \\ 1 & -2 & 3 \end{pmatrix}$$

$$\begin{pmatrix} x \\ y \\ z \end{pmatrix} = \begin{pmatrix} -1 & 2 & -2 \\ 0 & 1 & -1 \\ 1 & -2 & 3 \end{pmatrix} \begin{pmatrix} 0 \\ 2 \\ 5 \end{pmatrix} = \begin{pmatrix} -6 \\ -3 \\ 11 \end{pmatrix}$$

10.7 Weitere Aufgaben

Aufgaben

10.17

(a) Welche Größe hat die folgende Matrix

$$\begin{pmatrix} 1 & -4 & x & 7 \\ z & 3 & 0 & -5 \\ -6 & 5 & y & -8 \end{pmatrix} ?$$

(b) Welche Werte nehmen die Elemente a_{23}, a_{14}, a_{33} und a_{41} an?
(c) Für welche Werte ist die Matrix

$$\begin{pmatrix} 4 & 3 & b_{13} \\ b_{21} & 3 & b_{23} \\ 0 & -4 & 2 \end{pmatrix}$$

symmetrisch?
(d) Überprüfen Sie, ob die Matrix

$$\mathbf{A} = \begin{pmatrix} -14 & 28 & 1{,}75 \\ 10{,}5 & 0 & 7 \end{pmatrix}$$

ein Vielfaches der Matrix

$$\mathbf{B} = \begin{pmatrix} -4 & 8 & 0{,}5 \\ 3 & 0 & 2 \end{pmatrix}$$

ist, d. h. überprüfen Sie, ob es eine Zahl λ gibt, so dass $\mathbf{A} = \lambda \mathbf{B}$.

10.18

(a) Berechnen Sie folgende Matrixmultiplikation:

$$\begin{pmatrix} 2 & 1 \\ 4 & 3 \\ -5 & 0 \end{pmatrix} \cdot \begin{pmatrix} -4 \\ 8 \end{pmatrix}$$

(b) Welche Größe hat das Ergebnis der folgenden Multiplikation:

$$\begin{pmatrix} a \\ b \end{pmatrix} \cdot \begin{pmatrix} c & d & e \end{pmatrix}$$

(c) Welche Größe hat das Ergebnis der folgenden Multiplikation:

$$\begin{pmatrix} c & d & e \end{pmatrix} \cdot \begin{pmatrix} a \\ b \end{pmatrix}$$

10.19 Hier sehen Sie einen Ausschnitt aus einem Gaußschen Algorithmus zur Bestimmung der Inversen einer (3×3)-Matrix:

Ausgangslage:

$$(\mathbf{D}|\mathbf{I}) = \begin{pmatrix} 2 & 6 & 8 & | & 1 & 0 & 0 \\ 2 & 8 & 6 & | & 0 & 1 & 0 \\ 2 & 6 & 6 & | & 0 & 0 & 1 \end{pmatrix}$$

1. Schritt:

$$\begin{pmatrix} 2 & 6 & 8 & | & 1 & 0 & 0 \\ 2 & 8 & 6 & | & 0 & 1 & 0 \\ 0 & 0 & 2 & | & 1 & 0 & -1 \end{pmatrix}$$

2. Schritt:

$$\begin{pmatrix} 2 & 6 & 8 & | & 1 & 0 & 0 \\ 0 & 2 & -2 & | & -1 & 1 & 0 \\ 0 & 0 & 2 & | & 1 & 0 & -1 \end{pmatrix}$$

(a) Welche elementaren Operationen werden im ersten und zweiten Schritt durchgeführt?

(b) Führen Sie den Algorithmus zu Ende und berechnen Sie die Inverse der Matrix.

10.20 Für welche Werte von a und b sind die folgenden Matrizen gleich?

$$\mathbf{A} = \begin{pmatrix} 0 & a+b \\ -3 & 2 \end{pmatrix} \quad \text{und} \quad \mathbf{B} = \begin{pmatrix} 0 & 9 \\ a-b & 2 \end{pmatrix}$$

10.7 Weitere Aufgaben

10.21 Überprüfen Sie, ob für die Matrix

$$\mathbf{A} = \begin{pmatrix} -3 & 4 & -2 & 0 \\ 0 & 1 & -1 & 2 \end{pmatrix}$$

die folgenden Rechnungen durchführbar sind und berechnen Sie gegebenenfalls das Ergebnis:

(a) $-5 \cdot \mathbf{A}$
(b) $\mathbf{A}^T$
(c) $\mathbf{A}^{-1}$
(d) $\mathbf{A} + \mathbf{A}^T$
(e) $\mathbf{A}\mathbf{A}^T$
(f) $\mathbf{A}^T\mathbf{A}$

10.22 Berechnen Sie die Nullstellen der Funktion $f(x)$, die gegeben ist durch

$$f(x) = \det(\mathbf{A} - x\mathbf{I})$$

wobei $\mathbf{I}$ die (2×2)-Einheitsmatrix und die Matrix $\mathbf{A}$ gegeben ist durch

$$\mathbf{A} = \begin{pmatrix} 3 & 4 \\ 6 & 1 \end{pmatrix}$$

10.23 Für die Nullstellen der Funktion $f(x)$ und die Matrix $\mathbf{A}$ aus Aufgabe 10.22 gilt folgender Zusammenhang: Es gibt Vektoren $\mathbf{x}$, für die gilt, dass

$$\mathbf{A}\mathbf{x} = x \cdot \mathbf{x}$$

Finden Sie für jede Nullstelle einen solchen Vektor, der die Bedingung erfüllt.

Lösungen

10.17

(a) Dies ist eine (3×4)-Matrix.
(b) Die Elemente sind $a_{23} = 0$, $a_{14} = 7$, $a_{33} = y$ und a_{41} ist nicht definiert.
(c) Die Matrix ist für $b_{13} = 0$, $b_{21} = 3$ und $b_{23} = -4$ symmetrisch.
(d) Für $\lambda = 3{,}5$ gilt $\mathbf{A} = \lambda \mathbf{B}$.

10.18

(a)

$$\begin{pmatrix} 2 & 1 \\ 4 & 3 \\ -5 & 0 \end{pmatrix} \cdot \begin{pmatrix} -4 \\ 8 \end{pmatrix} = \begin{pmatrix} -8 + 8 \\ -16 + 24 \\ 20 + 8 \end{pmatrix} = \begin{pmatrix} 0 \\ 8 \\ 20 \end{pmatrix}$$

(b) Das Ergebnis ist eine (2 × 3)-Matrix.
(c) Diese Multiplikation ist nicht definiert.

10.19

(a) 1. Schritt: Wir schreiben die ersten beiden Zeilen ab. Außerdem subtrahieren wir die dritte Zeile von der ersten und ersetzen mit dem Ergebnis die dritte Zeile.
2. Schritt: Die Zeilen 1 und 3 werden abgeschrieben. Die zweite Zeile wird durch das Ergebnis ersetzt, das wir erhalten, wenn wir die erste Zeile von der zweiten Zeile abziehen.

(b) Der weitere Lösungsweg könnte folgendermaßen aussehen:
3. Schritt: Wir rechnen Zeile 2 plus Zeile 3 und ersetzen die zweite Zeile. Die anderen beiden Zeilen bleiben erhalten.

$$\begin{pmatrix} 2 & 6 & 8 & | & 1 & 0 & 0 \\ 0 & 2 & 0 & | & 0 & 1 & -1 \\ 0 & 0 & 2 & | & 1 & 0 & -1 \end{pmatrix}$$

4. Schritt: Wir rechnen Zeile 1 minus 4 mal Zeile 3 und ersetzen die erste Zeile. Zeilen 2 und 3 werden übernommen.

$$\begin{pmatrix} 2 & 6 & 0 & | & -3 & 0 & 4 \\ 0 & 2 & 0 & | & 0 & 1 & -1 \\ 0 & 0 & 2 & | & 1 & 0 & -1 \end{pmatrix}$$

5. Schritt: Wir rechnen Zeile 1 minus 3 mal Zeile 2 und ersetzen die erste Zeile. Zeilen 2 und 3 werden übernommen.

$$\begin{pmatrix} 2 & 0 & 0 & | & -3 & -3 & 7 \\ 0 & 2 & 0 & | & 0 & 1 & -1 \\ 0 & 0 & 2 & | & 1 & 0 & -1 \end{pmatrix}$$

6. Schritt: Wir dividieren alle Zeilen durch 2.

$$\begin{pmatrix} 1 & 0 & 0 & | & -3/2 & -3/2 & 7/2 \\ 0 & 1 & 0 & | & 0 & 1/2 & -1/2 \\ 0 & 0 & 1 & | & 1/2 & 0 & -1/2 \end{pmatrix} = (\mathbf{I}|\mathbf{D}^{-1})$$

Ergebnis: Somit folgt für die Inverse von **D**

$$\mathbf{D}^{-1} = \begin{pmatrix} -\frac{3}{2} & -\frac{3}{2} & \frac{7}{2} \\ 0 & \frac{1}{2} & -\frac{1}{2} \\ \frac{1}{2} & 0 & -\frac{1}{2} \end{pmatrix}$$

Zur Probe kann man das Produkt $\mathbf{D} \cdot \mathbf{D}^{-1}$ berechnen und die Einheitsmatrix erhalten.

10.7 Weitere Aufgaben

10.20 Zwei Matrizen sind gleich, falls die jeweiligen Elemente gleich sind:

$$A = B \quad \Longleftrightarrow \quad a_{ij} = b_{ij} \text{ für alle } i, j. \tag{10.9}$$

Übertragen auf diesen Fall folgt, dass

$$a + b = 9$$
$$a - b = -3$$

Dieses Gleichungssystem können wir lösen, indem wir die beiden Gleichungen addieren:

$$2a = 6 \quad \Longrightarrow \quad a = 3 \quad \Longrightarrow \quad b = 9 - a = 6$$

Wir überprüfen unser Ergebnis, indem wir die Werte für a und b einsetzen.

10.21

(a) Die Multiplikation mit einer Zahl ist definiert und wird elementweise ausgeführt:

$$-5\mathbf{A} = -5 \begin{pmatrix} -3 & 4 & -2 & 0 \\ 0 & 1 & -1 & 2 \end{pmatrix} = \begin{pmatrix} 15 & -20 & 10 & 0 \\ 0 & -5 & 5 & -10 \end{pmatrix}$$

(b) Die Transponierte Matrix kann für jede Matrix aufgestellt werden:

$$\mathbf{A}^T = \begin{pmatrix} -3 & 0 \\ 4 & 1 \\ -2 & -1 \\ 0 & 2 \end{pmatrix}$$

(c) Die Inverse $\mathbf{A}^{-1}$ ist allerdings nur für quadratische Matrizen definiert, falls sie existiert. Da $\mathbf{A}$ nicht quadratisch ist, gibt es auch keine Inverse.

(d) Die Summe von Matrizen ist elementweise definiert. Das erfordert, dass die Matrizen die gleiche Größe haben müssen. Dies ist hier nicht der Fall. $\mathbf{A}$ ist eine (2×4)-Matrix. $\mathbf{A}^T$ ist eine (4×2)-Matrix. Somit ist $\mathbf{A} + \mathbf{A}^T$ nicht definiert.

(e) Da die Anzahl der Spalten (nämlich 4) von $\mathbf{A}$ mit der Anzahl der Zeilen (auch 4) von $\mathbf{A}^T$ übereinstimmt, ist das Produkt definiert. Das Ergebnis von $\mathbf{A}\mathbf{A}^T$ ist eine (2×2)-Matrix. Wir wenden das praktische Schema an:

$$\begin{array}{cc|cc}
 & & -3 & 0 \\
 & & 4 & 1 \\
 & & -2 & -1 \\
 & & 0 & 2 \\
\hline
-3 & 4 & -2 & 0 & 9 + 16 + 4 & 4 + 2 \\
0 & 1 & -1 & 2 & 4 + 2 & 1 + 1 + 4
\end{array}$$

mit dem Ergebnis

$$\begin{pmatrix} 29 & 6 \\ 6 & 6 \end{pmatrix}$$

(f) Auch dieses Produkt ist definiert, da die Anzahl der Spalten (nämlich 2) von $\mathbf{A}^T$ mit der Anzahl der Zeilen (auch 2) von $\mathbf{A}$ übereinstimmt. Das Ergebnis von $\mathbf{A}^T \mathbf{A}$ ist eine (4×4)-Matrix. Wir wenden das praktische Schema an:

		-3	4	-2	0
		0	1	-1	2
-3	0	9	-12	6	0
4	1	-12	$16+1$	$-8-1$	2
-2	-1	6	$-8-1$	$4+1$	-2
0	2	0	2	-2	4

mit dem Ergebnis

$$\begin{pmatrix} 9 & -12 & 6 & 0 \\ -12 & 17 & -9 & 2 \\ 6 & -9 & 5 & -2 \\ 0 & 2 & -2 & 4 \end{pmatrix}$$

10.22 Wir müssen zunächst die Funktion $f(x)$ aufstellen:

$$\begin{aligned} f(x) &= \det\left[\begin{pmatrix} 3 & 4 \\ 6 & 1 \end{pmatrix} - x \begin{pmatrix} 1 & 0 \\ 0 & 1 \end{pmatrix}\right] \\ &= \det\left[\begin{pmatrix} 3 & 4 \\ 6 & 1 \end{pmatrix} - \begin{pmatrix} x & 0 \\ 0 & x \end{pmatrix}\right] \\ &= \det\begin{pmatrix} 3-x & 4 \\ 6 & 1-x \end{pmatrix} \\ &= (3-x) \cdot (1-x) - 24 \\ &= 3 - 3x - x + x^2 - 24 \\ &= x^2 - 4x - 21 \end{aligned}$$

Dabei haben wir die Determinante mit Regel (10.6) berechnet und anschließend vereinfacht. Die Nullstellen von

$$f(x) = x^2 - 4x - 21$$

können wir abschließend mit der Mitternachtsformel (4.1) berechnen und erhalten:

$$x_1 = -3 \quad \text{und} \quad x_2 = 7$$

10.23 Wir bestimmen den Vektor **x** zum Wert $x_1 = -3$, indem wir folgendes Gleichungssystem lösen:

$$\mathbf{A}\mathbf{x} = -3 \cdot \mathbf{x}$$
$$\implies \begin{pmatrix} 3 & 4 \\ 6 & 1 \end{pmatrix} \begin{pmatrix} a \\ b \end{pmatrix} = -3 \cdot \begin{pmatrix} a \\ b \end{pmatrix}$$
$$\implies \begin{pmatrix} 3a + 4b \\ 6a + b \end{pmatrix} = \begin{pmatrix} -3a \\ -3b \end{pmatrix}$$

Dies ist äquivalent zu

$$3a + 4b = -3a \implies 6a + 4b = 0$$
$$6a + b = -3b \implies 6a + 4b = 0$$

Diese zwei Gleichungen sind identisch, d. h., es gibt unendlich viele Lösungen. Wir wählen beispielsweise $a = 2$, was $b = -3$ impliziert. Somit erfüllt der Vektor **x** mit diesen gewählten Werten:

$$\mathbf{A} \cdot \begin{pmatrix} 2 \\ -3 \end{pmatrix} = -3 \cdot \begin{pmatrix} 2 \\ -3 \end{pmatrix}$$

Wir können dies überprüfen, indem wir die linke Seite ausrechnen. Wir sehen, dass wir die rechte Seite erhalten. Für den zweiten Wert $x_2 = 7$ gehen wir genauso vor:

$$\mathbf{A}\mathbf{x} = 7 \cdot \mathbf{x}$$
$$\implies \begin{pmatrix} 3 & 4 \\ 6 & 1 \end{pmatrix} \begin{pmatrix} c \\ d \end{pmatrix} = 7 \cdot \begin{pmatrix} c \\ d \end{pmatrix}$$
$$\implies \begin{pmatrix} 3c + 4d \\ 6c + d \end{pmatrix} = \begin{pmatrix} 7c \\ 7d \end{pmatrix}$$

Dies ist äquivalent zu

$$3c + 4d = 7c \implies -4c + 4d = 0 \implies c = d$$
$$6c + d = 7d \implies 6c - 6d = 0 \implies c = d$$

Diese zwei Gleichungen sind identisch, d. h. es gibt unendlich viele Lösungen. Wir wählen beispielsweise $c = 1$, was $d = 1$ impliziert. Somit erfüllt der Vektor **x** mit diesen gewählten Werten:

$$\mathbf{A} \cdot \begin{pmatrix} 1 \\ 1 \end{pmatrix} = 7 \cdot \begin{pmatrix} 1 \\ 1 \end{pmatrix}$$

Wir können dies überprüfen, indem wir die linke Seite ausrechnen. Wir sehen, dass wir die rechte Seite erhalten.

The manufacturer's authorised representative in the EU is Springer Nature Customer Service Centre GmbH, Europaplatz 3, 69115 Heidelberg, Germany. If you have any concerns regarding our products, please contact ProductSafety@springernature.com

Printed and bound by CPI Group (UK) Ltd, Croydon, CR0 4YY
23/03/2026
02076747-0018